SANTIAGO PAZHÍN

Historia oculta de la ufología

El enigma ovni continúa

ALMUZARA

Primera edición: noviembre de 2024

Editorial Almuzara • Enigma
Editora: Ángeles López
Corrección: María Gómez Pérez
Maquetación: Joaquín Treviño

www.editorialalmuzara.com
pedidos@almuzaralibros.com - info@almuzaralibros.com

Editorial Almuzara
Parque Logístico de Córdoba. Ctra. Palma del Río, km 4
C/8, Nave L2, nº 3. 14005 - Córdoba

Imprime: Romanyà Valls
ISBN: 978-84-10524-94-1
Depósito legal: CO-1755-2024
Hecho e impreso en España - *Made and printed in Spain*

A todos los que buscan la verdad y el sentido de la vida trascendente del ser humano

No somos el centro del universo. Tampoco la esquina. Simplemente somos una mota de polvo flotando dentro de un océano cósmico desconocido e inconmensurable. No somos los más evolucionados. Tampoco los menos. Los hay superiores, inferiores y similares. Pero sí somos únicos, lo que nos hace ser responsables de nuestro mundo y de nosotros mismos, prosiguiendo adelante en nuestro lento y sempiterno camino de progreso y evolución hacia los confines del infinito.

Ante la grandiosidad creadora en la que nos movemos, viajando por el vasto universo en el que vivimos, seguir planteándonos todavía si somos el único planeta con vida inteligente me parece infantil, ridículo y de mentes estrechas. Igualmente, ante la abrumadora cantidad de restos arqueológicos, mitos, leyendas y textos antiguos que refieren la presencia de otras civilizaciones no terrestres en nuestro mundo en el remoto pasado o en la actualidad, la pregunta clave que debemos plantearnos es:

¿Con qué propósito o intenciones nos visitan…?

Todo lo demás es una pérdida de tiempo.

Índice

Prólogo del autor

DIVISIÓN DE LA OBRA

He dividido la obra en tres partes, buscando tratar de exponer una rápida y superficial historia de tan extenso y complejo tema. A lo largo de las páginas iré añadiendo preguntas y posibles respuestas a las claves principales del fenómeno ovni.

En la primera parte, viajaremos al más remoto pasado —a la historia antes de la historia— en busca de la presencia de poderosos visitantes, los denominados *dioses* por nuestros antepasados —los antiguos astronautas—, analizando de qué modo influyeron en nuestro desarrollo y con qué intenciones. Seguiremos buscando sus huellas diseminadas por todo el planeta, conociendo la existencia de misteriosos objetos, tecnología y armas atómicas que no debieron haber existido en la antigüedad. Analizaremos restos arqueológicos de monumentales y ciclópeas construcciones, imposibles de ser levantadas con los escasos medios de la época, y nos asombraremos ante la representación de posibles astronautas celestes en las pinturas y petroglifos más antiguos de la humanidad, o de gigantescos y fascinantes dibujos que solamente pueden ser contemplados desde el cielo. Cielo por el que viajaban los dioses en extraños aparatos que les permitían volar. Ahondaremos en los textos más antiguos y sagrados de las diversas religiones, buscando analizar quiénes eran esos extraños ángeles que comían o procreaban con mujeres humanas. O los terroríficos dioses que exigían constante adoración, enfrentamientos entre pueblos y sacrificios sangrientos, dejando ver su interés por el sometimiento y la atracción por la sangre y el sufrimiento humano. Incluso recordaremos extraños objetos vistos en el cielo durante la época romana, medieval y renacentista, cuyos artistas dejaron plasmada en sus obras la creencia en la visita de seres del espacio a nuestro mundo. Lo que descubriremos juntos sobre el pasado y la presencia de los dioses celestes, sobre la historia olvidada y oculta de nuestro mundo sin duda te sorprenderá.

En la segunda parte conoceremos los comienzos de la llamada *ufología moderna*, poco tiempo después de la finalización de la Segunda Guerra Mundial. Recordaremos algunos de los avistamientos más llamativos desde los años 40 y 50 hasta nuestros días. Analizaremos la morfología de los extraterrestres y sus naves. Indagaremos en el extraño fenómeno de tantos ovnis siniestrados, su interés por las bases militares y nucleares y el surgimiento del fenómeno en los diferentes medios de comunicación y la cultura actual. Y, por supuesto, escudriñaremos la realidad del enigmático y sobrecogedor tema de las abducciones y la controvertida cuestión de los supuestos contactados.

En la tercera parte entraremos en el delicado y complejo mundo de las conspiraciones, los ocultamientos sobre el fenómeno ovni por parte de los Gobiernos y sus posibles pactos secretos con razas extraterrestres. Introduciré superficialmente algunas de las teorías más destacadas sobre las verdaderas claves del tema y las posibles intenciones de razas extraterrestres, supuestamente benévolas o perversas sobre nuestro planeta y la humanidad. Aunque te adelanto que todo lo expuesto puede ser tenido tanto por posible realidad o como por meras especulaciones, *debiendo ser sometido a los dictámenes de la razón.*

EL ENIGMA CONTINÚA

Este libro no pretende ofrecerte respuestas a las inagotables preguntas que surgen al adentrarnos en el extenso y sin par mundo del fenómeno ovni. Mi propósito es aportarte datos para que los analices y extraigas tus propias conclusiones. Ni afirmar su existencia ni negarla. Sencillamente busco ofrecerte datos de su historia desde el remoto pasado hasta nuestros días. También aportarte mis opiniones como investigador desde hace 46 años en el mundo del misterio y las paraciencias, presentándote hechos y teorías plausibles y razonadas sobre la realidad del fenómeno desde la noche de los tiempos. Por otro lado, mi trabajo como comunicador nunca ha sido *convencer* a quien me lee o escucha, sino *exponer.* Busco motivar a utilizar y desarrollar la suprema capacidad con la que el ser humano ha sido dotado por la evolución: un cerebro y una mente para pensar por sí mismo. Casi 80 años después de lo que podíamos denominar como *la era ovni*, todavía nadie (ni científicos ni investigadores) pueden dar respuesta al misterio del fenómeno, dejando paso únicamente a todo tipo de conjeturas y especulaciones personales. Nadie puede afirmar ni rechazar nada sin más. Como decía mi paisano, el ufólogo y profundo pensador Salvador Freixedo: «Cuanto más conocemos del fenómeno ovni más confundidos estamos». Y estoy de acuerdo, dado el extenso campo de información que abarca, difícil de sintetizar, y mucho menos dentro del espacio de un simple libro. Aunque es notorio que existen razones concluyentes y razonadas para admitir la posible presencia extraterrestre en nuestro mundo desde el pasado y en la actualidad, que nos pueden conducir a la absoluta certeza de la existencia de una gran diversidad de civilizaciones inteligentes dentro del inconmensurable cosmos en el que vivimos y del que formamos una minúscula parte.

Pero, para conocer la verdad latente que se nos oculta del tema, tendremos que seguir esperando a que, en algún momento, los únicos que conocen las respuestas a este profundo misterio accedan a desvelarlo. ¿Quiénes?: los Gobiernos y los protagonistas del tema, los propios extraterrestres.

MIS INICIOS EN EL MUNDO DEL MISTERIO

Como curioseador y amante del mundo del misterio, desde mi adolescencia me sentí atraído por la lectura, estudio e investigación de los enigmas del pasado, la mente, el alma y el sentido trascendente de la vida humana. Ello me fue llevando a interesarme, entre otros temas, por las civilizaciones perdidas, las órdenes secretas (en especial masonería y templarios), la Galicia mágica… o adentrarme progresivamente en escuelas de conocimiento teosófico, arcano, espiritual, filosófico o psicológico. Pero sería a los veintidós años cuando comencé a profundizar más ampliamente en todo lo relacionado con el tema ovni, especialmente por la lectura de todo lo que encontraba sobre los llamados *dioses del cielo*, mencionados en todas las culturas y pueblos del pasado. Desde entonces, 46 años atrás, todos estos temas forman parte de la mochila que me acompaña por el camino de la vida, difundiéndolos a través de cientos de conferencias, en mis propios simposios o en mis programas de radio, y continúo en la brecha. En esa trayectoria, en 1978 formé parte (durante seis años) de uno de los supuestos grupos de contacto extraterrestre más conocidos internacionalmente y más tarde fui coordinador y creador de nuevos grupos en Galicia, manteniendo contacto con diferentes grupos de España y Latinoamérica. Mediante mi experiencia personal, he podido observar y vivenciar el lado oscuro y fanático —incluso peligroso— del fenómeno del contacto y de todo lo relacionado con la presencia ovni en nuestro planeta.

En 1984 emprendería un largo viaje de un mes por tierras peruanas para conocer de cerca parte de sus misterios, entrevistar a personajes relevantes de la época, como el Dr. Javier Cabrera o María Reich, conocer personalmente al fundador y coordinador de la Misión Rama en Lima, asistir a alguna de sus salidas de vivencias extraterrestres en el desierto y visitar a un buen número de grupos de supuesto contacto en tierras peruanas. Del resultado de mi experiencia te hablaré más adelante en el apartado sobre los contactados. Pero te adelanto que lo visto, vivido y extraído de ella fue realmente doloroso y decepcionante, contribuyendo a apartarme para siempre de toda clase de grupos ufológicos y de cualquier tipo, emprendiendo mi camino de búsqueda y autorrealización en solitario, teniendo como única guía a mi silenciosa y sabia Voz Interior.

LA CLAVE DEL TEMA OVNI

Sin duda alguna, el tema ovni es el más misterioso, extraño y polifacético de todos los enigmas del pasado y del presente, y por supuesto, como nuestro satélite lunar, también posee una cara oculta que trataré de iluminar. A pesar de tantos investigadores, libros, documentales, conferencias y congresos, que abarcan tan controvertido tema, repleto de multitud de hipótesis y teorías de todo tipo, mi opinión es que todavía no hemos hecho más que rasgar en la superficie del fenómeno. Personalmente, ya hace mucho que no pierdo el tiempo en salir al campo a ver huellas de supuestos ovnis en la tierra, ni luces en los cielos nocturnos, ni a entrevistar a supuestos testigos de avistamientos. Tampoco me interesa investigar las múltiples formas en las que se presentan o su modo de propulsión. Mucho menos tratar de convencer a nadie de la existencia de vida inteligente en otros planetas. Ni de su venida en el pasado o su presencia en el presente. Actualmente, mi interés se centra en encontrar respuestas a las preguntas claves del fenómeno: ¿que son realmente los ovnis?, ¿quiénes los tripulan? Y, sobre todo, ¿qué propósito e intenciones los han traído y siguen trayendo a nuestro mundo? Si es también de tu interés, te invito a viajar conmigo a través de estas páginas, motivándote a que mantengas la mente abierta al análisis y la reflexión, libre de todo prejuicio. Yo, como Albert Einstein, sostengo que en este insondable tema, como en otros muchos, «lo importante es no dejar de hacerse preguntas». También podría decir que «no tengo ningún talento especial, solamente soy extremadamente curioso».

Para tratar de comprender la verdadera esencia del fenómeno ovni es necesario estudiar con lupa las culturas antiguas, sus leyendas, mitos e historia conocida, pero desde una nueva perspectiva más de acuerdo con los conocimientos y parámetros de nuestro tiempo, rompiendo los paradigmas que sean necesarios. Analizar el pasado con la mirada del presente. Solo así comprenderemos que *cuando hablamos de los dioses y ángeles del ayer, nos estamos refiriendo a los extraterrestres de hoy.* De aquí la necesidad de comenzar adentrándonos —aunque sea brevemente— en el inconmensurable océano cósmico del que formamos parte para proseguir viajando hacia los albores más lejanos de la humanidad conocida…, cuando los dioses y los humanos caminábamos juntos sobre la faz del planeta.

Iniciamos ruta en busca de la verdad que se nos oculta. Recuerda, camino que debes transitar con mente libre y analítica. Por mi parte, trataré de exponer el contenido de esta obra de la forma más sencilla y asequible para todas las mentalidades, dado que como dijo una vez más Albert Einstein: «Si tu intención es describir la verdad, hazlo con sencillez, y la elegancia déjasela al sastre».

«La verdad está actualmente tan oculta,
y las mentiras, tan bien establecidas,
que a menos que amemos la verdad,
nunca la reconoceremos»
Blaise Pascal

«Buscad la Verdad, y la Verdad os hará libres».
Jesucristo

«Que no cese nunca en su búsqueda el que busca».
Evangelio Gnóstico de Tomás

«Hay tres cosas que no se pueden ocultar por
mucho tiempo: el sol, la luna y la verdad».
Buda

Preámbulo. Un viaje por el cosmos

CAPACIDADES DORMIDAS QUE URGE DESPERTAR

Antes de emprender viaje por el túnel del tiempo al más remoto pasado, deseo afirmar *rotundamente* que no es necesario creer en la existencia de vida inteligente en el universo, a pesar de no haber visto ningún ovni ni prueba física alguna de ningún tipo. Basta con utilizar, entre otras, dos facultades latentes en todos los seres humanos, pero que no se suelen emplear: la lógica y el sentido común. Y no se utilizan porque están atrofiadas, incluso desde la adolescencia, ya que parte de la llamada *educación escolar* está creada para que no pensemos, que no razonemos, ¡que no utilicemos la mente y el don preciado de la razón...! Solo debemos aceptar lo que viene en los libros. Aquí conviene recordar que Platón enseñaba que «la razón es lo que nos lleva a la sabiduría». Por su parte, cómo no, Albert Einstein añadía: «Si no chocamos contra la razón nunca llegaremos a nada». Es decir, en un campo tan complejo como el que nos ocupa, debemos aprender a discernir y analizarlo todo bajo el crisol de la razón.

Por su parte, el llamado *sentido común* es muy similar, ya que es la capacidad que nos permite valorar y analizar cualquier situación y tomar nuestras propias decisiones, y no las que nos sean impuestas por líderes religiosos, políticos, militares, arqueólogos o historiadores oficiales o cualquier otra mente lumbrera de la ciencia oficial. De hecho, además de promover el miedo entre las gentes, ocultarnos la verdad e imponernos la suya, otro de los planes que utiliza cierta élite oscura —que solo tocaré superficialmente en esta obra— es mantenernos ignorantes, sabiendo que la ignorancia nos convierte en sumisos y obedientes. No se nos permite pensar; ya lo hacen ellos por nosotros. De ser cierta la teoría de conspiración que nos habla de una élite que dirige el mundo desde la sombra —sea terrestre, extraterrestre o ambas unificadas— el mejor modo de lograrlo es, sin duda, manteniéndonos inmersos en la más absoluta ignorancia de nuestra verdadera realidad espiritual o existencial. Y es que la ignorancia mantiene la mente en la oscuridad, mientras que el conocimiento es luz, la ilumina, permitiéndonos diferenciar lo verdadero de lo falso o la mentira y el engaño de la realidad. De donde la ignorancia nos esclaviza la verdad nos hace libres. Pero ¿a qué viene todo este filosófico discurso…? Te lo diré.

ADENTRÁNDONOS EN LA ORILLA DEL OCÉANO CÓSMICO

Lo que pretendo después de lo expuesto, por un lado, es hacerte utilizar tu capacidad de lógica y razonamiento ante la realidad de la vida inteligente en el universo, y por otro, permitir que te adentres por un momento en un superficial viaje por el universo conocido, en el que por mucho que alardee la ciencia de conocerlo, citando al astrofísico Carl Sagan: «Solo nos hemos introducido hasta el tobillo en el inconmensurable océano cósmico» en el que vivimos. Es decir, solamente conocemos un 3 % de nuestro universo, aunque habría que decir mejor: únicamente de nuestra galaxia. Sin embargo, es más que suficiente para llegar a la conclusión a la que pretendo, bastando para ello una rápida mirada a lo que de él conocemos, ya que, antes de adentrarnos en la búsqueda de vida inteligente en nuestro universo, es necesario conocer algunos datos sobre la inmensidad sideral de la que estamos hablando. Acompáñame.

Vivimos en un universo de más de 14.000 millones de años, y nuestro planeta surgió tan solo hace cerca de 4600 millones, lo que hace más que probable la existencia de civilizaciones inteligentes y mucho más evolucionadas que la nuestra en múltiples rincones del cosmos. Dentro de él nos encontramos nosotros: la Tierra, un insignificante guisante flotando en un gigantesco océano cósmico girando alrededor del sol, en una órbita elíptica de 930 millones de kilómetros, a una velocidad media de 107.280 kilómetros por hora, y a una distancia de nuestra estrella de poco más de 147 millones de kilómetros. A su vez, el sistema solar en el que nos movemos lo hace a una velocidad de unos 270 kilómetros por segundo, y la Vía Láctea, la galaxia que nos transporta por el espacio, viaja a 600 kilómetros por segundo. Y lo hace dentro de un universo que se expande a un ritmo de unos 67,4 kilómetros por segundo.

Poco sabemos, como ves, de nuestro universo. Incluso el estudio de nuestra galaxia se encuentra en pañales, de forma que parecemos bebés gateando en ella sin consciencia de su grandiosidad. Pero, a pesar de los escasos datos que aportan los astrofísicos sobre sus secretos por descubrir, lo poco que sabemos es deslumbrante. En los 100.000 años luz del tamaño de nuestra galaxia, existen como poco 100.000 o 200.000 millones de sistemas solares, cada uno con su sol o soles, sus planetas y satélites orbitándolos. Aunque esta cantidad va aumentando cada año. Y entre ellos, por medio de telescopios como el Kepler, en menos de quince años se han descubierto ya más de 5557 exoplanetas más allá de nuestro sistema solar, con la posibilidad de albergar algún tipo de vida, solo en la insignificante porción observada de nuestra galaxia. A ello hay que añadir que en nuestro universo se habla de la existencia de miles de millones de galaxias, unos 200.000 millones como mínimo ya estimados. Sin embargo, de estar en lo cierto la afirmación de astrofísicos de la talla de Carl Sagan, cuando dijo que «existen más estrellas en el universo que granos de arena en todas las playas del mundo», la posibilidad de que seamos los únicos habitantes inteligentes de este inabarcable universo es solo admisible en mentes cerradas, infantiles o carentes de todo sentido de lógica y razonamiento. Otra cosa es el interés de *algunos organismos sospechosos* por mantenernos sumergidos en la ignorancia de una verdad tan clara a la luz de la razón. De aquí el no comprender cómo a la ciencia —incluso la astronómica— todavía le cuesta aceptar algo tan palpable a la luz de la razón como la existencia de una gran pluralidad de mundos en nuestro vasto universo, muchos de ellos con civilizaciones miles o millones de años más avanzadas que la nuestra. ¿Para qué si no entonces tan incomprensible creación cósmica? ¿Tan solo para albergar vida inteligente en este pequeño e indefenso planeta llamado Tierra? Aunque dudo que seamos inteligentes, remitiéndome a los hechos catastróficos de los constantes atentados hacia nuestro propio mundo. ¿Acaso los millones de estrellas que contemplamos cada noche están ahí como adorno? ¿De verdad hay alguien que pueda admitir razonadamente que la inconmensurable Mente Divina o Energía Creadora que dio forma al universo no ha creado una civilización mejor que la nuestra? Pensemos que igual que tan solo en nuestro mundo hay una gran diversidad de manifestaciones de formas de vida y grados de consciencia —incluso diferentes razas y especies de animales y plantas— exactamente del mismo modo sucede en el universo.

Sin duda alguna, en él deben existir humanidades menos evolucionadas todavía que la nuestra, similares y muy superiores —al menos tecnológicamente—, como lo demuestran todas las pruebas que iremos conociendo dejadas por los visitantes de otros mundos en el más remoto pasado y en el presente. Pero hay algo más, y es que, ya en la India milenaria, el escritor legendario Viasa, sobre el 1200-1000 a. C. (tradicionalmente autor de los textos anónimos antiguos de la India), ya hacía referencia a la existencia de múltiples universos en su obra *Bhagavata-purana*. Sobre este fascinante personaje es necesario citar que la tradición narra que nació de una virgen, que era una especie de inmortal o semidios y que vivió en tiempos muy antiguos, relacionándolo así con los dioses celestes. En 1895, el filósofo Willian James ya acuñó el término para expresar la hipótesis de universos paralelos. Otras conocidas son la de los universos infinitos, los universos burbuja o la teoría de las cuerdas, entre otras, todas ellas refiriéndose a la posibilidad de que el nuestro ni tan siquiera es el único universo del cosmos.

LA CIENCIA Y LA VIDA EN EL UNIVERSO

Lo cierto es que existe una gran contradicción científica sobre la vida inteligente en el universo, considerando infantil negar tal hecho, a pesar de conocer solamente un 3 % de aquel, aunque suficiente para maravillarnos con su inconmensurable magnitud. Hoy en día, Gobiernos como el americano o el chino gastan enormes cantidades de dinero en crear y enviar al cosmos gigantescos telescopios con los que descubrir vida inteligente, siendo una prueba tangible de su creencia en ella. Pero por otro lado desmienten su existencia a la población. Igualmente, los astrónomos Carl Sagan y Fran Drake, el 16 de noviembre de 1974, enviaron un mensaje de radio al cosmos desde el gigantesco radiotelescopio de Arecibo, en Puerto Rico, y tres años después diseñaron el Voyager 1, enviándolo al espacio el 5 de septiembre de 1977 desde cabo Cañaveral. Llevaba consigo un disco de oro con información sobre nuestro planeta y un saludo para la civilización inteligente que lo encontrara, aceptando nuevamente —para mí confirmándolo— la posibilidad de vida inteligente en algún lugar del cosmos. Sería ridículo tanto esfuerzo y dinero si no se creyera en que hay alguien más ahí fuera.

Volviendo a Carl Sagan y su famosa expresión «Nuestro mundo solo es un diminuto punto azul pálido viajando por el universo...», es obvio comprender que solo somos una mota de polvo cósmico viajando a la deriva por el desconocido e inconmensurable universo en el que nos tocó nacer y vivir, por lo que para una mente abierta a la razón sobran las palabras. Iniciamos viaje, por tanto, en busca de vida inteligente en el espacio y de la presencia de alguna —o algunas— civilización alienígena en nuestro propio mundo desde los albores conocidos de nuestra humanidad.

PRIMERA PARTE. OVNIS EN EL PASADO

Civilizaciones perdidas en el tiempo

CIVILIZACIONES ANTEDILUVIANAS DE ALTAS TECNOLOGÍAS. ¿MITO O HISTORIA?

A lo largo de la historia, grandes civilizaciones han venido desapareciendo, bien conquistadas por otras superiores, bien debido a cataclismos naturales que las han ido relegando al olvido o la leyenda. Entre otras, la babilonia, la asiria, la persa, la egipcia, la micénica, la griega, la celta, la romana, la maya, la inca, la azteca... Pero si nos adentramos en la prehistoria, y especialmente mucho más atrás, en lo que podemos denominar *la historia antes de la historia*, es decir, en aquella que pervive dentro del mundo del mito y la leyenda, nos encontraríamos con la narración de la existencia de civilizaciones altamente evolucionadas en diversas ciencias y tecnologías, aunque no tenidas como reales por el relato oficial. Entre ellas, destacaremos los continentes perdidos de Lemuria o Mu en el océano Pacífico, a los que algunos investigadores otorgan un origen extraterrestre hace más de 20.000 o 25.000 años y de los que se dice que habrían poseído una avanzada civilización espiritual. Posteriormente, surge la Atlántida, mencionada como es sabido por el filósofo Platón (429-347 a. C.) en los *Diálogos de Timeo y Critias*, a la que la mitología le concede la creación de las primeras pirámides o la posesión de altas tecnologías, como naves voladoras. Ambos continentes desaparecieron bajo las aguas hace miles de años. En el caso de la Atlántida, hace unos 12.000 o 10.000 años, tal vez relacionado este evento con la llegada de la última glaciación o curiosamente coincidiendo con la narración del bíblico diluvio universal.

Pero desde muy antiguo se habla de otras civilizaciones como Hiperbórea, el reino de los dioses, cuya existencia data, según la leyenda, de hace unos 60.000 años. De ella ya hablaban los antiguos griegos, como Heródoto, o en nuestro tiempo estudiosos como el profesor Joscelyn Godwin, quien, en su interesante obra *El mito polar*, menciona que esta tierra mítica podría haber sido el origen e la humanidad. Se le asignan ubicaciones como el noroeste de Asia, Tracia, Gran Bretaña, Escandinavia o el Polo Norte, habiendo seis autores clásicos griegos que la identifican con los galos o los celtas. Era una tierra donde los días solares eran escasos, se veneraba a Apolo y sus reyes eran gigantes de tres metros de altura. Para esoteristas como Jason Jeffrey, Hiperbórea fue el centro de la edad de oro de la antigüedad, y para investigadores clásicos de los astronautas de la antigüedad como Robert Charroux, sus habitantes eran seres muy altos procedentes de otro planeta de clima frío, los padres de la primera civilización y de los atlantes, además del origen de la raza blanca.

Igualmente se habla de otra tierra legendaria, la isla de Thule, en el océano Ártico —pudiendo haber sido Groenlandia o Islandia—, considerada la capital de Hiperbórea. Sobre ella escribió el geógrafo y explorador griego Piteas en el siglo IV a. C. y para los nazis era el origen de la raza aria.

A mi entender, en el fondo de múltiples mitos y leyendas siempre se encuentra una parte de la historia perdida, que recuerda la existencia de culturas y civilizaciones poseedoras de altos conocimientos y tecnología en el más remoto pasado, de las que las citadas solamente son algunas de las más conocidas. Pero todo ello plantea una pregunta: ¿de dónde vinieron sus habitantes?, ¿qué altas tecnologías poseían y cuándo, cómo y por qué desaparecieron en la bruma del tiempo? Posiblemente para descubrir la respuesta tendremos que elevar nuestra mirada hacia las estrellas.

CIVILIZACIONES BAJO EL MAR

Leyendas y restos arqueológicos en diferentes puntos del globo han venido dando paso al descubrimiento de civilizaciones desaparecidas, que dormían su sueño de milenios bajo las aguas y que nos han hecho replantearnos todo lo que creíamos conocer sobre los orígenes de la humanidad, entre ellas, las estructuras submarinas de la isla de Yonaguni, descubiertas en 1986 por el submarinista Kihachiro Aratake al sur de Japón, a pocos metros de la superficie. Se trata de una formación rocosa rectangular posiblemente megalítica, de 100 metros de largo por 60 de ancho y 25 de altura, manipulada por algún pueblo antiguo desconocido, desaparecido antes de la última era glacial, hace más de 10.000 años. Esto es lo que afirman científicos como el geólogo Teruaki Oshi y el arqueólogo y geólogo submarino Misaki Kimura. En la estructura se pueden ver túneles, largos muros perfectamente lisos, círculos de dos metros de profundidad, supuestas escaleras… y hasta una forma piramidal, habiendo investigadores que ven en ello restos de la civilización de Mu, como lo narra una antigua leyenda japonesa. Recordando que en 1771 se produjo en la zona el tsunami más catastrófico de Japón, con olas de 85 metros de altura, el hundimiento de la estructura pudo haber sufrido algo similar en el pasado. Además, después de un terremoto submarino acaecido el 4 de mayo de 1998, parte del monumento fue destruido, aunque haciendo surgir nuevas estructuras anteriormente desconocidas, similares a los zigurats de Mesopotamia. Esto llevó a reforzar las hipótesis de diferentes ufólogos, que sostienen que los dioses sumerios (los anunnaki) levantaron múltiples construcciones en lugares diversos del planeta hace miles de años. Ya hablaremos de ellos. Una de las últimas teorías afirma que los restos de Yonaguni pudieron haber sido parte de un puente que unía las islas de Taiwán, Ryukyu y Japón con Asia, durante la época de la última glaciación, al ser mucho más bajo el nivel del mar.

Descubierto en 1969 por el buceador Manson Valentine a unos 80 kilómetros al este de Miami, otro de los misteriosos restos sumergidos que dieron pie a la creencia en la existencia de la Atlántida son los encontrados a una profundidad de diez metros cerca de la isla de Bimini, en las Bahamas. Conocidas como *el muro o carretera de Bimini*, se componen de dos supuestos muros que miden sobre 800 metros de noroeste a suroeste. Continuando en el Caribe, en el año 2000, la oceanógrafa Paulina Zelitsk y su esposo, el empresario Paul Weinzweig, mientras buscaban restos de antiguos galeones hundidos mediante imágenes de sonar, descubrieron extrañas estructuras líticas de diferentes formas en el extremo occidental de Cuba, a unos 650 metros de profundidad, a las que dieron el nombre de Mega. Al darse a conocer, algunos medios comenzaron a creer ver en ellos posibles restos de la Atlántida. En 2012, oceanógrafos ruso-canadienses volvieron a estudiar los restos, sugiriendo la hipótesis de que fueran estructuras no naturales, dejando ver lo que parecen ser cimientos de una gran urbe sumergida, formas geométricas e incluso pirámides. De momento, la investigación lleva más de veinte años en el olvido.

Otra ciudad mítica sumergida a 30 o 40 metros bajo el agua, en el golfo de Khambhat, a veinte kilómetros de la costa de Gujarat, fue descubierta en 1988. Tenida como la ciudad del dios Krishna, Dwarka es curiosamente conocida como «puerta al cielo», de acuerdo con arcaicos mitos hindúes, siendo destruida en una batalla contra otros dioses. En ella se encontraron diferentes estructuras y artefactos antiguos y piezas de cerámica de hace 3500 años. También en la India, en el 2002, oceanógrafos descubrieron los restos de otra ciudad a 36 metros de profundidad en el golfo de Khambhat, con la asombrosa antigüedad de 9000 años.

Otras ruinas de las que me hablaron indígenas de la zona de Puno en mi viaje a Perú fueron descubiertas en el año 2000 en el lago Titicaca, consideradas incaicas según sus mitos. Se hallaron restos de una ciudad, un largo camino empedrado, una cabeza similar a las de Tiahuanaco o una muralla de unos 800 metros de largo terminada en lo que parece haber sido un templo sagrado. Sobre el lugar, no hay que olvidar que, para los incas, el lago fue donde se creía que había vivido su dios solar, Inti. Se habla de una base intraterrestre bajo el agua, por las constantes luces que se ven entrando o saliendo de él. Leyendas narran que en ella se custodia un disco de oro que en el pasado había sido llevado desde el Titicaca a Cusco para predecir las fiestas del Inti Raymi. Algunos investigadores creen que pudiera haber sido uno de los trece que tenían los atlantes y que habría sido trasladado a la ciudad sagrada de Paititi a la llegada de los españoles.

También hay ciudades neolíticas sumergidas, como la de Atlit-Yam, en el mar Mediterráneo, cerca de Haifa, Israel, a entre ocho y doce metros bajo el nivel del mar, extendiéndose por un área de 40.000 metros. Descubierta en 1984 por el arqueólogo marino Ehud Galili, deja ver vestigios de casas, muros alargados, herramientas, restos de animales, tumbas humanas y hasta un círculo de piedra posiblemente a modo de templo ritual, de alrededor de 9000 años de antigüedad.

En todo caso, los citados lugares no son más que la punta del iceberg que recuerda la existencia de múltiples ciudades e incluso civilizaciones desaparecidas bajo las aguas, a la espera de ser descubiertas y desvelar los misterios y secretos que ocultan. Cuando eso suceda saldrá a la luz que muchos mitos son algo más que meras narraciones populares y que detrás de ellos suelen surgir los dioses celestes.

LOS CASTIGOS DE LOS DIOSES

Si bien a lo largo de la historia existieron terribles catástrofes naturales provocadas por terremotos, tsunamis, volcanes, inundaciones, tornados o incluso cometas o asteroides, que destruyeron ciudades o civilizaciones, de acuerdo con arcaicas leyendas, también las hubo provocadas por la ira de Dios o de los dioses que gobernaba el mundo en tiempos ancestrales. En el caso de la Atlántida, el castigo fue debido a la decadencia de su pueblo, como sucedió con Lemuria o Mu. En el *Mahabharata* se habla de Dwarca. En la Biblia, de las ciudades de Sodoma y Gomorra. De acuerdo con el Corán, también fueron destruidos ricos y esplendorosos reinos, como el que existió en el desierto de Rub Al-Jali en Omán, en la península Arábiga, hace unos 5000 años: el reino de Ubar, uno de los más antiguos del Oriente Próximo, con su esplendorosa Ciudad de los Mil Pilares. En este caso, fue debido al deseo de sus gentes por buscar la inmortalidad, algo que no agradó a Dios, que sepultó el civilizado reino con una tormenta de arena. El famoso Lawrence de Arabia se refirió a este hecho como «la Atlántida de las arenas». Pero ¿quiénes eran esos dioses y por qué infligieron tales castigos a esos pueblos?

LOS INMORTALES Y LOS REINOS PERDIDOS

Dentro del fenómeno ovni, también se encuentra el estudio de reinos mitológicos de arcaica antigüedad, que se consideran la morada de dioses venidos del cielo o de seres poseedores de grandes conocimientos y tecnología. El reino más conocido de todos ellos es Shambhala («la tierra de los dioses vivientes» o «de los mil nombres»), donde moran seres puros, los *bodhisattva*, sabios, iluminados o inmortales, poseedores de una avanzada tecnología y una gran evolución espiritual. Un reino mítico de sabiduría, amor y paz, donde no existen guerras, ni maldad, ni vejez, ni sufrimiento, ubicado en algún lugar oculto entre altas montañas de Asia Central. Según textos muy antiguos tibetanos o hinduistas, Shambhala estaría en algún valle perdido del Himalaya o incluso en el interior de la Tierra, conectada con túneles con otras ciudades y lugares sagrados del planeta. Una de ellas, su capital, suele ser conocida como Agartha, que, según se cree, podría ser una urbe subterránea bajo los Himalayas o bajo el desierto del Gobi, la cual posee una extensa red de túneles que comunican sus ciudades intraterrenas (la red de Agartha). En ella mora el llamado Rey del Mundo, *Brahmatma*, observando los acontecimientos mundiales. Un lugar donde el tiempo transcurre de forma diferente al nuestro y desde el que los sabios e iluminados velan por el progreso de la humanidad.

Posiblemente guarde relación con la creencia en mundos subterráneos que, con diferentes nombres, siempre refieren a un inframundo: el Hades o Tártaro griegos, el Patala hindú, el Xibalbá maya, etc.; a ellos solían descender héroes mitológicos en el pasado. La conocida fundadora de la teosofía, Helena Blavatsky (1831-1891), sitúa su existencia hace nada menos que quince millones de años, en el desierto del Gobi (y en tiempo una isla), donde aterrizaron aquellos a los que denomina los Señores de la Llama, semidioses procedentes del planeta Venus. Igualmente, el conocido pintor y explorador Nicholas Roerich (1874-1947) aseguró en sus escritos haber llegado a Shambhala, recibiendo instrucciones por parte de sus mandatarios. Sangri-La es posiblemente otro nombre de ese reino milenario y misterioso, una tierra utópica de longevidad, felicidad y armonía. Se la ubica en un valle escondido en el Himalaya, oculta entre montañas o incluso bajo ellas; también se dice que, al menos en parte, pudiera ser una ciudad etérica, a la que solo se puede acceder a nivel astral.

Existen otros reinos perdidos, como los que narran antiguos mitos incas. Muchos proceden de cronistas de la conquista española en América del Sur en el siglo XVI, como la que se cuenta de Sebastián de Belalcázar en su conquista de Quito. El hecho sucedió tras escuchar la leyenda sobre la existencia de un cacique que, realizando una ceremonia antigua en una laguna sagrada, al volver a la superficie lo hacía impregnado de polvo de oro debido a la inmensa cantidad de ese mineral existente en el fondo. Deseoso de encontrar ese reino tan rico, Belalcázar decidió iniciar su búsqueda de lo que denominó como El Dorado.

Existiera o no, hay quien lo confunde con otra ciudad o reino esplendoroso antiquísimo, de nombre Paititi («la ciudad de oro»), poseedora de una gran evolución espiritual, y que bien puede ser la misma. De acuerdo con viejas tradiciones, Paititi suele ubicarse en lo profundo de las selvas amazónicas o en los Andes, en zonas como la provincia boliviana de Madre de Dios, en Colombia o en Brasil. Más que una sola ciudad, se tiene como un conjunto de ellas ocultas en diferentes lugares, formando un reino perdido, ocultándolo a los invasivos conquistadores europeos, donde cobijar a los últimos incas y todas sus riquezas. Igualmente se dice que Paititi posee una rica red de túneles que conectan sus ciudades. O que existe un mapa trazado por jesuitas, quienes, en el siglo XVI, lograron entrar en una de ellas. Resumiéndolo, existe la creencia de la existencia de una civilización subterránea avanzada, creadora de una extensa red de túneles bajo toda América del Sur. De acuerdo con diferentes exploradores, en las cercanías de las ciudades principales se hallan rocas de gran tamaño repletas de grabados que contienen claves ocultas para encontrarlas. También se cuenta entre los indígenas que, en esas zonas, se dejan ver en raras ocasiones hombres sabios vestidos con túnicas blancas que advierten que para llegar a su reino hay que ser personas de corazón puro.

Pero hay muchas más ciudades y reinos perdidos, o más bien ocultos, como la Ciudad de los Césares en la Patagonia y otras similares. Todas serían imposibles de abarcar en esta obra.

Las moradas de los dioses

MONTAÑAS SAGRADAS DE LOS DIOSES

Si los dioses antiguos fueron realmente físicos, cabe preguntarse cuál era su morada, dónde se ocultaban. Como primera respuesta, es sabido que gustaban de residir en apartadas e inaccesibles montañas, consideradas sagradas para los pueblos de la antigüedad y a las que veían como el hogar de sus dioses, quienes residían sobre ellas o en su interior, prohibidas, por tanto, para los mortales. Crónicas antiguas las describen cubiertas de nieve o de nubes y afirman que de sus cimas bajaban o despegaban extraños objetos envueltos en humo, en llamas y en sonidos atronadores; incluso en ocasiones son volcanes no extinguidos. Un ejemplo de ello es el supuesto ovni captado por cámaras televisivas adentrándose en el cráter del volcán Popocatépetl, México, el 30 de mayo del 2013.

Curiosamente, no hay lugar del planeta que no tuviera —o todavía tenga— una montaña sagrada donde moraban sus dioses desde la noche de los tiempos. Tal vez la más conocida en la mitología mundial sea el monte Olimpo, el más alto de Grecia, desde donde el rey de los dioses, Zeus, con todo su corte de deidades, observa a sus pueblos rigiendo los designios de los mortales humanos, actuando a favor o en contra según le complaciera. Aunque el hecho suele entenderse en nuestro tiempo como una simple creación arquetípica, para los antiguos griegos sus dioses eran reales y, dentro de las teorías ufológicas, montañas como el Olimpo eran sencillamente el refugio de una jerarquía extraterrestre, como se cuenta de otras muchas deidades.

Dentro del hinduismo y el budismo existe una especial fascinación por la legendaria montaña sagrada y mítica Meru, al norte de la cordillera del Himalaya, también tenida como el monte Kailas por los budistas. Para los tibetanos, en el monte Kailas, de curiosa forma piramidal, moran Shiva y los dioses principales. Está, entonces, prohibido pisarlo o escalarlo, al ser suelo sagrado, vedado a los humanos. Se habla de que quienes lo han intentado profanar han muerto en el intento. Cada luna llena de mayo o junio se vienen realizando desde muy antiguo romerías a su falda por miles de peregrinos, en un ascenso difícil y peligroso de tres días, para venerar a Shiva y sus consortes. Se dice que de él emanan extraños ruidos y que en su cima suelen verse extrañas luces que suben y bajan o que emite cierto grado de radiación. Desde tiempos inmemoriales no solo se viene venerando la montaña, sino que se han construido grandes templos buscando imitarla, como el Templo MahaBodhi (Templo del Gran Despertar o Gran Iluminación) en el estado de Bihar, India. Algo habitual, por otro lado, en otras muchas culturas, que han levantado majestuosos templos a sus deidades desde las primeras civilizaciones conocidas, como es el caso de los sumerios. El mismo dios Enlil —la principal deidad del panteón mesopotámico— vivía en una gran montaña celestial que contenía la tierra y el aire, desde donde gobernaba a los humanos, y el héroe de la epopeya de Gilgamesh y su amigo Enkidu ascendieron por lomas sagradas en las que vivieron experiencias transcendentales.

Pero el tema de extraterrestres residiendo en montañas en el pasado sigue siendo algo actual. En tierras argentinas tenemos el conocido cerro Uritorco (conocido como el Valle de los Espíritus), de 1980 metros de altura, en el norte del valle de Punilla, en Capilla del Monte, en la provincia de Córdoba, considerado uno de los enclaves más energéticos de Argentina, siendo venerado por pueblos precolombinos. De él cuentan extraños fenómenos espirituales, sanadores, constante presencia de ovnis e incluso alguna abducción en la zona. Tan es así que aquí se dio el comentado caso de la sierra del Pajarillo. Sucedió en la noche del 9 de enero de 1986, en una finca cercana a dicho lugar, en la que dos mujeres y un niño observaron una extraña y potente luz roja recorriendo los cerros, a la que describieron como una pelota achatada con ventanillas. Lo extraño fue que al día siguiente apareció una gran mancha negra en forma de óvalo en la ladera sureste del Pajarillo, comprobándose que una superficie de pastos de 70 por 120 metros apareció quemada en el mismo lugar donde se había visto la luz. Otra versión habla de un círculo de 100 metros de diámetro. Aunque lo más extraordinario del lugar es la arraigada creencia de los ufólogos en la existencia en este cerro de la misteriosa ciudad subterránea (física o etérica) de Erks, habitada por extraterrestres o seres de elevada evolución espiritual, que solo puede ser visitada astral o físicamente si se posee la sensibilidad y moral suficiente para poder verla y entrar.

Ya al norte de California se encuentra el mágico monte Shasta, de 4322 m de altitud, un volcán dormido conocido por los muchos sucesos extraños que en él se divisan, como avistamientos ovnis, desapariciones de personas o incluso encuentros con los misteriosos *bifoots* o pies grandes, que parecen proteger la montaña, como se dice del reino de Agartha, en los Himalayas, custodiado por los yetis. Del Shasta se dice que es una puerta a otras dimensiones, de la que emana una poderosa energía especial que atrae a los buscadores del misterio y la autorrealización interior. Los lugareños cuentan que se han visto hombres con túnicas blancas caminando sigilosamente sobre la nieve. En el mundo esotérico, una vez más, se tiene a este lugar como la morada de los dioses. En él, vivirían seres de elevada sabiduría y desarrollo espiritual, al ocultarse en su interior uno de los santuarios de la enigmática Hermandad Blanca y la ciudad sagrada de Telos, que se comunicaría con túneles con otros santuarios del planeta.

En Japón se encuentra el monte Fuji, de 2400 metros de altitud, con su cumbre nevada, símbolo nacional del país, un antiguo volcán en el que se encuentra un santuario sintoísta, considerado la morada de las deidades *kami* del lugar. Por su parte, entre otros promontorios sagrados, en China se encuentra el monte Hua, en la provincia de Shanxi, en el que los taoístas creían que vivía un dios del mundo subterráneo.

Son muchas las montañas relacionadas con la presencia ovni, como la de Montserrat en Barcelona, Bugarach en Francia, el Teide en Tenerife... y un sinfín más, imposibles de enumerar todas ellas en estas páginas.

ISLAS SAGRADAS DONDE MORAN LOS DIOSES

Otro de los enclaves preferidos por los dioses de la antigüedad para establecerse, alejados de los mortales, son las islas. Como en el tema de las montañas, hubo muchas de ellas en las que o bien residieron, o descendieron para transmitir determinados conocimientos a los isleños. Este fue el caso de la isla griega de Corfú, situada frente a la costa noroeste de Grecia, en el mar Jónico, conocida como la isla de los Dioses, ya referida por Homero en la *Odisea* como la última parada de Ulises en su vuelta a Ítaca. Igualmente es conocida como la isla de Poseidón, ya que, como era muy común en los dioses antiguos, el dios de los mares, tras raptar a Córcira, la hermosa hija del rey de Platea, Asopo, se la llevó a la isla, bautizándola con su nombre. Siguiendo en Grecia, otras islas relacionadas con la presencia de Zeus y otros dioses griegos son las que componen el archipiélago de las Cícladas, en el centro del mar Egeo, convertido en su tiempo en uno de los lugares más sagrados para los helenos. Delos, una de las islas de las Cícladas, emergió del tridente de Poseidón, siendo habitada por titanes, ninfas y semidioses. Allí, Zeus, fiel a sus constantes amoríos y adulterios divinos con mujeres mortales, escondió a su amante Leto, la madre de sus únicos gemelos, Apolo y Artemisa, para evitar los celos de Hera. Delos es así la tierra sagrada donde nacieron dos de las deidades más importantes del panteón griego.

Existen múltiples leyendas de tradición oral que hablan de islas que aparecen y desaparecen sin dejar rastro. Incluso algunas de ellas continúan emergiendo desde las profundidades para volver a desaparecer misteriosamente ante el asombro de quien afirma contemplarlas. Una de las leyendas más antiguas es la de la isla de San Borondón, en el archipiélago canario. De hecho, siempre llama mi atención cuando viajo a este lugar como los isleños no solo la dan por una leyenda real, sino que incluso conocí personas que me manifestaron haberla visto en alguna ocasión. Una de las versiones afirma que es la misma isla a la que llegó el monje irlandés san Borondón o Brandán, quien durante el siglo VI navegó en busca de una isla fantasma en el Atlántico, habiéndole sido revelada en un sueño por un ángel. Tras largos siete años de búsqueda, logró encontrarla y desembarcar, hasta que, al poco tiempo, la isla comenzó a temblar de tal modo que los llevó a embarcarse de nuevo rápidamente. Ya algo alejados, como si de una gigantesca ballena se tratase, se sumergió ante su vista.

Citaré, a su vez, aquí las *islas flotantes*, en el océano Índico, mencionadas por Diodoro de Sicilia, al sur de Arabia y de la India, llamadas Panchaea, a las que se tiene por legendarias. También los romanos creían en una isla fantasma denominada Aprositus («la isla a la que no se puede llegar»).

Después de lo expuesto y buscándole alguna relación con el fenómeno ovni, me surge la idea de si hablamos de islas o podríamos encontrarnos ante la posible existencia de gigantescas naves nodrizas o bases submarinas extraterrestres en nuestros océanos. Otra versión de la leyenda habla de la existencia de unas cartas náuticas de los siglos XV y XVI, señalando una isla que emergía tan solo un par de veces cada cien años. Igualmente, hay referencias antiguas y modernas de marineros y cronistas que han contado haber visto esta u otra isla similar en alguno de sus viajes.

Ya más fuera de contexto y adentrándonos en el campo de la fantasía, del bulo o de mitos urbanos, en la década de los 80 se habla de una isla llamada Friendship, la cual apareció y desapareció de la visión de los satélites en varias ocasiones sin dejar rastro alguno. Situada al sur de Chile, los habitantes de la región de Aysén afirmaban que estaba poblada por «seres extraterrestres superiores y benévolos». Según se contó, el primer contacto ocurrió a través de una comunicación por radio en 1985, cuando un radioaficionado llamado Octavio Ruiz contactó con una extraña voz de acento norteamericano que se presentó como Miguel, y en otras ocasiones como Rafael y Ariel —curiosamente nombres de arcángeles—. Lo más insólito fue el caso de Ernesto de la Fuente —según él mismo contó—, quien afirmó haber sido invitado a la isla por estos seres, llegando a curarle de la enfermedad terminal que padecía. El hecho le llevó a referir el caso en la televisión chilena en 1989, pero nunca supo explicar dónde se encontraba su ubicación, que no volvió a localizar. De haber sido cierto, estaríamos hablando no de ángeles, sino de extraterrestres benévolos o de mi hipótesis de naves o bases submarinas que salen a la superficie en diferentes épocas y lugares. En nuestro tiempo, aparecería y desaparecería de la vista de los satélites y, en este caso, hasta de la Armada chilena y particulares que nunca pudieron localizarla. Todo ello sin olvidar que Chile es uno de los países del mundo donde se han venido dando más casos de avistamientos de naves, luces extrañas y supuestos contactados desde el comienzo del fenómeno ovni. En síntesis, los mitos y leyendas más ancestrales de la humanidad hablan de dioses venidos del cielo, que se ocultan en el interior de antiguos volcanes, en la cima o interior de altas y escabrosas montañas, en el interior de profundas cuevas o bajo tierra o sumergidas en lagos y océanos. Pero lo enigmático es que, al parecer, todavía siguen viviendo en los mismos lugares desde tiempo inmemorial.

A lo expuesto hay que añadir aquellas islas a las que los dioses celestes descendieron para aportar conocimiento a sus pobladores. Ubicada en el Pacífico, a 3760 kilómetros de las costas de Chile, la isla Rapa Nui, bautizada en 1722 por su descubridor, el capitán holandés Jacob Roggevee, como la isla de Pascua, es una de ellas. Se trata de una extensión de terreno plana, de 171 kilómetros de superficie. Lo asombroso son las figuras de piedra, conocidas como *moáis* (cerca de 1000), talladas por el pueblo que la habita, los rapanuni, hace cientos de años. Las esculturas miden hasta diez metros de alto y pesan hasta 80 toneladas; algunas tienen enormes bloques cilíndricos de piedra sobre sus grandes cabezas. Se encuentran diseminadas por la isla, semienterradas, caídas o erguidas, con sus miradas puestas en el cielo.

Misteriosos moais en la isla de Pascua.

La figura denominada *El gigante*, que mide 21 metros y pesa alrededor de 200 toneladas, encierra un gran enigma, ya que, aunque nunca se extrajo del volcán Rano Raraku, donde se tallaban los moáis, ¿cómo pretendían moverla e instalarla en su sitio sin los medios adecuados? A decir de las tradiciones de los rapanuis, las figuras fueron levitando hasta colocarse en su sitio, gracias a una desconocida fuerza mágica que llaman *maná*, empleada por sus dioses voladores, los hombres pájaro, llegados a la isla en tiempos desconocidos con su dios superior, Make-Make, creador de todas las cosas.

Otra antigua leyenda narra que en el archipiélago de Nueva Zembla, en el Ártico, se encuentra Yugorsky, la pequeña isla deshabitada de Vaigach, territorio sagrado de los nénets, donde moran sus dioses. En el mundo ufológico es conocida como la isla de Pascua del Ártico. Es también llamada Hebidya Ya, que significa «tierra santa» o «territorio de la muerte» en el idioma local, al encontrarse numerosos ídolos de madera policéfalos pintados con la sangre de los animales sagrados. Desde tiempos inmemoriales, los pastores de renos y cazadores nénets visitan la isla anualmente para ofrecer sacrificios a los dioses, solicitando su protección y buena suerte en la caza. Hay otras muchas islas pobladas por los dioses desde la noche de los tiempos, imposibles de abarcar en esta obra.

LOS DIOSES Y LA TEORÍA DE LA TIERRA HUECA

Otro lugar donde moran los dioses son las cuevas o ciudades subterráneas. Sobre el tema abundan mitos y leyendas en múltiples culturas, que refieren la existencia de dioses que habitan en el inframundo, bajo tierra, en profundas cavidades subterráneas en las que se excavaron ciudades y túneles para unirlas. Incluso se habla de que habrían sido creadas por los dioses para salvar a una parte de la humanidad de una inminente catástrofe natural. Muy conocidas son las existentes en Turquía o en gran parte de América. Es llamativa la cantidad de textos míticos o religiosos que hablan de la bajada al interior de la tierra de héroes o iniciados, hacia un reino donde moran grandes sabios, en busca de adquirir determinados conocimientos secretos y prohibidos a los mortales ordinarios, así como de hacerles partícipes de misiones para el progreso de la humanidad. Ejemplos de ello son Tales de Mileto, Pitágoras, Teseo, Perséfone, Orfeo, Ulises, Hércules… y hasta Leonardo da Vinci y el mismísimo Jesucristo. Estos casos plantean la cuestión de su posible relación con el tema extraterrestre, dadas las múltiples teorías actuales sobre la existencia de bases en el interior del planeta. A ello se suman novelas del siglo XIX como *Viaje al centro de la Tierra*, de Julio Verne, *La raza futura*, de sir Edward Bulwer Lytton, o *La máquina del tiempo*, de H. G. Wells, que refieren al tema de la vida intraterrena.

LA HISTORIA ANTES DE LA HISTORIA

Debemos admitir que no sabemos nada del verdadero origen e historia de la humanidad, bien porque sus restos yacen todavía bajo tierra o en lo profundo de los océanos, bien porque hay un destacado interés por parte de quienes ostentan el poder en nuestro mundo para que la verdad siga enterrada. Aunque presiento que, dados los descubrimientos arqueológicos que vienen saliendo a la luz —curiosamente de forma casual— y en un futuro cercano, pronto la ciencia oficial tendrá que aceptar verdades olvidadas y cambiar los libros de historia. Como ejemplo, cabe destacar el impresionante hallazgo arqueológico de manos de un campesino kurdo en Turquía, en 1994, conocido actualmente como el santuario megalítico de Göbekli Tepe («la colina del ombligo»).

Templos de Göbeklitepe.

Convertido en el más antiguo del mundo, con 12.000 años de antigüedad, echa por tierra toda creencia histórica sobre nuestro pasado. El enigma que plantea es cómo pudieron levantar sus más de 30 recintos circulares monolíticos de hasta 30 metros de diámetro, con piedras de entre 15 y 70 toneladas. Se desconoce quién ayudó a aquella humanidad cazadora-recolectora a convertirse en un breve periodo de tiempo en agricultora, creando una sociedad religiosa y social organizada, germen de una civilización, o quién enseñó a aquellas gentes el conocimiento matemático, astronómico o constructivo para levantar tan colosales monumentos. Algo que, por cierto, parece haber ocurrido casi paralelamente en otros lugares del planeta. Sin olvidarnos de que en Turquía también se descubrieron impresionantes ciudades subterráneas antiquísimas, realizadas por desconocidos constructores, como la de Derinkuyu, a más de 85 metros de profundidad, que cuenta con veinte niveles, en la región de Capadocia.

Ciudad subterránea de Derinkuyu.

Otros ejemplos que echan por tierra el corto espacio de tiempo dado por los historiadores a nuestros orígenes se encuentra en la denominada Necrópolis de Varna, Bulgaria, compuesta de unas 300 tumbas, datadas sobre el 4600 a. C., y que para diferentes expertos pueden ser la cuna de la civilización europea y de los primeros trabajos artísticos de oro realizados en el mundo. Aunque hay muchos más datos, citaré la ciudad de Jericó como otra de las más antiguas del mundo, pues existía hace ya unos 9000 años.

Astronautas en la antigüedad. Dioses, creadores y maestros

EL ENIGMA DE LOS ASTRONAUTAS DE LAS ESTRELLAS

De acuerdo con múltiples mitos y leyendas de todos los rincones del planeta, desde hace miles de años, diferentes entidades o razas —procedentes del espacio exterior— han venido visitando nuestro mundo con diferentes propósitos que comentaré en mi resumen final del libro. A la luz de toda la información de la que disponemos hoy en día, a mi entender, negar la presencia en nuestro mundo de civilizaciones extraterrestres en el pasado y en la actualidad me parece de mentes cerradas o dogmáticas, que solo admiten lo que se les ha inculcado durante su formación académica o científica. Citando a Albert Einstein: «Educación es lo que queda después de olvidar lo que se ha aprendido en la escuela». Para conocer la verdad sobre nuestro auténtico origen y nuestro pasado, debemos comenzar a reeducarnos de nuevo y dejar atrás caducos paradigmas. En este caso, me refiero a abrir la mente a la realidad extraterrestre, comenzando por analizar las huellas que han dejado en el pasado los llamados *astronautas de la antigüedad* o, lo que es lo mismo, los seres venidos de las estrellas.

¿DE DÓNDE VINIERON, DESDE CUÁNDO ESTÁN AQUÍ Y QUÉ APORTARON?

De acuerdo con teorías ufológicas, vienen visitándonos desde hace miles o tal vez millones de años. Y, como analizaremos más adelante, hasta puede que estén presentes en el planeta antes que nosotros. Hasta pudieran ser nuestros creadores, incluso la respuesta al misterio del eslabón perdido que nos impulsó a dar un rápido salto evolutivo de homínidos a neandertales, y de estos a cromañones u *Homo sapiens*. Lo hablaremos. En cuanto al lugar de origen, pueden provenir de dentro y fuera de nuestro sistema solar o de alguna otra galaxia, pero también de otras dimensiones o de mundos paralelos, accediendo al nuestro a través de una especie de portales interdimensionales, o, en el caso de los grises, de ser nosotros mismos que venimos desde el futuro. Hay leyendas que hablan de una especie de sabios civilizadores procedentes de Orión, Sirio y las Pléyades. Pero también abundan las que describen a algunas razas hambrientas de poder, exigiendo sumisión y veneración absoluta y exclusiva a los pueblos que visitaban, incluso sacrificios sangrientos de animales o de humanos. Especialmente el dios Elohim Yahvé es comparado por investigadores bíblicos con Enlil, la deidad anunnaki de los sumerios. Pero entraremos más adelante en las intenciones de los dioses —reales o mitológicos— del pasado, buscando sus huellas en múltiples pueblos de la antigüedad.

LOS DIOSES CREADORES. EL ESLABÓN PERDIDO

Ahondando en el estudio de múltiples mitologías mundiales, se hace patente la citada presencia de «seres creadores venidos del espacio». De acuerdo con el italiano experto en traducción hebrea Mauro Biglino y «su estudio y análisis literal de la Biblia», el término hebreo *elohim* se utiliza para referirse a avanzadas civilizaciones extraterrestres, ya que es una palabra plural, como veremos. En el caso de la mitología mesopotámica (sumeria, acadia y babilonia), en el *Enuma Elish* (*El poema de la creación*), se habla de la creación del universo por el dios Marduk tras una batalla contra el dios Tiamat. Seguidamente, las divinidades bajo su mandato crearon al hombre a partir de arcilla y de la sangre del dios rebelde We-ilu, asesinado y sacrificado con esa finalidad para que estos realizaran el trabajo duro para los dioses. Dicho de otra forma, los anunnaki o hijos de Anu (los dioses creadores) crearon una especie de *jardines botánicos* cercados por grandes muros en diferentes lugares. El más nombrado fue el jardín del edén bíblico, ubicado posiblemente entre Anatolia y el mar Caspio. En ellos fueron modificados genéticamente ciertas plantas salvajes para alimentar a su creación, como el trigo, el maíz y la patata, o incluso lo hicieron con animales, como las ovejas. Lo expuesto son interesantes teorías sostenidas por Biglino de acuerdo con la interpretación *literal* de la Biblia. En el jardín crearon al *Homo erectus* de un homínido exterior (Adán) con ingeniería genética y más tarde una hembra (Eva), hasta hacer surgir al *Homo sapiens* inyectándole ADN elohim o manteniendo relaciones sexuales con hembras humanas. Siguiendo con Biglino, los elohim en el Génesis se interpretan como *los hijos de Dios*, cuando en realidad se trataba de *los hijos de los dioses*. Dioses que, viendo que sus criaturas se reproducían rápidamente, enviaron un diluvio para eliminarlas. Pero no se contentaron con el diluvio, ya que, como afirma la Biblia, los primeros humanos vivían más de 900 años. No deseando tan larga longevidad en su creación, mediante la manipulación del ADN, decidieron acortar su tiempo de vida hasta los 120 años, como puede leerse en el Génesis 6:1-3. Hecho que es lo más común todavía en nuestro tiempo. Por otro lado, si mantenían relaciones con humanas dejan ver claramente que los dioses eran humanoides. Cabe añadir que, al haber una directa relación entre el libro del Génesis con los mitos sumerios y babilonios —recogidos por los judíos durante su cautiverio en Babilonia—, es posible que, al referirnos a los dioses extraterrestres anunnaki y al Yahvé judío, pudiéramos estar refiriéndonos a la misma raza. Además, el significado de la palabra *anunnaki*, «los que bajaron del cielo a la Tierra», nos da la pista del lugar del que venían, dejando ver que no eran ni dioses ni Dios, sino claramente extraterrestres.

Zecharia Sitchin, autor de diferentes libros sobre los antiguos astronautas, como *El 12.º* planeta (1976), propone una personal traducción de las tablillas sumerias en la que se afirma que hace unos 45.000 años fuimos visitados por una civilización extraterrestre altamente avanzada, denominada *anunnaki*, procedente del planeta Nibiru, supuestamente de nuestro propio sistema solar. Exponiendo la leyenda escuetamente, estos seres llegaron en busca del oro de nuestro planeta, al serles vital para la supervivencia del suyo, trayendo consigo una raza inferior, los *igigis*, para que hicieran el trabajo duro de minería para ellos. Pasado el tiempo, estos se rebelaron, de modo que tuvieron que exterminarlos, por lo que uno de sus jerarcas, el dios Enki, tomó la decisión de crear una raza genéticamente, valiéndose de algún animal de nuestro mundo al que inyectarle su propio ADN. Fue así como, después de varios intentos fallidos, llegó a conseguirlo a través de primates, de los que surgiría el *Homo erectus* y más tarde el *Homo sapiens*, o sea, nosotros. De ahí el atribuirle a esta raza la creación de la humanidad y la civilización sumeria, haciendo surgir las primeras ciudades de Ur o Uruk. A estos humanos se transmitiría parte del conocimiento de su ciencia —metalurgia, astronomía, matemáticas, escritura, ganadería, agricultura, armas, orfebrería...—, lo que haría posible la creación de templos donde moraban los principales jefes anunnakis para ser adorados y recibir ofrendas. Algo muy similar a lo que se escribe en la épica *Enuma Elish*. Si observamos el modo de representar a los anunnakis en diferentes estelas o murales, suelen ser gigantes de unos tres metros representados con alas en diferentes ocasiones y con una especie de piña en una mano o lo que parece un pequeño bolso en otra, además aparecer acompañados de grabados que se asemejan a nuestro sistema solar o dibujos muy similares al esquema de la estructura del ADN.

Dioses anunnaki.

Como reforzando estas teorías, hay textos religiosos que parecen querer reafirmar la creación del hombre actual por dioses venidos de las estrellas. Veamos algunos.

En la mitología egipcia, la creación del universo y del hombre se asocia al dios creador Ptah. En su caso, lo creó a partir de arcilla del río Nilo y de modo similar al Génesis le insufló vida mediante su aliento divino. De la misma manera, el titán Prometeo creó al hombre con arcilla, pero, viendo que los primeros hombres eran muy primitivos y que carecían de lo básico para una vida más confortable, a espaldas de Zeus robó el fuego sagrado del Olimpo, entregándoselo a los humanos. Gracias a ello pronto comenzaron a lograr grandes progresos, creando cerámica, metalurgia, cocinar los alimentos, construir casas con bloques de arcilla cocida o armas de metal para cazar y defenderse. Al ser descubierto, fue castigado por Zeus, ya que —como el árbol del fruto prohibido del paraíso bíblico— la sabiduría era un don que solo debían poseer los dioses, buscando evitar que los humanos despertaran de la ignorancia a la que estaban sometidos y que nunca se rebelasen contra ellos. En otra versión del mito, es Zeus quien crea al hombre insuflándole su aliento divino. En la mitología nórdica fue el dios Odín quien creó a los primeros humanos, Ask y Embla. Lo hizo dándoles forma por medio de dos troncos de árboles, dotándolos de vida y otorgándoles espíritu y razón.

Dentro de la cosmovisión de pueblos indígenas de Mesoamérica como los mayas, uno de sus textos es el *Popol Vuh*, que contiene mitos, tradiciones, historias, religión... En él se habla sobre el origen del mundo y de la civilización, surgida de sus dioses, encabezados por el dios creador Itzamná. Básicamente narra que crearon a los humanos para trabajar para los dioses. Comenzaron experimentando con lodo, pero al deshacerse rápidamente los hicieron de madera. Estos ya podían caminar, hablar y procrear, pero carecían de sentimientos, no tenían alma y eran torpes y sin emociones. Entonces enviaron un gran diluvio a la tierra para acabar con la vida de los hombres de madera. Pasado el tiempo, volvieron a intentar la creación del hombre para que pudiera pensar y sentir, de forma que decidieron probar con mazorcas de maíz. Convirtiéndolas en una masa blanca, crearon cuatro hombres de barro, impregnándoles con el maíz sangre y corazón y dotándolos así de inteligencia y pensamiento, con la capacidad de amar y realizar todo tipo de tareas. De esta forma, los dioses creadores del mundo, Kukulcán, Tepeau y Caculhá, terminaron creando a *los hombres del maíz*, en su deseo de lograr una criatura capaz de tener conocimiento que los venerara. Esta narración es muy similar a la de la mitología sumeria en muchos aspectos, ya que estos también mandaron un diluvio para hacer desaparecer de la tierra a sus primeras creaciones, al salirles desobedientes y con exceso de procreación.

Otro curioso dios creador es el azteca y tolteca Tezcatlipoca, venido según la tradición de la Osa Mayor, apodado Cabeza Humeante, ya que de ella salía humo con el que mataba a sus enemigos. Este dios tenía el poder de cambiar de aspecto, creando el mundo y los primeros hombres, que fueron gigantes. Entre la cultura prehispánica está también el dios inca Viracocha como deidad creadora, surgido con forma humana de las profundidades del lago Titicaca para traer la civilización. Era representado con el sol como corona, rayos en las manos y lágrimas brotando de sus ojos en forma de lluvia, que monjes evangelizadores coloniales identificaron con el Dios Padre de los cristianos.

Como vemos, pareciera no haber lugar en el que estos dioses creadores no hayan sembrado su semilla. Hasta los antiguos esquimales afirman que las primeras tribus fueron puestas en el norte por pájaros con alas de metal. Algunas tribus nativas de Norteamérica hablan del dios Pájaro de Trueno o Thunderbid, llegado a la Tierra en forma de pájaros gigantes, siendo capaces de otorgar poderes o guía espiritual a través de los sueños... Pero, si se los irritaba, podían provocar incendios con sus rayos, convertir a la gente en piedra, crear catástrofes naturales o manipular el alma.

En los mitos polinesios se narra cómo el dios guerrero Make-Make, al sentir que algo le faltaba tras haber creado el mundo, decidió dar vida a una criatura que hablara y pensara como él. De una roca del mar, cubierta de tierra colorada, creó al hombre, al que llamó Hau-Maka. Al verlo muy solo, también creó a la mujer. Mucho tiempo después, el dios se le apareció en sueños a Hau-Maka, indicándole cómo llegar a una isla deshabitada donde su pueblo encontraría un nuevo hogar... Los humanos junto a su dios se desplazaron llevando aves a la isla y, una vez allí, este último nombró al nuevo rey, Hotu Matu'a. Así creó el rito anual de Tangata Manu («el hombre-pájaro»), en el que para que se designara al nuevo monarca había que hacer sacrificios humanos. Pero ya profundizaré en los dioses amantes de exigencias sangrientas. Como hemos visto, cuanto más indagamos en los orígenes de la humanidad, asombrosamente nos encontramos con que somos la creación de diferentes dioses celestes, convirtiéndonos en *hijos de las estrellas.* Un libro recomendado y muy polémico en su tiempo, que aborda la posibilidad de haber sido creados por los dioses, es *El muñeco humano*, escrito con la sapiencia del serio, afanoso, valiente y profundo investigador Andreas Faber-Kaiser, del que habría que recuperar y releer todos sus libros.

LOS DIOSES MAESTROS Y CIVILIZADORES

Hubo otros dioses que bajaron a la Tierra para aportar conocimientos a nuestros antepasados primitivos. Para los persas, como seguidores del zoroastrismo, según sus leyendas, el mundo fue creado por su dios supremo, Ahura Mazda, otro dios del cielo, omnisciente y sacerdote celeste, quien también creó a Gayomartan, el primer hombre, y a la primera pareja humana, y transmitió nobles enseñanzas a los hombres. En Mesoamérica, una de las deidades civilizadoras más veneradas fue Quetzalcóatl, el dios-serpiente o la Serpiente Emplumada, representado con plumas al volar por el cielo en un extraño aparato. Es el Kukulkán de los mayas. Este dios celeste les compartió sus conocimientos de agricultura, orfebrería, ciencias, astronomía, artes y oficios, entre otros, siendo tenido como gobernante y semidios, hasta que, como otras deidades similares, un buen día se marchó prometiendo regresar. Sobre principios del siglo XIII surgen otros dioses civilizadores en Perú salidos del interior del lago Titicaca: la pareja semidivina Manco Cápac y Mama Ocllo, hijos del dios solar Inti. Viendo desde el cielo como los humanos vivían en estado salvaje en cuevas, Inti los mandó bajar a la Tierra con la misión de civilizarlos. Posándose en las aguas del lago Titicaca en el transporte que los trajo, se dirigió hacia el norte, buscando un lugar especial donde hundir la vara de oro que portaba. El lugar resultó ser el valle del Cuzco, donde fundó la ciudad, convertido en el primer gobernador del Imperio inca. Allí enseñó a las gentes agricultura, pesca, astronomía, arquitectura…

Por su parte, leyendas chinas muy antiguas recogen la llegada desde el cielo de un misterioso dragón amarillo que, vomitando fuego y humo, inmerso en un tronante sonido, descendió de una montaña. De él salió un ser humanoide que enseguida calificaron como un dios venido de las estrellas. Según la tradición, comenzó a instruir a una de las tribus más importantes de la época, aproximadamente desde el 2698 al 2598 a. C., interviniendo directamente en su progreso. El ser convivió entre ellos unos 100 años, convertido en el primer gobernante del lugar, bautizado como «el emperador amarillo» (Huang di, el Hijo del Cielo), cabeza de la religión del Estado. Entre otros conocimientos transmitió a los humanos la escritura, la construcción de casas, la confección de la seda, el compás, el arte de la guerra, la meteorología, la agricultura o ciencias como la milenaria medicina tradicional china... Un buen día, como Quetzalcóatl y otros dioses civilizadores similares, regresó al lugar de donde había venido. Lo hizo junto más de 70 funcionarios, elevándose hacia el cielo con la ayuda del dragón amarillo en el que había llegado, habiendo unificado un inmenso territorio que hoy conocemos como China, dejando a su partida una vida de cordialidad, paz, hermandad y armonía entre sus gentes y la naturaleza. Como anécdota, cabe añadir que, en el lugar donde supuestamente se enterraron sus ropas antes de ascender al cielo, existe un mausoleo proclamado por el Gobierno chino como primer sitio cultural de la nación, junto a un enorme templo en el que es adorado como dios.

También la mitología japonesa afirma que el origen de la familia imperial procede de descendencia divina. De hecho, la palabra japonesa para emperador de Japón significa «soberano celestial». Se cuenta que Yamasachi-hiko se casó con la hija del dios del mar, naciendo un niño llamado Ugaya-fukiasezu, quien llegaría a tener cuatro hijos. Dos de ellos lucharían para unificar Japón, y otro, Iwarebiko, se convertiría en el primer emperador, sobre el 660 a. C., con el nombre de emperador Jinmu Tenno —que significa «guerrero divino»—. De ahí vendría la línea de la casa imperial de Japón. Como más datos, hay que añadir que, según las leyendas más antiguas, Jinmu fue descendiente de la diosa del sol y gobernante del reino celestial, antepasada mítica de la familia imperial, descendiente a su vez del dios creador Izanagi. La mitología japonesa habla también de los seres sobrenaturales que pueden volar, Tengu y Hagoromo, entes celestiales que descienden a la Tierra volando en su manto de plumas. Trasladándonos al Pacífico, se habla del dios polinesio Tiki, creador de la vida. Y así podríamos proseguir recorriendo todo el globo, descubriendo dioses creadores en todas las culturas y razas, que nos dan la pista sobre la existencia de diferentes razas extraterrestres llegadas a la Tierra, creadoras de razas, pueblos, etnias, religiones y mitos diferentes, pero todos ellos con su origen en las estrellas.

Como vemos, los dioses creadores, civilizadores y maestros están por todas partes. Pero debemos recordar que no son dioses, sino seres humanoides como nosotros, venidos de algún lugar de las estrellas. Y no llegaron montados en nubes, carros de fuego, serpientes voladoras o dragones, sino en naves que nuestros ancestros no sabían interpretar de otra manera. Estos seres llegaron con la labor de inculcarnos su conocimiento y contribuir al progreso de nuestro mundo, generando que nuestros primitivos antepasados cazadores, recolectores y nómadas se convirtieran en diferentes civilizaciones, haciendo surgir ciudades inmensas organizadas, majestuosos templos y una vida social que cambiaría para siempre el rumbo de la humanidad. Pero, en el pasado, no todas esas deidades celestes han intervenido favorablemente, como podremos comprobar al referirme al origen de determinadas religiones en la antigüedad. Vinieran con buenas o malas intenciones, todos los dioses prometieron regresar, incluso algunos se quedaron con su descendencia, mostrando que en un pasado imposible de definir distintas razas extraterrestres llegaron a nuestro mundo con diferentes propósitos. Los iremos conociendo.

Astronautas de la antigüedad. Retratos de los dioses

MORFOLOGÍA DE LOS DIOSES

Sobre el aspecto con el que se describía a los diferentes dioses o astronautas de la antigüedad, el más común es la forma antropomorfa o humanoide, pero también la zoomorfa, representándolos como entidades mitad humana y mitad animal, algo que pude ser simbólico o que sencillamente puede aludir a su verdadero aspecto. Del mismo modo, se baraja la hipótesis de que algunas de esas entidades antropomorfas pudieran ser el resultado de manipulaciones genéticas por parte de civilizaciones muy avanzadas. Expondré algunas de las razas más comentadas en ufología.

LOS DIOSES REPTILES

Dentro de las entidades zoomorfas, la más destacada es la raza llamada *reptiliana*. También son conocidos como *reptiloides*, *hombres lagarto* o *draconianos*, al creerlos procedentes del planeta Draco o de Alfa Draconis, una estrella de la constelación de Dragón. Se los describe como reptiles humanoides, muy altos y robustos, con cuerpo verde, ojos rasgados, y cabeza escamada de cocodrilo, serpiente o lagarto. Muy similares, por cierto, a las extrañas figuras de deidades presumerias con más que claros rasgos humanoides, descubiertas en excavaciones de Al Ubaid, en la actual Irak, cuna de la primera civilización conocida. En algunas culturas eran definidos como entes civilizadores, pero actualmente, dentro de las teorías de conspiración, se los tiene más bien como agresivos y maléficos

—como veremos—. Las más sorprendentes son las figuras femeninas sosteniendo en sus brazos bebés con similar apariencia de reptil, pareciendo querer decir que en un tiempo muy antiguo llegaron a la Tierra, crearon su hábitat y se quedaron.

Los reptiloides babilónicos.

Otra teoría cuenta que su origen pudiera ser de nuestro propio planeta, procedentes de los restos de una antigua raza prehumana intratrerrestre descendiente de los dinosaurios, surgida cuando hace 66 millones de años el impacto de un gigantesco asteroide llevó a algunos a refugiarse en el interior de la tierra. Si lo representado en esas figuras es lo que realmente vieron los artistas que las crearon al plasmar a sus dioses y no meras tallas artesanales o simbólicas, tendríamos una prueba perfecta de la existencia de una raza extraterrestre reptiliana conviviendo con los humanos desde los albores de la humanidad. Algo que haría que nos replanteáramos nuestros verdaderos orígenes e historia. Quedándonos todavía la duda de si los reptilianos y los anunnaki son la misma entidad, lo cierto es que los dioses sumerios más antiguos son representados como gigantes de tres o más metros de altura (como los definen testigos que afirman haber visto a los reptilianos), lo que nos lleva a concluir que nada tienen que ver con el pueblo sumerio de simples humanos primitivos, a los que instruyeron para que los sirvieran. Hay que añadir que textos sumerios hablan de la venida de seres con forma de serpiente, hace la friolera de unos 40.000 años, algo que no debe sorprendernos al hablar de los *ooparts* más adelante.

Además de la raza reptiliana, las leyendas y mitos de dioses serpiente es una constante diseminada por todo el planeta en la antigüedad: tenemos al dios-serpiente Quetzalcóatl y a su hermano Tezcatlipoca; la diosa de las serpientes minoica; los *nagas* hindúes, seres o semidioses inferiores con forma de serpiente que, a decir de la tradición, instruyeron a la humanidad en el conocimiento del bien y del mal; Illuyanka, el monstruo con forma de dragón de la mitología hitita, muerto por el dios del cielo, Teshub; Meretseger, la diosa cobra de la mitología egipcia; las gorgonas griegas, figuras terroríficas con serpientes en la cabeza —siendo una de ellas la mortal Medusa—, capaces de convertir a los hombres en piedra con su mirada; Nuwa, la diosa china con cabeza humana y cuerpo de serpiente, considerada creadora de la humanidad, recordándonos a otros dioses o diosas de similares características de la mitología mundial, como los citados anunnaki, emparentados con la serpiente del bíblico paraíso terrenal. Los olmecas también tenían dioses dragones y serpientes. En los mitos amazónicos encontramos el Boitatá de las tribus tupí-guaraníes en la Amazonia brasileña, paraguaya, argentina o uruguaya, una enorme criatura con forma de serpiente de fuego voladora, protectora de los bosques, a la que le gusta matar por placer. Posee la peculiar capacidad de transformarse en todo tipo de embarcaciones o en tomar forma de mujer. Pero hay más: la leyenda cuenta que, tras nacer de un huevo abandonado, se elevó hacia el cielo, transformándose en la constelación de la Serpiente. Dentro del mundo de las hadas, en la literatura medieval francesa, tenemos a Melusina, tenida como una serpiente alada. Y así podría seguir llenando páginas del libro con más dioses con aspecto de reptil.

El dios Krisna baila sobre el naga Kaliya.

DIOSES ANTROPOMORFOS, GIGANTES Y CRÁNEOS ALARGADOS

Por toda la mitología antigua también encontramos dioses y diosas con cuerpo humanoide y cabeza de animal, que podrían ser meros símbolos o quién sabe si representaciones reales de su morfología. Como ejemplo tenemos a la egipcia Sekhmet, con cabeza de leona, diosa de la guerra y la venganza; Anubis, el dios de la muerte, con cabeza de chacal; Horus, con cabeza de halcón; Thot, con cabeza de ibis, dios de la sabiduría, la escritura, la música o la magia; o al malvado Seth, asesino de su hermano Osiris. Pero hay otra particularidad que destacar por quienes creen en la teoría de los astronautas del pasado: *los cráneos alargados*. Para la ciencia está muy claro: no son más que deformaciones artificiales realizadas poco después del nacimiento, cuando el cráneo no ha completado su formación, ayudándose de vendajes y tablas, con claro sentido ceremonial, religioso o de estatus social. Así de fácil. Caso cerrado. Pero hay otra posibilidad bastante plausible: que lo que buscaran era *parecerse a sus antiguos dioses*, cuyas cabezas tenían los cráneos alargados. Curiosamente, estas prácticas se registran incluso hace más de 45.000 años, cuando los primeros *Homo sapiens* se movían por el planeta, tal vez queriendo imitar a sus dioses creadores. Desde entonces se fueron manteniendo entre múltiples culturas, siendo en América donde se encuentran los más conocidos. Además de destacar los cráneos encontrados de la cultura maya, los más difundidos son los hallados en Nazca, dentro de la cultura paracas, en la costa peruana, al sur de Lima, catalogados entre los años 700 al 200 a. C., aunque posiblemente sean mucho más antiguos. Desenterrados por el arqueólogo Julio César Tello en 1927 y 1928 —más de 300 cráneos—, para los creyentes en los astronautas de la antigüedad, son una prueba palpable de la estancia en la Tierra de seres extraterrestres. Después de muchas pruebas científicas, se observa que posiblemente los citados cráneos no fueran deformados de un modo artificial, sino *genéticamente*. Es decir, que, de ser aceptado, estaríamos ante huesos de híbridos o hasta de los mismísimos extraterrestres. Hay que añadir que han sido encontrados en una de las zonas más misteriosas de todo Perú, relacionada con los dioses celestes del pasado y con la presencia de los misteriosos grabados gigantescos en la pampa de Nazca, realizados según las leyendas para ser vistos desde el cielo por los dioses —que ya comentaré—. Pero, además de su forma, llama la atención que algunos cráneos tienen un volumen craneal hasta un 25 % superior al de los humanos convencionales y un 60 % más pesado; además de solo tener una placa parietal en lugar de las dos del cráneo humano habitual. Estamos ante otro misterio en el que se debe profundizar, a la espera de que los antropólogos o genetistas vayan aportándonos más datos sobre el tema.

Es interesante también mencionar los cráneos existentes en Egipto, y en especial el del enigmático faraón Akenatón, claramente alargado, como puede verse en pinturas o estatuas que lo representan. A lo que hay que sumarle la sorprendente apariencia de su fisionomía: vientre voluminoso, ojos extremadamente alargados, pelvis enorme, piernas delgadas, mejillas hundidas, mentón deforme, boca gruesa con labios muy carnosos… Poco que ver con la morfología convencional de un ser humano corriente de su tiempo o del nuestro. Sin olvidarnos de su visión, durante una cacería de leones, de una luz refulgente en el cielo que denominaría *el disco solar de Atón* y que le llevaría a convertirse en el primer reformador religioso conocido, y a abolir la existencia de todos los dioses egipcios para inculcar veneración a una única deidad solar como culto oficial del Estado: Atón, representado como el sol y sus rayos.

Cráneos de Paracas.

Lo interesante y llamativo es que pueblos muy distantes en todos los continentes hayan tenido en el pasado la misma idea de la deformación de los cráneos de sus bebés. Otra característica de algunos dioses es representarlos como gigantes en muchos de los mitos y religiones antiguas. Tenemos el caso de las deidades sumerias (anunnakis) o las griegas como Zeus, a quienes en diferentes grabados se los representa mucho más altos que los humanos. También los titanes o los cíclopes griegos, los gigantes de la mitología germana, las narraciones de los *nefilim* en la Biblia, surgidos de la unión de los ángeles caídos con hembras humanas, el Goliat filisteo, los gigantes de la isla de Malta, las leyendas de los nativos de Norteamérica, las gallegas o las vascas, la demonia Putana de los Vedas, los habitantes de la legendaria Hiperbórea, los de la Patagonia o México, entre otros muchos, y hasta los de los cuentos de hadas extraídos de mitologías antiguas.

LOS DIOSES ASTADOS

Otro aspecto muy repetido en la antigüedad a la hora de representar a sus dioses es el de hacerlo con cuernos en sus cabezas: en Egipto está el mismísimo Osiris; el céltico Cernnunos y el galaico Vestio Alonieco; el indio Pashupati; el griego Pan; el romano Fauno... Ya hace más de 3000 años los pueblos preceltas grababan en las rocas figuras humanoides astadas, como se observa en la cultura mundial de los petroglifos, tal vez pretendiendo dejar para la posteridad la venida de dioses con cuernos en sus cabezas. Aunque en algunos casos podrían no ser cuernos, sino la representación de los clásicos rayos que múltiples mitos afirman que salen de las cabezas de sus dioses: *los resplandecientes*. Es notorio recordar que, con la llegada de la evangelización católica, estos seres con rayos o cuernos se convirtieron en demonios o en la figura de Satán y su legión de demoníacos servidores.

Dios celta Cernunnos en el caldero de Gundestrup.

¿ARTESANÍA O REPRESENTACIÓN DE ASTRONAUTAS DEL PASADO?

Sumado a lo anterior, y a lo que iré añadiendo en este primer capítulo, nos encontramos en diferentes lugares del planeta con un grupo considerable de extrañas figuras que parecen reforzar la teoría de los astronautas de la antigüedad, al estar representados atuendos que se asemejan mucho a nuestros actuales trajes espaciales. Un ejemplo de ello son las pequeñas figuras de arcilla dogū, de la prehistoria de Japón —más de 15.000—, que representan humanoides de diversa morfología, la mayoría con silueta femenina y un gran abdomen, como si fueran diosas madre; otras tienen grandes ojos desorbitados, similares a gafas de nieve, y trajes que recuerdan a los de astronauta, con escafandras bajo las que parece apreciarse una cabeza reptiliana. Todas ellas son exclusivas del periodo Jōmon (aproximadamente entre el 14.000 y el 400 a. C.). Algunos investigadores ven en estas figuras la representación de una desconocida civilización, posiblemente extraterrestre, y la relacionan con los constructores de la enigmática estructura de Yonaguni.

Estatuilla Dogu.

¿ANTIGUOS ASTRONAUTAS EN PINTURAS RUPESTRES DEL MUNDO ANTIGUO?

Desde hace miles de años, nuestros más lejanos antepasados nos han legado testimonios de cómo vivían. Prueba de ello son los miles de pinturas o grabados prehistóricos diseminados por toda la faz del planeta, que plasman escenas de su vida cotidiana, como la caza o posibles simbologías de sus creencias iniciáticas o mágico-religiosas, dejándonos su mensaje para la posteridad. El medio más antiguo que utilizaron para ello, hace más de 40.000, fueron las pinturas rupestres, encontradas en los cinco continentes. Una especie de cómic prehistórico convertido en una puerta abierta al pasado, que todavía no hemos aprendido a descifrar, especialmente aquellas pinturas que parecen querer representar a los dioses venidos del cielo.

Algunas de las más desconcertantes se encuentran en Tassili n'Ajjer, en el desierto del Sáhara, al sudeste de Argelia. Allí, entre un conjunto de cuevas y rocas, existe un conjunto de más de 15.000 pinturas difíciles de datar, aunque como mínimo podemos ubicarlas entre el 5000 y el 8000 a. C. Dentro de la ufología convencional suelen conocerse como *los astronautas de Tassili*. Entre otras muchas figuras humanoides, en el techo de un abrigo profundo, alguien pintó un impresionante ser conocido como *Gran dios marciano*, de más de seis metros de altura.

El dios marciano de Tassili.

Llama la atención su gran cabeza redonda con escafandra y con un solo ojo ovalado en el centro, que bien puede estar mostrando a un antiguo dios, un astronauta extraterrestre o incluso un robot. Pero en el interior de grutas de esa desolada meseta —que en el pasado albergó una extensión fértil y habitable— hay más, muchas más figuras igual de extrañas, las cuales, lejos de ser el producto de la imaginación de sus desconocidos artistas prehistóricos, plasmaron textualmente lo que vieron: la visita de cosmonautas extraterrestres a su pueblo. Si no, ¿de dónde sacaron la idea de pintar figuras humanoides con casco, escafandra, guantes, botas, antenas o rayos en sus cabezas y hasta posibles ovnis?

No lejos de allí, se encuentra el macizo de Yabbaren, que en lengua de los tuaregs significa «los gigantes». En la zona surgen representaciones humanoides gigantescas y desconcertantes como flotando o volando, parecidas a cosmonautas, con trajes ceñidos y antenas, denominadas *dioses de cabezas redondas*, pintadas como mínimo hace 8000 años. Entre ellas destaca un gigantesco panel de más de tres metros de altura conocido como *Tributo al gran dios Sefar*, el cual se halla de espaldas con los brazos extendidos hacia lo alto frente a un grupo de figuras.

Gran dios de Sefar.

La del centro es otra con una especie de escafandra, y alrededor otras más pequeñas, orando o suplicándole al dios, pudiendo ser mujeres, al pintarlas con lo que parecen ser pechos femeninos. Otra figura gigantesca junto a una muy pequeña de un humano tiene una gran cabeza con cráneo alargado. También hay lo que pudieran ser símbolos de una protoescritura, parece que anteriores a los primeros vestigios que de ella se conservan en Mesopotamia. Curiosa la escena de nuevo de figuras con escafandra, que parecen llevarse en una nave ovoidal a varias mujeres, lo que podrían ser las abducciones más antiguas conocidas.

Dioses con escafrandas en Tassili.

Tan es así que una antigua leyenda —similar a las de otros países— refiere algo sucedido en aquel lugar, sobre una raza intraterrena que visitaba regularmente a los habitantes de Tassili, llevándose en ocasiones mujeres de la tribu en sus naves. Gestando su semilla en sus vientres, hicieron nacer una raza de semidioses, es decir, una raza híbrida entre humanos y dioses. Algo que pueden corroborar los mitos de los tuaregs, un pueblo bereber del desierto, que describen a los dioses como seres de gran altura, de pelo amarillo y ojos rasgados, procedentes de Orión. Serían ellos los padres de su pueblo y, además, aseguran que su reina, Tin-Hinan, que había sido princesa huida de la Atlántida, se unió a los dioses para crear una nueva raza.

Otras pinturas impactantes son las encontradas en 2014 en la India, en las cuevas de Charama, en el estado de Chhattisgarh. Allí se descubrieron una serie de insólitas pinturas de tipo humanoide, sin nariz ni boca, datadas en unos 10.000 años, claramente remitiendo al fenómeno ovni por el aspecto de seres que parecen llevar trajes espaciales, escafandras y portando algo parecido a algún tipo de arma.

Cuevas de Charama.

Son tan impresionantes que la agencia de investigación espacial de ese país solicitó su ayuda a la NASA para descifrarlas. Las tribus locales hablan de una antigua leyenda sobre un pueblo pequeño que descendía en la zona en objetos voladores, llevándose siempre a dos personas, que jamás regresaban. También en la India se encontró el cráneo humano más antiguo de ese país en un refugio de Rajatole, en el valle de Narmanda, junto una pintura extrañísima, ya que refleja claramente una figura humanoide con traje espacial, al lado un ovni circular y encima un dibujo similar a un agujero de gusano. Otras pinturas muy inquietantes son las de la cueva de Kimberley, al noroeste de Australia, de más de 4000 años, entremezcladas con otras más antiguas de hasta 17.000 años. Allí, en diferentes cuevas, los aborígenes dejaron más de 100 pinturas a lo largo de 400.000 km^2, como las figuras de enormes cabezas antropomorfas redondeadas y coronadas con aureolas lumínicas, grandes ojos negros y sin boca.

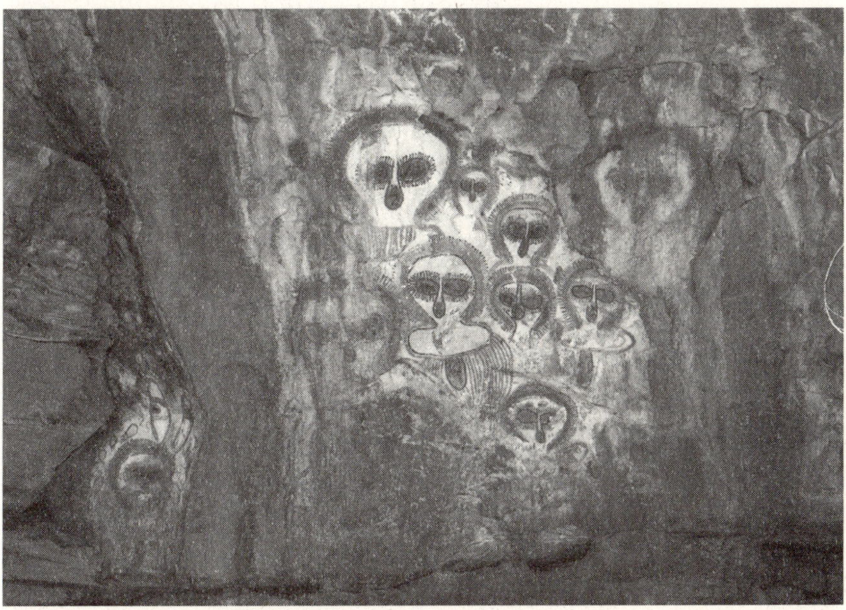

Pictografías aborígenes en Kimberley.

Para ellos, son los wandjina, creadores de la lluvia, las nubes, el mar, la tierra y sus habitantes, quienes les aportaron enseñanzas para la vida, y una vez terminada su labor regresaron a la Vía Láctea. Los relacionan con relámpagos y truenos, al ser observados moviéndose por el cielo en una nube o tormenta, clara alusión a las naves en las que viajaban. Pueden verse más de un centenar de sobrecogedoras figuras humanoides de cerca de seis metros de altura, sin boca, grandes ojos llamativos, una vez más con aureolas brillantes y rayos en sus cabezas, y con los brazos abiertos y extendidos hacia lo alto, como los de Tassili y otras muchas pinturas o petroglifos. Estos dioses aportaron conocimientos y el idioma a su pueblo, quedando la huella de su presencia pintada en las rocas, para no ser olvidados hasta su regreso, dejando la semilla de una nueva raza tras su partida. Como es común, los wandjina también tenían su padre divino, llamado Idjair, quien vivía en la Vía Láctea. Wandjina Wallungunder fue su primer hijo, el creador de la Tierra y toda vida en ella, y de los primeros seres humanos, el pueblo gyorn, antes de regresar junto a su padre a las estrellas. Más tarde regresó con más wandjinas y volviendo a irse, pero dejando sus leyes a su pueblo, con las que vivir hasta su nuevo regreso. Las figuras vuelven a parecerse a los clásicos grises, que, de acuerdo con los aborígenes, tenían poderes sobrenaturales, siendo muy exigentes y terribles si no se los obedecía, pudiendo causar inundaciones y relámpagos, lo que hace resurgir nuevamente la idea de los dioses castigadores. Deidades a las que debían honrar y rendir tributo, manteniendo los rituales que les habían sido transmitidos durante su estancia.

Entre el año 1 al 500 d. C., en el estado de Colorado, Estados Unidos, en el territorio de Mesa Verde, en el cañón de Chaco, vivió el pueblo amerindio, los anasazi —antepasados de los indios hopi—. Es considerada una misteriosa civilización, por su desconcertante decisión de trasladarse desde sus confortables mesetas y valles para levantar su nuevo hábitat en escarpados acantilados, como deseando ocultarse de algún terrible peligro en aquel paraje inhóspito. Unos cincuenta años después abandonaron sus casas y pertenencias e inexplicablemente desaparecieron para siempre. La tribu de los navajos suele alejarse de ese lugar, al creer que allí debió suceder algo malo y siniestro. La respuesta a tal enigma pudiera encontrarse en las pinturas que dejaron en paredes de los acantilados cercanos: extraños seres gigantescos con una especie de escafandra en sus cabezas y grandes ojos.

Dioses anasazi con escafandras.

Como a otros muchos pueblos, los extraños dioses exigieron a los anasazi rendirles culto mediante sacrificios humanos, como parecen demostrar los restos encontrados en las ruinas de Mesa Verde. Leyendas del pueblo hopi refieren que sus antepasados anasazi recibieron la ayuda de otros dioses benévolos, los kachira, para defenderse de las malvadas entidades de sus pinturas, haciéndoles huir de esas tierras hacia algún punto del planeta o tal vez al suyo de origen. A partir de ahí, se creó un vínculo entre los anasazi y los kachinas, quienes les aportaron conocimientos sobre el universo, que plasmaron en sus grabados, hasta que un día se fueron, prometiendo regresar. Lo mismo hicieron los hopis, reflejándolos igualmente en sus pinturas, tradiciones y construcción de sus templos orientados con las estrellas.

Posible representación de los cahinas anasazi.

Todavía hoy perdura el misterio de la desaparición de la historia para siempre del pueblo anasazi sin dejar rastro. Quién sabe si sus hermanos del espacio, los kachinas, los transportaron a su mundo o se refugiaron en el interior del planeta. Todas estas leyendas sugieren la posibilidad de que los continuos enfrentamientos entre fuerzas extraterrestres benévolas y malévolas pudieran ser una realidad, que incluso se estuviera dando en el presente, de forma oculta. Hablaré del tema más adelante.

En los desiertos de Arizona y Nuevo México se encuentra la tribu de los citados hopi. Es notorio observar como las ciudades y templos de los hopi de Dakota del Sur, vistas desde el cielo, dibujan perfectamente la constelación de Orión. O que en rocas y cuevas se hayan pintado un buen número de dibujos, dejando ver patrones de estrellas y constelaciones. O que, una vez más, sus dioses hormiga —a los que enseguida me refiero— se representen como humanoides con cuernos o rayos en la cabeza, además de con círculos concéntricos en sus manos, como queriendo representar el sistema solar del que procedían.

Volviendo a sus *hermanos del cielo*, los kachinas cuentan que los habrían salvado en el pasado subiéndolos a sus *escudos voladores*, durante dos terribles cataclismos que ellos denominan *ciclos* o *mundos*. El primer mundo sería destruido por el fuego y el segundo por el hielo. En ambas ocasiones fueron guiados por una extraña nube durante el día y una estrella en movimiento por la noche, llevándolos ante el dios del cielo: Sotuknang. Este los condujo ante la presencia de una diminuta y misteriosa raza que vivía bajo tierra, a la que los hopi se refieren como *las gentes hormigas*, debido a su tamaño y parecido a estos insectos —que recuerdan a los grises de nuestro tiempo—, refugiándolos en sus cuevas subterráneas. Los citados escudos voladores poseían armas que podían destruir ciudades lejanas o moverse a increíbles velocidades hacia otros mundos. Y así los han representado en algunos de sus grabados. Aquí hay que matizar que en esas tierras inhóspitas de Nuevo México fue donde surgió lo que viene en llamarse *era ovni*, tras el accidente de una nave extraterrestre en Roswell, en 1947. Lo cito por si los humanoides encontrados por los militares podrían pertenecer a las gentes hormigas, que, de acuerdo con ciertas leyendas, llevan mucho tiempo conviviendo con nosotros bajo nuestros pies, volviendo a dejarse ver, en nuestro tiempo, de ser así, justo cuando comenzaron a realizarse las primeras pruebas atómicas en esa zona, sintiendo su hábitat amenazado. Al menos da para reflexionar, ya que tal vez no todas las razas extraterrestres actuales estén llegando o regresando a nuestro mundo, *sino que nunca llegaron a abandonarlo*. Valgan los ejemplos expuestos para concluir que las fascinantes pinturas citadas, entre otras muchas, son una clara evidencia de la presencia de desconocidos visitantes del espacio exterior en nuestro mundo, en épocas fuera del tiempo y de la historia conocida.

¿ASTRONAUTAS EN PETROGLIFOS DEL MUNDO ANTIGUO?

Otro enigma ancestral todavía sin resolver son los grabados esculpidos en roca conocidos como *petroglifos* o *arte rupestre*, con una antigüedad mínima de 4000 años, e igualmente diseminados por todos los rincones del planeta. Misteriosamente, muchos de ellos son exactamente iguales en culturas separadas por miles de kilómetros y sin conocerse en su tiempo. Los únicos que se movían por el mundo antiguo a voluntad, conectando con diversos pueblos o civilizaciones, eran… los dioses, lo que lleva a la posibilidad de que muchos de esos grabados mantengan una directa relación con los mismos dioses e idéntico significado. Entre otros, los grabados laberínticos, los círculos concéntricos, los cruciformes o las cazoletas —siendo, por cierto, en mi tierra gallega uno de los lugares donde se dan todos ellos en más abundancia—; también los antropomorfos, figuras humanoides consideradas la representación de los dioses en diferentes culturas. Y curioso: grabados exactamente igual, con aureolas en sus cabezas, los brazos abiertos, etc. Veamos algunos de ellos.

Petroglifos de círculos concéntricos en Galicia.

Comenzaré por Val Camonica, en Brescia, Italia. Allí, grabados sobre una amplia extensión de rocas areniscas con más de 200.000 petroglifos, se encuentra la colección de arte rupestre más amplia del mundo. Las incisiones que más me interesa matizar son los seres con escafandras o aureolas resplandecientes alrededor de sus cabezas catalogados de hace más de 10.000 años y bautizados como *Los astronautas.*

Petroglifos de Val Camonica.

En el caso de los círculos concéntricos, hay estudios como los realizados por la arqueoastronomía que demuestran su relación con solsticios, equinoccios, fases lunares y otros aspectos relacionados con el cielo. En cuanto a los grupos de cazoletas, en ocasiones representan determinadas constelaciones, de las que a decir de la mitología procedían nuestros cosmonautas extraterrestres.

Pasando a Varzelandia, en Brasil, se ha encontrado una representación rupestre de nuestro sistema solar, que lleva a deducir que alguien tuvo que rebelarle tal conocimiento astronómico a ese pueblo en el pasado. En el mismo país, en el estado de Paraiba, se encuentra la Pedra do Ingá, uno de los monumentos de arte rupestre más significativos del mundo. Es una roca de 24 metros de largo y 3 metros de alto, ubicada en el municipio de Ingá, en el estado de Paraiba, grabada hace unos 6000 años. En ella se plasmaron grupos de estrellas, constelaciones como la de Orión o la Vía Láctea;

estudios arqueoastronómicos la consideraban un calendario solar diario. En Arequipa, Perú, se hallan multitud de rocas con grabados de dioses celestes por todo ese país. En la conocida como Zona X se encuentra una multitud de rocas esparcidas por una amplia extensión con indescifrables grabados, por ejemplo, en el complejo de Toro Muerto, en la provincia de Castilla, después de transitar por un difícil acceso de dos horas. Además de las representaciones zoomorfas y las espirales, comienzan a surgir extrañas figuras humanoides de tres dedos, otras figuras pequeñas que parecen ir vestidas con traje de astronauta y casco entre animales y símbolos extraños o los clásicos de cabeza grande y brazos extendidos hacia el cielo.

Petroglifos de Toro Muerto.

Como vemos, una constante de grabados interminable de las que solamente he expuesto una mera muestra.

GEOGLIFOS. ¿DIBUJOS PARA LOS DIOSES?

Sumado al misterio de los humanoides en pinturas prehistóricas y en los petroglifos, existe otro similar: *los geoglifos*. Son figuras de gran tamaño grabadas en laderas de montañas, colinas, desiertos o en grandes llanuras, bien sobre el propio terreno, realizadas con piedras, haciendo surcos o muros de tierra. Lo insólito del tema es que, aunque algunos pueden ser vistos desde largas distancias, la mayoría solamente son visibles desde el aire. Uno de los más conocidos y el más famoso a nivel mundial se encuentra en el departamento peruano de Ica: las líneas y dibujos de la gran pampa de Nazca. Aunque los arqueólogos adjudican su origen a la cultura nazca, entre el siglo I y VII a. C., investigadores del tema lo retrasan como mínimo hasta el año 2000. Cuando los contemplé en mi visita a esas tierras, pude comprobar lo impresionante que resulta verlos desde una avioneta. Al contemplar las líneas más anchas, la experiencia asemeja a estar sobrevolando sobre un gigantesco aeropuerto creado para los dioses, de acuerdo con ciertas teorías no convencionales de las que tengo mi propia opinión.

Líneas de Nazca.

Sumado a ello, sobre el desierto comienzan a surgir multitud de líneas rectas de más de tres kilómetros de largo, paralelas entre sí o cruzándose entre ellas hasta perderse en lejanas montañas y rodeadas de múltiples figuras geométricas y zoomorfas de hasta 100 o 275 metros de largo, con grosores de entre 40 centímetros y 2 metros. Una de las líneas que pasa por encima de una montaña aplanada artificialmente tiene 28 kilómetros de largo. Entre algunos de los geoglifos más conocidos e impresionantes por su perfección y tamaño descomunal destaca *El mono*, con su inmenso rabo en espiral, *El lagarto*, *La araña*, *El colibrí* y, sobre todo, *El astronauta*, una gigantesca figura de 32 metros de altura grabada en la ladera de una montaña. Tiene cabeza de lechuza —o del clásico gris— y un gesto saludando a alguien venido del cielo.

El astronauta de Nazca.

Constantemente siguen apareciendo nuevos hallazgos, como los 168 impresionantes geoglifos descubiertos e investigados por la universidad japonesa de Yamagata en el 2019. De ellos cabe destacar otra figura antropomorfa con los brazos en alto, que parece tener dos rostros superpuestos, una serpiente de dos cabezas con humanos en cada uno de sus extremos, extraños pájaros y peces de ambigua morfología o más figuras de supuestos cosmonautas.

Cerca de la zona de Nazca, en una ladera arenosa de la costa norte de Paracas, provincia de Pisco, surge el *Candelabro de Pisco*, un impresionante dibujo de 180 metros de largo, al que se le calculan unos 2500 años de antigüedad. Su origen y significado siguen siendo un misterio, aunque la tradición lo adjudica a los dioses celestes. Hay que recordar que en Nazca se descubrieron los misteriosos *cráneos alargados*, para los que todavía no hay explicación científica. *Hogar de dioses* diría yo, al hablar de los misterios existentes en las tierras de Ica.

El candelabro de Pisco. Paracas.

Otro de ellos lo investigué en mi largo viaje a Perú, entrevistando a la persona que más conocía del tema en aquel momento: el doctor Javier Cabrera. Son las conocidas *piedras de Ica*, encontradas diseminadas por el desierto de Ocucaje, una enorme colección de misteriosas piedras negras repletas de dibujos bautizas como *gliptolitos*. La edad adjudicada las lleva a formar parte de los conocidos *ooparts*, ya que se habla de 40.000 o 90.000 años. Sin embargo, estudios del carbono 14 realizados en 2003 datan su antigüedad entre 60.000 y 100.000 años. ¿Cómo es posible? En el Museo de las Piedras de Ica hay más de 11.000 y se cree que otras 50.000 repartidas por todo el planeta, siendo de todos los tamaños, morfologías y grabados, y de entre 20 gramos a 500 kilos. En ellas aparecen dibujos de extraños hombres conviviendo con los dinosaurios, o poseyendo instrumentos como catalejos viendo las estrellas, o representando operaciones de trasplantes de órganos y otras intervenciones quirúrgicas —incluso de cerebro—, peces desconocidos, constelaciones, sexo, mapas, etc.

Mapas de tierras remotas en las piedras de Ica.

Una de las muchas hipótesis existentes habla de la llegada de una civilización altamente avanzada al planeta cuando todavía no existía vida inteligente. Así las cosas, estos visitantes decidirían crearla a partir de un primate (el *notharcus*) extinguido hace cincuenta millones de años. A día de hoy tan desconcertante enigma deja abierta la puerta a una única respuesta posible: la existencia en el pasado de una civilización extraterrestre desconocida. El propio Cabrera contaba que esa humanidad llegó a la Tierra hace cientos de millones de años, creó a nuestros ancestros humanos y abandonó el planeta antes del impacto de un cometa, hace unos 65 millones de años, despegando con sus naves desde la pampa de Nazca hacia las Pléyades, legándonos sus conocimientos en libros de piedra.

Otros geoglifos fascinantes se encuentran en las laderas del desierto de Atacama, en el norte de Chile, convertido como Nazca en otro de los grandes misterios del pasado de la humanidad, todavía por desvelar. Aquí, los grabados son del primer milenio de nuestra era y miden entre 10 y 300 metros. Hay figuras geométricas, cruces andinas, figuras humanoides ataviadas con una especie de túnicas y portadoras de objetos en sus manos, siendo la más desconcertante una compleja figura antropomorfa preincaica de 119 metros de largo por 80 de ancho —la más grande del mundo— conocida como el *Gigante de Atacama* o *Gigante de Tarapacá*. Se ubica en el cerro Unita, representado con los clásicos rayos saliendo de su cabeza, los brazos flexionados en alto, grandes ojos y, de acuerdo con la arqueología, grabado sobre el 1550.

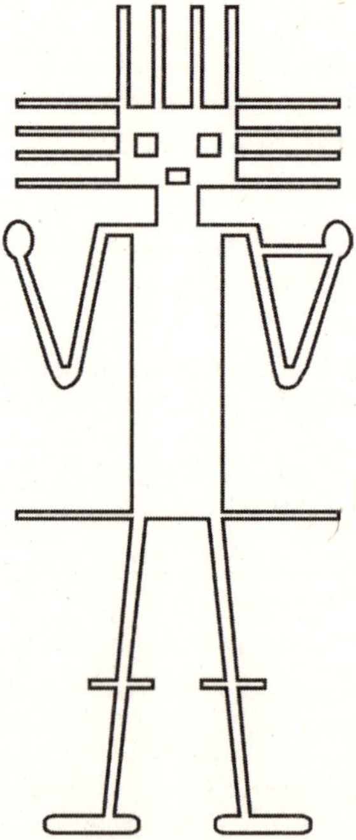

Esquema del gigante de Atacama.

Pero este tipo de misteriosas obras son habituales en más lugares del mundo, a veces apareciendo únicamente una sola figura, como ocurre en Inglaterra. Allí hay tres geoglifos gigantes que destacan sobre el resto. Uno de ellos es el *Caballo blanco de Uffington*, formando parte de lo que en ese país denominan *Figuras de colina*, al estar representadas en lo alto de ellas, siendo esta la mayor de todas ellas. Se ubica en el condado de Oxfordshire, con 110 metros de largo y cerca de múltiples yacimientos arqueológicos. Datado en 3000 años de antigüedad, pudo haber sido el símbolo tribal de alguna tribu de la época, solo visible desde largas distancias o desde el cielo, al estar realizado sobre zanjas en laderas cubiertas de hierba. Aunque viejas leyendas cristianas narran que no es un caballo, sino el dragón matado por san Jorge. Otra figura similar, antropomórfica, está ubicada en la ladera de una colina a 10 kilómetros al norte del pueblo de Dorchester. Es el *Gigante de Cerne Abbas* o el *Hombre rudo*. Con 55 metros de alto por 51 de ancho, representa a un hombre desnudo sosteniendo un gran garrote, posiblemente de caza, de 37 metros de largo. Destaca su cabeza pequeña desproporcionada con respecto al resto del cuerpo, dejando ver sus pechos y costillas, dos grandes testículos y un falo erecto apuntando hacia el cielo. Se desconoce su origen y finalidad, pero encaja dentro de los geoglifos gigantes, solo visibles desde la lejanía o desde el cielo, sobresaliendo sobre la hierba que le rodea, al estar formado por surcos de 30 centímetros de ancho rellenos de tiza. De hacer caso a la leyenda, representa al semidios Hércules, a quien se solía retratar con una gigantesca maza.

El Gigante de Cerne Abbas.

La siguiente figura que hay que destacar es la segunda antropomorfa de Inglaterra, el *Hombre largo de Wilmington*, similar al anterior e igualmente de color blanco, dibujada destacando en la colina de Windover Hill, a unos 20 kilómetros de la ciudad de Eastbourne. Con 69 metros de altura, su silueta describe la figura de un hombre delgado, sosteniendo a ambos lados verticalmente lo que pueden ser dos lanzas o bastones sobre los que parece sostenerse, aunque se desconocen también su origen y su finalidad. Por último, recordar el fascinante Gran Montículo de la Serpiente, solo visible en su totalidad desde lo alto. Representa a una gigantesca serpiente de cerca de 400 metros de largo, 6 metros de ancho y 1,2 de alto, desconociéndose su antigüedad con certeza. Está ubicado en una meseta del cráter Serpent Mound en el condado de Adams, Ohio, con su cola en forma de espiral orientada al solsticio de invierno y culminando en la cabeza, orientada al solsticio de verano.

El Gigante de Cerne Abbas.

Quienes hayan creado estos gigantescos dibujos y líneas debieron tener un buen motivo para hacerlo. Grabados, no olvidemos, mucho más antiguos que las dataciones arqueológicas oficiales y que contienen un sentido religioso o ritual; de hecho, lo más probable es que fueran creados una vez más para ser vistos por los dioses. ¿Para quién si no? Ellos eran en la antigüedad los únicos que tenían el poder de volar, así que parece que estas representaciones no buscaban otra cosa que honrarlos, saludarlos o invitarlos a regresar.

EXTRATERRESTRES ANFIBIOS

Dentro de la gran gama de razas extraterrestres que nos han venido visitando, algunas de ellas parecen ser más anfibias que terrestres. Lo vemos en leyendas y mitologías como las de la tribu dogón de Mali, África, refiriéndose a los nommo, dioses anfibios, mitad pez, mitad humanoide, con ciertos rasgos reptilianos, llegados a la Tierra en una nave o embarcación con forma de pirámide, que soltaba fuego y relámpagos, desde la estrella Sirio.

Los Nommo.

Es otra raza de extraterrestres maestros y creadores de los humanos, que transmitieron a los dogones amplios conocimientos de astronomía, leyes morales, principios de vida, agricultura, pesca o datos sobre su lugar de origen. Enseñaron que su estrella se llamaba Sigi Tolo y que tenía un acompañante invisible para el ojo humano (Sirio B), cuya órbita alrededor de su estrella (Sirio A) era de cincuenta años, algo que nuestros astrónomos no descubrirían hasta 1862. Según los dogones, al establecerse en nuestro mundo crearon una especie de cámaras o reservorios de agua al precisar de ella para vivir.

Pero esta no fue la única raza anfibia poseedora de elevados adelantos. Está también Oannes o Uanna, el semidios de los babilonios, sumerios y caldeos, mitad pez, mitad hombre —al que algunos asemejan con el dios Enki—. De acuerdo con sus tradiciones, era el jefe de los annedoti, seres anfibios que contribuyeron a eliminar el primitivo modo de vida de los humanos transmitiéndoles múltiples conocimientos, como un código ético, leyes morales, escritura, matemáticas, arquitectura, astronomía... Oannes era representado con cuerpo de pez y una cabeza humanoide debajo de la de pescado, con pies igualmente humanos, surgiendo de su cola de pescado, y su voz y su lenguaje eran como los de los humanos.

Dios mesopotámico Oannes.

Esta descripción de los hombres-pez podría señalar que o bien eran seres anfibios necesitados de vivir dentro del agua, o bien su aspecto se debía sencillamente a una especie de traje espacial que llevó a los sumerios y dogones a verlos como dioses-peces. Es curioso que, a la puesta del sol, Oannes y los suyos volvían a sumergirse toda la noche en los abismos marítimos —tal vez a una nave bajo el agua—, regresando al día siguiente. Con el paso del tiempo, de ellos pudieron proceder las leyendas de los míticos seres anfibios conocidos dentro de diferentes tradiciones como las *sirenas* o los *tritones*.

Ooparts. *Objetos fuera del tiempo*

OOPARTS: OBJETOS IMPOSIBLES

A lo largo del planeta han sido descubiertos extraños objetos que no debieron haber existido en el pasado, pero que están ahí, haciéndonos un guiño, demostrando lo poco que conocemos sobre nuestra verdadera historia. Son conocidos como *oopart*, «artefactos fuera de lugar o del tiempo», demostrando la existencia de alta tecnología hace miles o millones de años. Muchos de ellos han dormido su sueño de años ocultos en sombríos cajones de algún sótano de museos —y algunos siguen haciéndolo—, al ser tan desconcertantes que los arqueólogos no saben cómo clasificarlos o no desean hacerlo por temor a que se resquebrajen las bases de la historia conocida. Expondré algunos de los que más pueden aportar pruebas o sospechas de la realidad de la existencia de civilizaciones de alto desarrollo en tiempos arcaicos.

¿CIVILIZACIONES EN LA TIERRA HACE MILLONES DE AÑOS?

Ciertos hallazgos desconcertantes y no aceptados por la arqueología evidencian la posibilidad de que podrían haber existido en nuestro planeta civilizaciones humanas —o extraterrestres— hace más de 200 millones de años. Uno de ellos es el conocido *martillo fósil*, objeto que, de aceptarlo como real —y no se puede demostrar lo contrario—, nos estaría hablando de civilizaciones de alta evolución hace la friolera de 140 millones de años. Fue hallado en 1934 en la ciudad de London, Texas, cuando una familia observó saliendo de una gran mole de piedra un martillo de hierro con un mango de madera. Se desconoce cómo llegó hasta allí, dado que el mango encontrado incrustado en su interior se encontraba fosilizado, y la cabeza del martillo (de 3 centímetros de diámetro y 15 de largo) estaba fundido en una roca que data de hace millones de años, hecho que demuestra geológicamente que la época del objeto es más antigua que la roca, convirtiéndolo en otro de los enigmas todavía sin aclarar. Tras un exhaustivo análisis, se demostró que está hecho de una composición de alta pureza: 96,6 % de hierro, 2,6 % de cloro y casi 1 % de azufre, algo que solo puede fabricarse con avanzadas técnicas metalúrgicas.

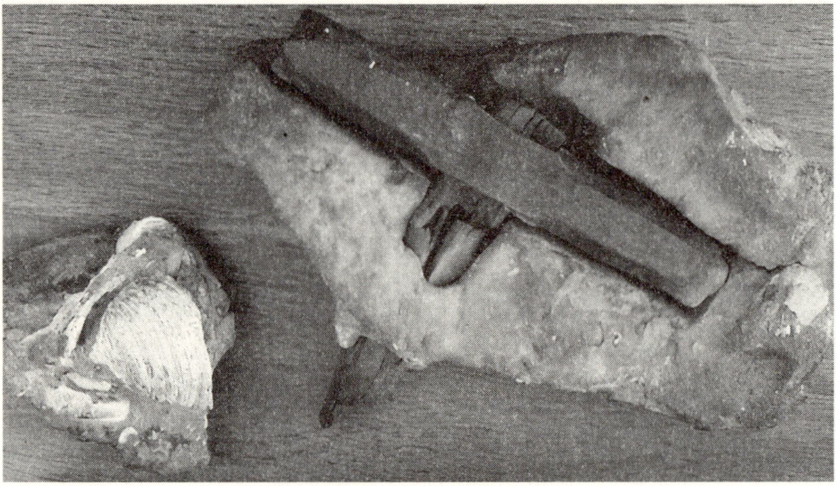

El martillo fósil de London.

De ser real, estaríamos hablando de civilizaciones desaparecidas de alta tecnología —como las que ya hemos visto—, posiblemente destruidas hace millones de años, por algún cataclismo perdido en el tiempo, pero con un matiz añadido: que esa raza perdida habría convivido con los dinosaurios.

A pesar de que objetos fabricados con restos de meteoritos —antes de la Edad de Hierro— son realmente escasos, se han encontrado varios que demuestran que en el pasado había un conocimiento sobre metalurgia más alto de lo que creíamos. Uno de los últimos hallazgos es el de una flecha descubierta en Möringen en el siglo XIX, en el noroeste de Suiza, fabricada hace unos 3000 años, procedente de la cultura de los campos de urnas (de entre 1250 y 750 a. C.). Lo insólito es que su punta, además de ser de hierro, posee el isótopo radioactivo del aluminio 26, por lo que se cree que procede de un meteorito.

Algo similar ocurre con la daga con hoja de hierro encontrada en la tumba de Tutankamón por Howard Carter en 1922 en el valle de los Reyes. Es otro objeto difícil de interpretar, dado que, aunque procediera de un meteorito, en su época no había conocimientos metalúrgicos para su fundición. Pero hay más. También existe un tornillo de una pulgada fosilizado dentro de una roca, al que se le adjudica una antigüedad de 300 millones de años, en el que se quiere ver otra prueba de la existencia de alta tecnología industrial en un más que remoto pasado. Fue descubierto por investigadores rusos mientras estudiaban un meteorito en la región rusa de Kaluga, en 1990. Tras realizarle una radiografía, sorprendentemente afirmaron encontrarse otro tornillo en su interior. En casos como este y los anteriores, la arqueología enseguida busca una rápida explicación: en este caso, se dijo que se trataba de una criatura marina fosilizada, del grupo de los crinoideos.

Pero todavía hay más. ¿Cómo explicar la huella de un zapato hace quince millones de año? El hallazgo de algo tan inverosímil se encontró plasmado en una veta de carbón en Fisher Canyon, Nevada, aunque hay otras similares en otros lugares como Utah, Estados Unidos o Sudáfrica. ¿O cómo explicar la existencia de un cinturón con veinte piezas de metal unidas al cuero —ahora podrido—, cuatro de ellas compuestas de un 85 % de aluminio puro, siglos antes de descubrirse su existencia en 1825? Conocido como *el cinturón de Nanjing*, fue hallado en una tumba en 1952, en torno a un esqueleto de un general de la dinastía Jin, remontada al siglo 3 d. C. Por otra parte, ¿quién utilizaba taladros hace millones de años? Algo que parece demostrar el hallazgo de una roca incrustada en un trozo de carbón depositado en un bloque de arcilla. La supuesta broca fue hallada el 13 de diciembre de 1852 en Glasgow, Escocia, enterrada en una capa de arcilla, mezclada con rocas de unos 2 metros de espesor, y que estaba allí desde mucho antes de que el hombre apareciera en la Tierra. Este más que desconcertante objeto fue dado a conocer en el año 1852 a la Sociedad de Anticuarios de Escocia y desde entonces permanece olvidada a la espera de poder desvelar el misterio que encierra.

La broca de Glasgow.

Si suele aceptarse que los seres humanos comenzamos a caminar por la Tierra hace unos 200.000 años, procedentes de antepasados 6 millones de años atrás, de ser real lo expuesto, estaríamos hablando de altas civilizaciones avanzadas desaparecidas muchos millones de años antes, de civilizaciones extraterrestres o tal vez de viajeros en el tiempo. Algo que molesta a la ciencia, que prefiere mantener los viejos paradigmas, y a la mano oscura, que desea seguir manteniéndonos ignorantes de nuestra verdadera historia. Mientras tanto, objetos imposibles siguen saliendo a la luz y desconcertándonos continuamente.

¿ELECTRICIDAD EN EGIPTO HACE MÁS DE 5000 AÑOS?

Al analizar cómo los antiguos egipcios pudieron realizar sus pinturas dentro de tumbas, templos o pirámides totalmente a oscuras, la respuesta arqueológica es la de que se utilizaron velas o lámparas de aceite o grasa, a pesar de no encontrarse restos de hollín en ninguno de esos recintos. De acuerdo con hipótesis ufológicas, los antiguos egipcios tuvieron que conocer algún tipo de iluminación diferente para poder crear sus espléndidas pinturas murales, siendo aquí donde surgen objetos como *la batería o pila de Bagdad*. Todo sucedió cuando en 1936, cerca de la ciudad real de Ctesifonte, a unos 32 kilómetros al sureste de la actual Bagdad, Irak, al estar construyéndose una línea ferroviaria, se encontró un jarrón de arcilla en una tumba que contenía un cilindro de cobre rodeado de varillas de hierro. Esto hizo que los expertos se plantearan si los egipcios pudieron llegar a tener algo similar a pilas eléctricas, confirmando con diferentes pruebas realizadas que el artefacto podía conducir una corriente eléctrica de unos 1,5 voltios. Pero en ese mágico y milenario país hay muchos más misterios. Como ejemplo, cabe citar el asombroso grabado del templo de Dendera, varias veces reformado, en el que se rindió culto a la diosa del cielo y de la fertilidad, Hathor. Entre otros relieves fascinantes como el *Zodíaco de Dendera*, lo que me interesa destacar es algo muy similar a lámparas grabadas en muros de su cripta, conocidas en el campo de los astronautas antiguos como *las lámparas de Dendera*.

Las lámparas de Dendera.

Muy similares a nuestras modernas lámparas led alargadas, con su filamento interior, impresiona el parecido, solo que las de Dendera, sujetadas por el dios Horus, son descomunales. Cuesta aceptarlo, pero es muy posible que esa alta civilización recibiera conocimientos de alguno de sus dioses para crear electricidad. De hecho, actualmente diferentes egiptólogos y científicos creen que las pirámides —junto a los colosales obeliscos— pudieron ser en realidad grandes centrales energéticas o de electricidad sin cables. Como ejemplo, recientemente investigadores de la Universidad ITMO de San Petersburgo, Rusia, confirmaron que, bajo ciertas condiciones, la Gran Pirámide de Guiza puede concentrar energía electromagnética en sus cámaras internas. Aquí no puedo sino recordar al para mí mayor científico conocido, Nikola Tesla, quien, años después de viajar y estudiar las pirámides egipcias, demostró la posibilidad de transmitir electricidad por el aire, sin cables; no podemos olvidar tampoco que era un creyente en civilizaciones extraterrestres inteligentes y que en alguna ocasión manifestó tener contacto con ellas.

¿UN CASO DE ROSWELL CHINO?

Si hay enigmas sobre cosmonautas extraterrestres en el pasado, a caballo entre lo posible y el fraude, junto a los *ooparts*, uno de ellos fue el de los platillos de Dropa. En 1938 se descubrieron unas extrañas tumbas con esqueletos de 1,38 metros de altura, cabezas grandes y cuerpos pequeños y delgados, hallados por el profesor de arqueología Chi Pu Tei en unas cuevas y estancias subterráneas —supuestas artificiales— en Bayan Kara Ula, cerca del Tíbet, en las que había pinturas en sus paredes de más de 12.000 años de antigüedad. También se encontraron cientos de discos de piedra de 30 centímetros de diámetro que contenían surcos finos en espiral conocidos como *discos o piedras de Dropa o Dzopa*, con agujeros de 8 centímetros de diámetro en sus centros.

Olvidados en el Museo de Pekín durante veinte años y examinados en 1958, en ellos se descubrieron diminutos jeroglíficos de origen y diseño desconocido. Descifrados en parte, se comenzó a revelar una historia fascinante: un aterrizaje forzoso de una nave espacial, hace 12.000 años, y la matanza de gran parte de los sobrevivientes por habitantes del lugar de Dropa. Cuando el jefe de la investigación, Tsum Um Nui, dio a conocer el resultado de sus traducciones en 1962, fueron tomadas a burla. La historia terminó escribiéndose en el libro *Dioses del sol en el exilio*, por David Agamon, que fue criticado como fraude. Hasta que en 2004 el tema volvió a salir a la luz con el descubrimiento en una mina de carbón en China cerca de la aldea Juangú, en la provincia de Tzianshi, de una decena de piedras de 3 metros de diámetro y unos 400 kilogramos de peso, con forma de platillos volantes, a los que se relacionó con los discos Dropa.

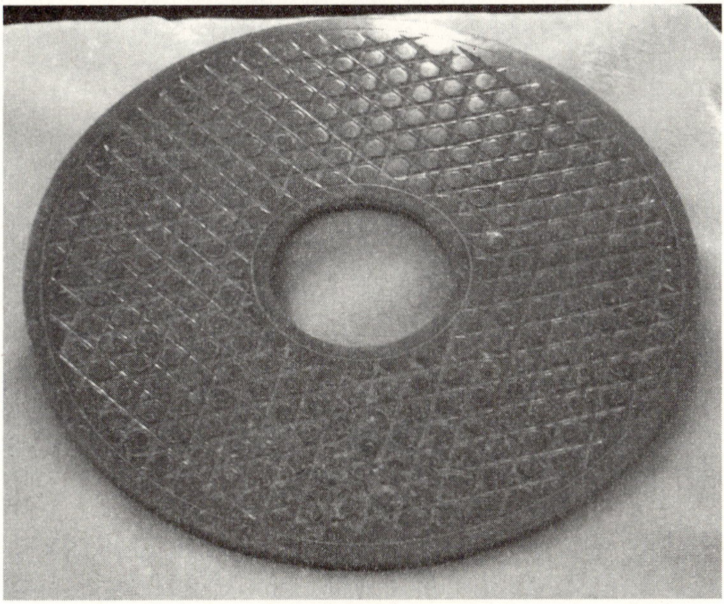

Los Platillos de Dropa.

¿COMPUTADORAS EN LA ANTIGUA GRECIA?

En abril de 1900, unos buscadores de esponjas descubren los restos de un naufragio sumergido a 45 metros, cerca de la isla griega de Anticitera. Lo que encontraron en su interior daría la vuelta al mundo, convirtiéndose desde entonces en uno de los objetos fuera del tiempo más sorprendentes: el mecanismo de Anticitera. Creyéndose un simple objeto de bronce y madera sin importancia, fue relegado al olvido, hasta que dos años después el arqueólogo Valerio Stais observó que tenía un engranaje incrustado, al que calificó como un reloj astronómico.

Mecanismo de Anticitera.

Examinándolo más profundamente, comprobó que aquello era algo tecnológicamente muy avanzado y complejo para ser creado en la época helenística. Sería en 1951, tras ser estudiado por dos físicos con rayos X y gamma, cuando comenzaría a descubrirse la complejidad de un mecanismo compuesto de abundantes engranajes. De ese estudio dedujeron que se utilizaría como una especie de computadora analógica, capaz de predecir posiciones astronómicas o planetarias, como los eclipses o fines calendáricos y astrológicos, entre otras informaciones. Esto lo convierte en un artefacto difícil de aceptar, al haberse elaborado sobre el siglo II a. C., salvo que sabios griegos como Arquímedes hubieran adquirido altos conocimientos tecnológicos de alguna cultura superior, que bien pudo haber sido la Atlántida.

MAPAS IMPOSIBLES

Otros objetos fuera de su tiempo son los misteriosos mapas que plasmaban tierras desconocidas en su época o incluso continentes considerados legendarios en la nuestra. Desconocemos de dónde pudieron haber extraído esa información los cartógrafos que los crearon, pero, para ello, o bien tuvieron algún modo de poder volar, o ser el legado de alguna de las altas civilizaciones desaparecidas, o de los dioses celestes. El más conocido de todos ellos, hecho en piel de gacela, es el de Piri Reis. Según parece, es obra del almirante, cartógrafo y aventurero turco Piri Reis, que vivió en el siglo XVI, aunque en sus márgenes se lee que las fuentes que utilizó para elaborarlo fueron «los antiguos dioses del mar». Lo insólito del mapa es que, estando fechado en el 1513, representa la costa de América del Sur —Brasil, los Andes, el río Amazonas, el Orinoco, el río Plata—, que no se había descubierto en aquella época. Y lo más increíble, la Antártida —que no se descubriría hasta 300 años después—, delimitando perfectamente sus montañas, actualmente ocultas bajo el hielo, imposibles de conocer en 1513. Dibujar un mapa con la Antártida sin hielo, sabiendo que debió congelarse hace 10.000 o 12.000 años, indica que alguien debió haberlo creado cuando el continente todavía era un vergel de vida y vegetación.

Pero hay más. Muchos más mapas.

Otro de ellos es el de grandes navegantes como los vikingos. Este pueblo poseía mapas muy precisos, como el de Vinlandia, con el que se cree pudieron haber sido los primeros en llegar a América, Terranova o la provincia del Labrador, a comienzos del siglo XI. El mapa muestra costas de África, Asia, Europa, Islandia, Groenlandia y, por supuesto, América o Vinlandia. Otro de estos insólitos documentos es el de Hadji Ahmed, de origen árabe, fechado en 1559, marcando con amplia exactitud las costas de América desde Estados Unidos a Brasil. Además representa cerrado el estrecho de Bering, entre Alaska y Rusia, como lo estuvo hace miles de años, y no abierto de forma natural, como lo está en la actualidad. Pero ¿cómo lo conocían en el siglo XVI?

El mapa de Orenteu Finaeus también queda englobado en esta categoría. Se encuentra en la sección de cartografía de la Librería del Congreso de Estados Unidos y está fechado en 1531. Como el anterior, representa el continente de la Antártida sin hielo e incluso tres o cuatro veces mayor de la superficie actual. Y no hemos de olvidar uno, anterior a los citados, el portulano de Angelino Dulcert, en el que destaca una exactitud casi imposible en las líneas de navegación entre puertos del Mediterráneo. Por su parte, el del francés

Philippe Bauché, fechado en 1737, que representa el Atlántico, recoge islas actualmente desaparecidas, entre ellas una que parece la propia Atlántida.

Aunque hay más, estos solo son algunos de los mapas con geografías imposibles de trazar en sus respectivas épocas. Pero ahí están para quienes quieran estudiarlos. Posiblemente todos ellos son copias de copias, dejando la pregunta sin respuesta en el aire: ¿cuáles son los originales, dónde se encuentran y quién los creó en la antigüedad?

¿Naves voladoras en la antigüedad?

LAS MÁQUINAS VOLADORAS DE LOS DIOSES

Una de las principales características de los dioses antiguos, además de sus poderes sobrenaturales y de sus armas terroríficas, era su cualidad de volar, ya fuera a través de nubes, vimanas, dragones, serpientes, carros de fuego, alfombras voladoras, grandes aves, caballos voladores, etc. Pero ¿qué eran realmente estos aparatos volantes y quién viajaba en ellos? La mitología cuenta que llegaron a nuestro mundo en aparatos voladores desde el espacio, cuando nuestros ancestros observaban objetos extraños en sus cielos echando humo y fuego y provocando un sonido aterrador. Ellos, no teniendo otras palabras para definir lo que veían, de acuerdo con su mentalidad, los compararon con lo que les parecía más cercano a su época, y quienes bajaban de ellos tendrían que ser los dioses. Los extraterrestres de nuestro tiempo.

NAVES VOLADORAS EN EL ANTIGUO EGIPTO

A la pregunta de si los antiguos egipcios poseían la capacidad de volar, los egiptólogos enseguida contestarán con un rotundo no. Sin embargo, hay varios matices que comentar por curiosos que puedan parecer. Uno de ellos son unos extraños jeroglíficos grabados en el templo del faraón Seti I, en Abidos. Representan vehículos imposibles para la época, teniendo algunos de ellos una perfecta semejanza a un avión, un helicóptero, un submarino y hasta un platillo volante.

Jeroglíficos en Abydos.

Para los egiptólogos, la respuesta al enigma es muy sencilla. Forman parte del sello del faraón Seti II, sobre el cual, tras su muerte, Ramsés II, su hijo, mandó tallar su propio sello. Lo demás lo fue generando el paso del tiempo y la degradación de la masa superpuesta, dando como insólito resultado los jeroglíficos citados. Todo debido a la casualidad. Pero muchos no lo vemos del mismo modo. Sobre todo cuando no es el único hallazgo señalando aparatos voladores en el antiguo Egipto. Otro de ellos es el llamado *pájaro de Saqqara*, encontrado en 1898 por el arqueólogo francés Victor Loret en el interior de un enterramiento de la necrópolis de Saqqara. Es un pequeño objeto de madera de 14 centímetros que al principio pasó a exhibirse en una vitrina del Museo del Cairo, junto a otras figuras de aves. De hecho, más que un pájaro, por la forma aerodinámica con la que fue tallado en el 200 a. C. se asemeja a un pequeño planeador. Con el objeto se encontró una tela escrita que ponía «Pa-di-Amón» («un regalo de Amón»), un dios considerado padre de los vientos y representado con grandes plumas verticales en su cabeza. No tiene patas, ni alas curvas, ni su cola es horizontal como la de las aves, sino vertical, como los planeadores, por lo que sencillamente puede estar representando lo que parece: un planeador. Tan es así que las investigaciones realizadas por el Dr. Khali Messiha, aficionado al aeromodelismo, y su hermano, ingeniero de vuelo, precisaron que su diseño era perfecto para volar. Pruebas realizadas con una maqueta seis veces más grande hecha a escala demostraron que posee altas posibilidades de poder planear en el aire. De ser cierto, habría que preguntarse de dónde extrajeron los antiguos egipcios su capacidad de volar. Tal vez el papiro Tulli del 1400 a. C. pudiera aportar la respuesta, dado que los escribas del faraón Tutmosis III que lo escribieron afirmaron en él que el faraón observó unos discos ardientes en el cielo.

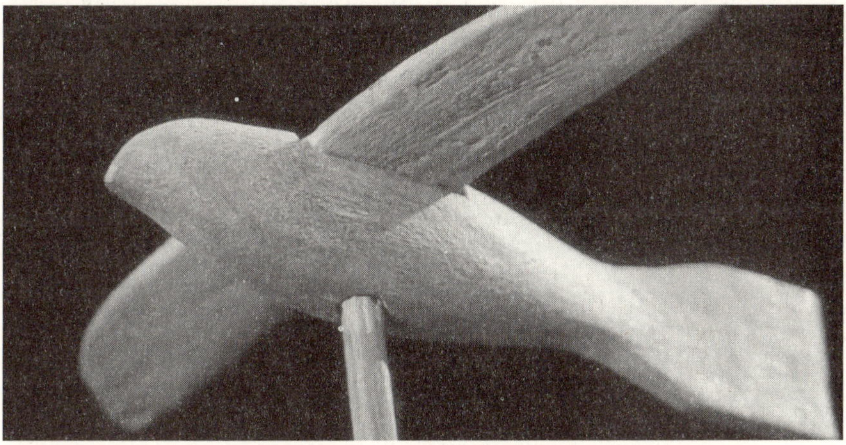

Pájaro de Saqqara.

LOS DIOSES GRIEGOS Y SUS CARROS DE FUEGO

Adentrándonos en la mitología griega, tenemos a deidades como Apolo, viajando en una carroza de fuego y recorriendo grandes distancias por el aire en escaso tiempo. De él se cuenta que cada veinte años solía desplazarse desde el reino de los dioses —conocido como Hiperbórea—, aportando su conocimiento tanto a griegos como a otros pueblos lejanos. Por su parte está Helios, imaginado como un hermoso dios coronado con una brillante aureola del sol —la clásica de los dioses del pasado—, conduciendo cada día su carro de fuego y perdiéndose en el océano, del que regresaba por la noche. Con el tiempo se convertiría en el Sol Invictus de los romanos, el culto religioso del nacimiento del sol venciendo a la oscuridad en el solsticio de invierno. Algo similar a Febo el Resplandeciente, en la mitología romana. Ambos eran dioses solares, de la luz, la belleza, la sabiduría y el restablecimiento de la armonía en el mundo. Apodo el de *resplandeciente* que múltiples culturas del pasado empleaban para hablar de sus dioses, al observarlos hermosos y brillantes. De ahí representarlos con auras o rayos en sus cabezas en petroglifos, glifos o pinturas prehistóricas en la antigüedad, como hemos visto. De similares características eran los padres de los dioses griegos, como Zeus, o el nórdico Odín. Hasta es posible que algunos de los antiguos dioses pudieran haber sido los mismos con nombres diferentes, de acuerdo con el pueblo que los veneraba, pero todos ellos poseyendo idénticas características, especialmente la de desplazarse por los cielos a grandes velocidades. Otro ser mitológico fue Faetón, a quien su padre Zeus derribó de su «carro de fuego» con uno de sus rayos cayendo en el río Erídano y ahogándose.

¿NAVES VOLADORAS EN LA COLOMBIA PRECOLOMBINA?

Dentro de las culturas precolombinas también parece haber evidencias de dioses con la capacidad de volar. Entre las más conocidas se encuentran los llamados *aviones de oro*. Son pequeñas figuras de este material realizadas por el pueblo nativo Quimbaya (500 a. C-700 d. C.) encontradas en tumbas de unos 2000 años en las inmediaciones del río Otún, Colombia. Para el arqueólogo convencional solo son figuras zoomorfas de orfebrería, pero los de mente abierta se desconciertan al ver en ellos semejanza con la forma de nuestras aeronaves actuales, ya que no existe ningún pájaro con la cola vertical ni la forma de las alas de estos objetos; tampoco se parecen a ningún insecto. En 1969 fueron examinados por el biólogo Ivan Sanderson, el diseñador de aviones Arthur Young y por la experta en aerodinámica J. Aldridge, concluyendo que se parecían más a un objeto mecánico que biológico, especialmente unos dieciséis de ellos de entre 5 y 7,5 centímetros de largo. En 1996 se realizó un modelo mayor a escala, añadiéndole tren de aterrizaje y motor de propulsión a chorro para hacerlo volar. A esta le siguieron otras réplicas similares de otros investigadores con los mismos resultados favorables, llegando a aterrizar sin problema. El más asombroso es el llamado *jet colombiano*, ya que deja ver en su cuerpo un espacio similar al de un piloto de caza o avión a reacción. Todo un enigma.

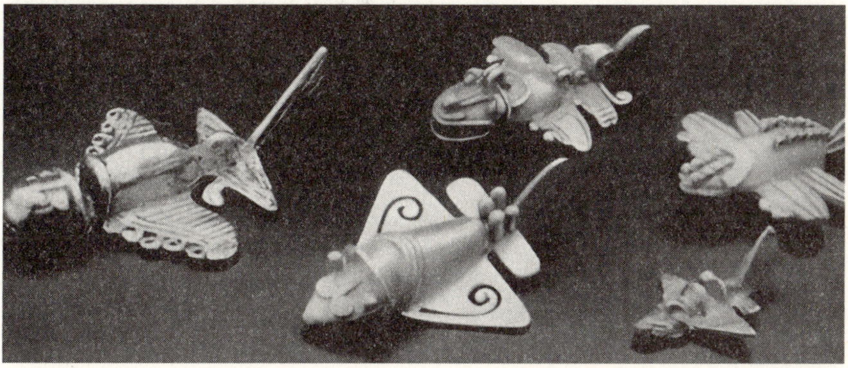

Artefactos de quimbaya.

¿NAVES VOLADORAS EN EL MÉXICO PRECOLOMBINO?

El 27 de noviembre de 1952, el arqueólogo Alberto Ruzen descubrió una cripta subterránea bajo la Pirámide de las Inscripciones, en Palenque, México, representando el viaje al inframundo del allí enterrado (el Xibalbá maya). En ella hay un sarcófago con los restos del señor de Palenque (603-683). Pero fueron los bellos bajorrelieves grabados en la parte superior de la colosal lápida lo que en su día asombró al mundo del misterio, al ver en ella la representación casi perfecta de lo que parece ser un astronauta ubicado dentro de su cabina espacial, dispuesto a emprender el vuelo.

Pakal el rey astronauta.

Solo que ese supuesto astronauta era un rey o alto gobernante maya, o ¿quién sabe si incluso un extraterrestre? La cultura olmeca era creyente en una raza divina de hombres jaguar. En ella existen diferentes esculturas representando figuras de seres humanos o pilotos, dentro de aparatos voladores, como se deduce al observar la apariencia de sus vestimentas. En un relieve sobre una escultura de basalto, en el Parque-Museo La Venta, en Tabasco, México, aparece una curiosa figura de la primera representación olmeca conocida de la Serpiente Emplumada, llevando en su cabeza lo que parece ser una escafandra y un equipo de respiración, como el de los astronautas actuales. Además se encuentra ubicada dentro de algo similar a una cápsula espacial, y sobre su cabeza una gigantesca serpiente con una pluma. Extrañamente, en su mano derecha porta el clásico bolso que también llevan algunas de las deidades o monarcas de Sumeria y otras culturas.

Serpiente emplumada olmeca en La Venta.

En el mismo lugar hay otras curiosas figuras sentadas de forma similar a los practicantes yóguicos de meditación —muy clásico en figuras olmecas—, bajo una pequeña abertura que da acceso a una especie de cámara o altar. En una de ellas, el personaje porta lo que parece ser un niño pequeño entre sus brazos. Continuando con los mayas de Yucatán, cabe citar otras estructuras altamente llamativas, en las que se representa una figura humana en una posición muy curiosa, tumbada boca abajo con brazos y piernas abiertas, como pilotando un aparato volador. Se lo conoce como el dios Ah Muzenkab o curiosamente como *el dios descendiente*, *el dios en picada* o *el patrón de las abejas.*

El dios Ah Muzenkab.

De él cuenta una leyenda que procede de otro planeta, lo que hace que la miel sea considerada el dulce y sagrado néctar traído por los dioses. Permaneciendo en México, el Museo de Young de San Francisco muestra una figura insólita por lo que representa. Es una misteriosa criatura humanoide con cabeza de aspecto reptiliano, sentada sobre lo que parece una maqueta de avión con alas en sus extremos. Por supuesto, todo lo expuesto no es más que la punta de un increíble iceberg, repleto de muchas más figuras y estatuas a la espera de ser vistas con ojos de la tecnología del presente, dejando a un lado la mera interpretación de representaciones simbólicas o religiosas sin más.

LOS VIMANAS. LAS NAVES DE LOS DIOSES

Si hay un país donde topar con amplia información sobre naves voladoras de los dioses, ese es la India milenaria. Si, como hemos visto, pareciera que múltiples dioses del pasado poseyeron naves voladoras, en los textos clásicos y religiosos del hinduismo su contenido es abrumador. Sus textos védicos fueron recopilados como poco sobre el 1500 a. C., pero transmitidos oralmente desde mucho más tiempo atrás. Incluso la sabiduría que contienen, dentro de la tradición hinduista, se ve como conocimientos transmitidos por sus dioses venidos de las estrellas en tiempo inmemorial. Compuesto de cuatro libros, en uno de ellos, el *Rig-veda* —el texto más antiguo de la India— habla de diferentes tipos de *vimanas* en los que las deidades hinduistas se desplazaban por el cielo a grandes velocidades o libraban constantes guerras entre ellos. Su traducción es «naves o vehículos voladores» o «carros de los dioses».

Podían ser monoplazas o tan grandes como un palacio, y muchas de ellas portaban armas poderosas capaces de destruir ciudades enteras. Cada deidad tenía una o varias, las cuales se activaban pronunciando un determinado mantra o invocación, conduciéndolas a voluntad con el pensamiento. Unos dioses viajaban por el aire en un carro luminoso. Otros volaban en carros con ruedas o hélices o, de acuerdo con la tradición, tirados por animales —especialmente caballos—, como los dioses griegos. Los textos védicos describen dos tipos de fuerza de propulsión de los vimanas: *indra-agni* y parece ser que mercurio, consiguiendo efectos antigravedad. Sorprendentemente, el mismo misterioso elemento que se encontró bajo la pirámide de Teotihuacán, México, donde el arqueólogo Sergio Gómez, en mayo del 2015, buscando la tumba de un rey azteca, se topó misteriosamente con un extraño río de mercurio líquido. ¿Qué hacía allí, quién lo depositó y por qué...? También hay que matizar que muchos de los templos hindúes tienen la misma forma adjudicada a alguno de las vimanas.

El Pushpaka vimana volando en el cielo.

En el *Mahabharata* se cuenta el ataque de Gurkha a la tribu de los vrishis. Viajando en su rápido vimana, lanzó un solo proyectil cargado con todo el poder del universo, contra las tres ciudades de los vrishis y los andhakas. Una incandescente columna de humo y fuego, tan brillante como diez mil soles, se alzó en todo su esplendor. Era el arma desconocida, «el rayo de acero», un gigantesco mensajero de muerte que redujo a cenizas a ambas razas. El *Ramayana* narra las aventuras de la princesa Sita, secuestrada con su vimana por el malvado rey de los demonios, Ravana, y más tarde liberada por su esposo, Rama, en su vimana Puspaka, semejante a una nube luminosa. En el *Samarangana sutradhara* se habla de máquinas espaciales de metal que escupen fuego y mercurio por la cola. Podían viajar a cualquier punto del globo en cuestión de minutos, alcanzar planetas lejanos o moverse sobre el agua o bajo ella. Las había tan grandes como una ciudad y aun así podían volar muy alto y a gran velocidad, conduciéndose incluso en plena oscuridad de la noche, siendo su sonido sutil y armonioso. Hay que recordar también la gigantesca nave en la que viaja el dios Visnú (Garuda), el enemigo más despiadado de los naga, la raza serpiente. Garuda era como un ave con cuerpo dorado, alas rojas, un pico de águila y una corona en su cabeza. Según la tradición era tan grande que podía bloquear el sol. Por su parte, el avatar Krishna solía viajar en una nave de pies de loto con su discípulo Arjuna sobre el campo de batalla y cruzando océanos. La cantidad exhaustiva de datos que aportan estos textos hindúes, incluso sobre cómo construir los vimanas, como se narra en el *Vaimanika-shastra* —hasta incluso sus medidas—, es asombrosa, haciendo de ellos una más que clara realidad, a la que nuestros científicos deberían darle mayor importancia, estudiándolos en profundidad con la seriedad que requieren. Algo que al parecer sí hicieron los nazis.

¿APARATOS VOLADORES EN LA BIBLIA Y EL CORÁN?

Como vemos, la presencia de aparatos u objetos extraños voladores se encuentran muy presentes en textos sagrados de diferentes religiones. Se nombran también en la Biblia o el Corán. En el Antiguo Testamento, Jehová se le aparece a Moisés en formas muy extrañas, como una zarza ardiente que no se consume, o la nube que lo guía durante el éxodo judío por el desierto, o iluminando el campamento por las noches. Una nube, por cierto, peligrosa, ya que el dios judío pide a Moisés que se proteja tras una roca cuando se le aparece en el aire hasta que haya pasado. Tal vez por el fuego ardiente o radiación que aquella irradiaba —la nave—, como se desprende de su rostro enrojecido cuando bajó de la montaña. Jehová añade a Moisés que le dejará ver su espalda, pero no su rostro, ya que quien lo viera perdería su vida. También están los extraños objetos en que el dios judío se les aparece a sus profetas, como Ezequiel, Esdras, Daniel o Elías. Y, por supuesto, la insólita arca de la alianza con la que Moisés se comunicaba con Yahvé o destruía a sus enemigos, sumándole el maná con el que alimentó durante el Éxodo al pueblo judío.

Incluso el Nuevo Testamento está repleto de extraños sucesos relacionados con naves y ángeles, ya desde la propia concepción de Jesús, tras la visita de Gabriel a su madre, María. Continúa con la insólita estrella que guía a los llamados Reyes Magos a Belén, estrella con la capacidad de pararse en las noches y volver a moverse de día. Tenemos los ángeles que bajan del cielo para velar la tumba de Jesús o su ascensión y la de su madre, arrebatados por una luz hacia el firmamento.

También tenemos naves voladoras en el Corán. Según la creencia islámica, en la noche del Miraj, el profeta Mahoma, además acompañado del arcángel Gabriel (un extraterrestre), ante la invitación de Alá, viajó por el aire en su caballo Buraq (otro caballo volador), desde La Meca a la mezquita Al-Aqsa en Jerusalén (denominado en el Corán el *viaje nocturno de Mahoma*). De allí ascendió a los cielos ante la presencia de Alá, el Todopoderoso. La narración de la biografía de Mahoma escrita por Mohammed ibn Isḥaq, *Vida del mensajero de Dios*, habla por sí sola:

> El apóstol de Dios dijo: mientras dormía en la sala norte de la Kaaba, Gabriel vino y me dio una patada. Me levanté pero no vi nada; por lo tanto me acosté de nuevo. Vino otra vez y ocurrió lo mismo, pero cuando lo hizo por tercera vez, me tomó del brazo, así que me levanté y fui con él a la puerta de la mezquita. He ahí que vi una bestia, blanca de color, en parte mula y en parte burro, con dos alas que cubrían sus cuartos traseros, y con sus cuartos delanteros colocados tan lejos como la vista podía alcanzar. Cuando me acerqué a la bestia para montarla, se agitó, pero Gabriel le pasó la mano por la crin y le dijo: ¡No te avergüenza, oh Buraq. Ningún siervo de Dios te he montado nunca que sea más digno que Mahoma! Entonces la bestia se tranquilizó y yo la monté.

El dios musulmán, como el de los judíos, más bien se asemeja a un comandante de otra raza de los elohim, ya que al ciclo no se puede ir ni en caballo ni en cuerpo físico, pero sí en una nave. Y, por otro lado, los ángeles son entidades espirituales y no pueden sujetar del brazo o patear, además de no ser precisamente un acto muy angelical. Cabe destacar además que el mismo personaje, Gabriel, cuya etimología significa «mensajero o ángel jefe servidor de dios», curiosamente está presente en las tres religiones principales: la cristiana, la judía y la islámica, posiblemente siendo la misma entidad.

LAS ALFOMBRAS VOLADORAS

En el s. II a. C., de acuerdo con la leyenda, el rey Phraates, del Imperio parto, se enfrentó al rey Antíoco II, rey del Imperio seléucida, en una alfombra voladora disparando rayos y fuego contra sus enemigos. Más difícil de aceptar es la que cuenta que la Biblioteca de Alejandría contenía varias de esas alfombras mágicas. Refiriéndonos a uno de los personajes bíblicos más misteriosos, el rey Salomón, se cuenta que, además de otros objetos mágicos y poderosos, poseía una alfombra mágica en la que viajaba a cualquier lugar del mundo al instante, siendo un regalo de genios muy poderosos que vivían alejados del mundo. Posiblemente los mismos que se dice le ayudaron a construir el templo. De acuerdo con la leyenda —de modo similar a los vimanas— se movía por sí sola o controlándola con su anillo mágico, a pesar de sus 112 kilómetros de circunferencia, con la capacidad de transportar hasta 40.000 personas. Misteriosa esta alfombra salomónica, de la que hasta los lamas tibetanos hablaron al explorador Nicolas Roerich, en 1920, relatando que tenían conocimiento de la llegada a su país del rey Salomón en un aparato volador en su época. Sin olvidarnos de las diferentes alfombras mágicas de Oriente en libros de contenido esotérico como *Las mil y una noches*. En él se narra que la reina de Saba, como maga, regaló a Salomón una alfombra voladora que medía 112 kilómetros de largo y lo mismo de ancho, cuyo brillo ensombrecía al mismo sol. Se cuenta que un día Dios, enojado por el orgullo de Salomón, sacudió la alfombra, haciendo que 40.000 personas del ejército que llevaba en ella cayeran y murieran.

DIOSES VOLADORES

Como hemos visto, es inmensa la cantidad de dioses que pueden volar en el pasado. Entre otros muchos, en la India, Krisha, Rama, Surya, Indra, Visnú... En Mesoamérica, Quetzalcóatl, Kukulcán, Viracocha... En Egipto, Horus, Osiris, Amón... En la mitología grecorromana, Zeus, Apolo, Ícaro, Dédalo, el caballo alado Pegaso, Hermes... En el islam, el judaísmo o el cristianismo, diferentes ángeles, arcángeles...

Dioses, semidioses y héroes mitológicos

LA CLAVE VITAL

Las palabras que más veces se nombran en los textos sagrados, los mitos o leyendas de la antigüedad, de forma abrumadora y en este orden, serían *dioses*, *semidioses* y *héroes* o *superhombre*. Pero ¿quiénes eran en realidad?

Comenzando por los dioses, en el tema que nos ocupa, *los dioses del ayer son los extraterrestres de hoy y viceversa*. Esta es *una clave vital* para comprender de qué va el libro que está leyendo. Independientemente de dónde vengan o de su aspecto y diferentes intenciones, nuestro más remoto pasado está plagado de ellos, pudiendo ser los mismos en algunos casos con diferentes nombres, destacando los constantes enfrentamientos bélicos que mantenían entre ellos y los abusos hacia los humanos. Los hay benévolos, de elevada evolución, deseosos de contribuir al progreso de la humanidad, y también los hay muy sensibles, que se ofenden a la menor contrariedad, volviéndose hostiles.

En cuanto a los semidioses, hay diferentes versiones de acuerdo con la civilización o las entidades a las que nos refiramos. Pueden entenderse como seres mitad humanos, mitad dioses, es decir, *seres híbridos*, surgidos de la unión sexual entre los dioses y las hembras humanas. Los más destacados fueron los *nefilim* bíblicos, gigantes surgidos de la unión de los ángeles caídos con las bellas mortales, que los dioses terminaron por eliminar de la faz de la tierra mediante el diluvio universal.

Más directamente enlazados con la unión entre dioses y humanas, tenemos a los seres tenidos como héroes de sus pueblos en la antigüedad, a tenor de su fuerza sobrehumana, capaces de vencer cualquier obstáculo o enemigo, e incluso con el valor suficiente para enfrentarse a los propios dioses: sus padres de las estrellas. Entre ellos destacan los griegos Hércules (el Heracles romano), Ulises, Odiseo, Jasón, Prometeo, Aquiles o el celta Cúchulainn, entre otros muchos. Si bien psicológica o filosóficamente hablando estas entidades pueden verse como simples *arquetipos junguianos*, cumpliendo la función de transmitir ideas morales, normas de comportamiento o conocimientos místicos, espirituales, religiosos y trascendentes a las gentes del pasado, no podemos descartar que al menos algunos de ellos hayan podido ser personajes reales, aunque tergiversada su verdadera imagen con el paso del tiempo.

DIOSES ANTES DE LOS DIOSES

Dejando a un lado el mundo clásico de los dioses, existieron otras entidades muy anteriores menos conocidas. En el caso del antiguo Egipto, nos encontramos con unos seres de gran poder y sabiduría, venidos también de las estrellas en un tiempo inmemorial, los Shemsu Hor («los compañeros de Horus»), también llamados *los resplandecientes*. Se cuenta que eran altos guerreros con grandes alas y cabeza de aves, venidos del cielo (de nuevo semidioses voladores) para combatir al lado de Horus contra su tío Seth —el dios egipcio del caos—, cumpliendo también la función de sacerdotes de ritos funerarios. Pero ¿quiénes eran realmente?

De acuerdo con ciertos historiadores, la cronología del antiguo Egipto, y por tanto de sus pirámides y dioses, debe ser atrasada miles de años en el tiempo. Uno de ellos es el historiador y sacerdote Manetón, quien sobre el 240 a. C., por orden del faraón Ptolomeo II, teniendo acceso a las bibliotecas de los templos de Heliópolis realizó el estudio de la historia egipcia. De ese estudio llegaron hasta nosotros datos fascinantes sobre la antigüedad mítica de Egipto, recogidos por personajes como Eusebio de Cesárea, quien reveló la existencia de un gran número de reyes que gobernaron Egipto mucho antes del primer faraón histórico. Sumando el tiempo que gobernaron estos míticos reyes-semidioses, tendríamos unos 5212 años, hasta la llegada de los misteriosos semidioses Shemsu Hor, quienes reinarían 5813 años más, hasta surgir el primer faraón dinástico Menes, en el

3100 a. C., cuando los dioses abandonaron Egipto. Así mismo, en una sala del Templo de Abidos, mandado erigir por el faraón Seti I, tenemos datos en una de sus paredes sobre los faraones oficiales anteriores a este faraón. Es la llamada Sala de los Antecesores. En ella se encuentran bajorrelieves conocidos como la *Lista real de Abidos*, con los nombres de los faraones más importantes que le precedieron (76 en concreto) hasta el primero: el faraón Menes. Pero hay más: en otra pared se hallan los nombres de otros reyes que antecedieron al propio Menes y son nada menos que los Shemsu Hor. Aunque hay más datos, como el importante papiro *Canon real de Turín*, que menciona los nombres de los faraones o reyes históricos oficiales que reinaron en Egipto, precedidos por los dioses que gobernaron antes de la época faraónica. Asombrosamente, en su reverso habla de nuevo de que antes del primer faraón Menes gobernaron los Shemsu Hor. De ahí que para conservar el linaje y la sangre real de sus dioses, una vez que dejaron la Tierra, los faraones solían casarse con su propia hermana, haciendo surgir la creencia, a partir de ellos, de que los emperadores o reyes de cualquier país eran realmente descendientes de los propios dioses, como vemos en el Imperio romano o en la Edad Media.

Tecnología y construcciones imposibles en la antigüedad

¿ARMAS NUCLEARES EN LA ANTIGÜEDAD?

El 16 de julio de 1945, Estados Unidos realizó la primera bomba atómica de la historia cerca de Los Álamos, Nuevo México. Sin embargo, esta noticia podría no ser cierta. De aceptar textos védicos y sagrados de la India como auténticos, hace más de 5000 años, sus dioses, en sus constantes enfrentamientos entre ellos, ya empleaban armas atómicas altamente destructivas. Lo hacían combatiendo entre ellos desde sus vimanas, destruyendo ciudades enteras con poderosas armas atómicas o de rayos luminosos, existiendo muchas narraciones en la literatura hinduista sobre este tipo de destrucción masiva. Una de ellas fue la misteriosa civilización del valle del Indo (entre el 3300 y 1300 a. C.), al oeste de Pakistán, considerada de las más antiguas y civilizadas: Mohenjo-Daro, que curiosamente significa «montaña de la muerte». En ella se encontraron evidencias de haberse producido una explosión nuclear hace miles de años. Investigadores como el indio David Davenport encontró certezas de lo que parecía ser el epicentro de una gran explosión, que abarca 46 metros de circunferencia, comprobando que las rocas se derritieron debido a temperaturas de alrededor de 1500 °C, convertidas en una sustancia similar al vidrio. Al desenterrar el nivel de las calles más antiguas, se encontraron 44 esqueletos dispersos por la ciudad tendidos en las avenidas, que debieron sufrir una muerte violenta y repentina, además de objetos fundidos y cristalizados, descubriendo un claro incremento de radioactividad en la zona. Algo similar a lo sucedido en ruinas de otras ciudades, como las de la antigua Harappa, en el norte de Pakistán. Davenport también explicó que los efectos encontrados en

Mohenjo-Daro eran exactos a los que se produjeron en Hiroshima y Nagasaki. En su libro *Enigmas de la historia antigua*, Alexander Gorbovsky expone que el último esqueleto encontrado en Mohenjo-Daro contenía un nivel de radiación cincuenta veces mayor que el que debiera de registrase e igualmente vasijas formando una especie de amasijo de piedras negras fundidas, debido al calor extremo.

En el *Mahabharata* se describe la batalla que enfrentó al guerrero Arjuna contra las hordas de Asuras. Una síntesis del aquel narra:

> Indra, señor del cielo, ofreció a Arjuna su propia vimana para que destruyera a todo el ejército de los Asuras. Treinta millones de demonios que vivían en fortalezas bajo el mar. Llegado al lugar, Arjuna disparó un proyectil mortal que destruyó la ciudad entera en mil pedazos, dejando caer los fragmentos sobre la tierra.

Otro capítulo narra:

> Era un solo proyectil, cargado con toda la fuerza del universo. Una columna incandescente de humo y llamas, brillante como diez mil soles, se elevó en todo su esplendor. Era un arma que redujo a cenizas a toda la raza de los Vrishnis y los Andhakas. Los cadáveres quedaron tan quemados que no se podían reconocer. Se les cayeron el pelo y las uñas, los cacharros se rompieron sin motivo, y los pájaros se volvieron blancos. Al cabo de pocas horas todos los alimentos estaban infectados [...] Para escapar de ese fuego los soldados se arrojaban a los ríos, para lavarse ellos y su equipo [...] Enormes elefantes quemados por esa arma, caían por tierra...

Síntomas casualmente similares a los que sabemos que producen los efectos por radiación y contaminación radioactiva, como consecuencia de una explosión atómica. Pero en la literatura védica hay muchos más casos similares.

Sin embargo, armas tan terroríficas y destructivas no eran únicas de los dioses de la India. En el Antiguo Testamento tenemos la destrucción de Sodoma y Gomorra (y tres ciudades vecinas) como leemos en el Génesis 19-24: «E hizo Yahvé llover fuego y azufre desde el cielo sobre Sodoma y Gomorra [...] y el humo se levantaba de la tierra como el humo de un horno...». Pero no fue castigo debido a la degeneración de sus gentes, sino por haber roto la alianza con Jehová. Y debió ser grande la explosión para que el tío de Lot pudiera divisar la columna de humo sobre la destruida Sodoma desde una lejana montaña. Cabe añadir que el desierto está repleto de masas de arena vitrificada (tectitas), por acción de un intenso calor, capaz de reducir a cenizas a un cuerpo humano. Según textos antiguos, 1800 años después los árboles no daban fruto. Allí tuvo que suceder algo inexplicable para que la arena o las rocas se convirtieran en vidrio, debido a un calor superior a los 1800 °C, imposible de alcanzar por un incendio o cargar el ambiente con tanta radioactividad. Como dato, en las explosiones de Hiroshima y Nagasaki, la gente quedó cubierta de ceniza blanca como la sal, de modo similar a lo sucedido a la mujer de Lot al dar marcha atrás y regresar a la ciudad, convirtiéndose en una estatua de sal. Por algo la zona se denomina todavía el Mar Muerto, cuyos alrededores están cubiertos de columnas de sal. Pero hay más. En 1989, el arqueólogo Ron Wyatt dio a conocer la noticia de haber descubierto vestigios de dos ciudades convertidas en cenizas en la margen occidental del Mar Muerto. De acuerdo con el Antiguo Testamento, en todo ese amplio territorio hubo constantes enfrentamientos entre los elohims; es decir, lo que la Biblia narra como la lucha entre los ángeles de Dios contra los ángeles caídos o, lo que es lo mismo, entre diversos grupos extraterrestres por el dominio de esas tierras. Algo que sucedió en más lugares del planeta, queriendo destacar la constante lucha librada desde los albores de la humanidad entre las fuerzas de la luz y de la oscuridad por el dominio del mundo.

Otro de los muchos restos de posible uso de armas atómicas o similares en el pasado son *los fuertes vitrificados* en diferentes colinas europeas. Son recintos de piedra vitrificados debido a haber sido sometidos a un excesivo calor, muy superior al de cualquier fundición metalúrgica del pasado o el uso de hogueras. Por ejemplo, los hallados en Escocia varían de tamaño y altura, habiéndolos de casi 4 metros, pudiendo haber pertenecido a los misteriosos pueblos celtas, galos, pictos u otros anteriores, quienes tenían dioses con armas portentosas.

LAS ARMAS DE LOS DIOSES

Todos los grandes dioses mitológicos principales poseían armas sobrenaturales altamente destructivas por las que eran temidos por otros dioses y por los mortales. En la religión hinduista son conocidas como *astras*. Rama poseía un poderoso arco. Shiva poseía un poderoso tridente que entregó a Arjuna y con el que destruyó la ciudad demoníaca de Tripura. Indra, rey de los dioses y señor de las tormentas, utilizaba rayos, como el griego Zeus. El dios principal hindú Brahma poseía un arma terrorífica denominada Brahmastra, considerada un arma atómica, con el poder de destruir un ejército de un solo golpe, siendo superior a las demás *astras*. Se narra que allí donde la dirigía la tierra se volvía estéril y toda vida en ella desaparecía. El arma de Agni emitía llamas que destruían todo lo que tocaban y que no podían extinguirse. Krishna viajaba en una vimana que desprendía rayos mortíferos. El dios sumerio del inframundo, Nergal, de acuerdo con la tablilla K5004, sobrevolaba las montañas con su carro celeste y con su terrorífica arma las hacía explotar, dejando en pie solamente algunos troncos quemados. El nórdico Odín destruía a sus enemigos con una poderosa lanza de rayos. Thor con su mazo podía levantar fuertes vientos, rayos o destruir montañas. La lanza y la espada flamígeras del dios supremo celta Lugh derrotaban a cualquier enemigo… Y así otras muchas deidades más.

Estas constantes batallas entre dioses podrían ocultar que diferentes razas se enfrentaban por el dominio del nuestro mundo, o que dioses protectores de la humanidad luchaban contra razas conquistadoras de mundos, o que alguna de esas civilizaciones extraterrestres viniera huyendo de otra superior refugiándose en la Tierra —como narran algunas leyendas—. Me pregunto cuántos mundos habrán sido colonizados por razas superiores. O cuántas batallas cósmicas se habrán venido librando contra ellas, por alguna organización sideral inteligente, que vela por el desarrollo evolutivo de los mundos de su galaxia, pertenecientes a una especie de federación galáctica, a modo de la serie *Star Trek*. Lo cierto es que en el basto universo hay una gran diversidad de civilizaciones avanzadas tecnológicamente, y muchas de ellas no han venido precisamente con buenas intenciones a nuestro mundo. Un hecho real que no solo se mantuvo a lo largo de la historia, sino que ha perdurado hasta nuestros días. De ser así, al menos cuidémonos de no destruirnos entre nosotros para evitar que la famosa frase de Robert Oppenheimer, responsable en su día del conocido y secreto Proyecto Manhattan, se vuelva a repetir: «Ahora yo soy la muerte, el destructor de mundos», frase que extrajo de un pasaje del *Baghavad Gita* pronunciada por Krishna a su discípulo Arjuna. Yo más bien me preguntaría si, después de más de 2000 detonaciones nucleares conocidas, todavía no hemos aprendido nada, desde que en términos darwinianos descendimos de los árboles y comenzamos a caminar erguidos sobre la faz de nuestro sufriente planeta.

ARQUITECTOS E INGENIEROS CÓSMICOS

Al conocer los monumentos ciclópeos diseminados por todo el planeta, observando su descomunal tamaño, diseño, perfección arquitectónica y su alineamiento clásico con determinadas constelaciones, no cabe más que pensar si fueron realmente levantados por arquitectos humanos o más bien por ingenieros venidos de las estrellas. Además, comparándolos, parecieran estar levantados por el mismo diseñador. Muchos de ellos, para nuestro asombro, han logrado traspasar las barreras del tiempo, haciendo tambalear las ridículas dataciones arqueológicas de su verdadera antigüedad y demostrando la existencia de conocimientos y altas tecnologías constructivas en el pasado más remoto. Edificaciones que bien podríamos denominar *arquitectura de los dioses*, al no haber sido posible realizarlas con las primitivas herramientas y medios constructivos de su época.

TEMPLOS IMPOSIBLES EN EL ANTIGUO EGIPTO

Partiendo del antiguo Egipto, bastaría con el estudio profundo de la Gran Pirámide de Guiza, con sus 2.300.000 bloques de piedra, de aproximadamente 2 a 69 toneladas de peso cada uno, su increíble tamaño constructivo, sus medidas matemáticas, su distribución interior o su alineamiento con estrellas o los puntos cardinales, como prueba de no haber sido posible levantarla con las ridículas teorías arqueológicas oficiales. Pero en Egipto hay muchas más construcciones que rompen las normas científicas establecidas. Basta con referirme al misterioso y asombroso Serapeum, una necrópolis o templo subterráneo, situado al norte de Saqqara, cerca de Menfis, dedicado al dios buey Apis, donde supuestamente se enterraba a los toros sagrados. Y digo supuestamente porque sus veinticuatro gigantescos sarcófagos de granito están vacíos y parecen haberlo estado siempre. Hay que agregar que el mausoleo se encuentra a 12 metros de profundidad, excavado en roca viva, con pasillos de 300 metros de largo, y con los veinticuatro sarcófagos de diorita y basalto ubicados dentro de sus respectivas cámaras talladas en la roca. Sus medidas rondan los 4 metros de largo, 2,3 de ancho y 3,3 de altura. Solo sus tapas pesan sobre 20 toneladas y los sarcófagos entre 60 y 80. Un trabajo arquitectónico espectacular para ser realizado con martillos y cinceles o ubicarlos en su cripta pasándolos por estrechos pasillos de apenas 3 metros de ancho. Y, si nunca albergaron ningún buey sagrado, ¿para quién se construyeron? Tal vez para los misteriosos Shemsu Hor o quizá sean enterramientos simbólicos. Pero en Egipto hay muchos más misterios que siguen planteando preguntas sin respuestas. ¿Cómo pudieron tallar y perforar la estatua de Kefrén realizada en diorita verde si ni siquiera conocían el hierro? Una roca tan dura que incluso cuesta trabajar con brocas o sierras de diamante. ¿Cómo trasladaron y levantaron un obelisco de 300 toneladas utilizando únicamente la fuera humana? ¿Cómo pretendían desplazar y colocar el inacabado obelisco de granito rojo hallado en la cantera de Asuán, de casi 40 metros de alto y de cerca de 1100 toneladas…?

Obelisco inacabado,Asuán, Egipto.

TEMPLOS IMPOSIBLES EN LA MILENARIA INDIA

Otro país repleto de construcciones imposibles para su tiempo es la India. Una de ellas es el colosal Templo de Kailasa, dedicado al dios Shiva (simbolizando su sagrada morada en el monte Kailash), uno de los veinticuatro templos que se extienden por la región de Ellora, Maharastra, excavado en una inmensa roca y convertido en un completo misterio constructivo repleto de esculturas. Datado irrisoriamente por la arqueología convencional sobre el 300 a. C., necesitaron removerse más de 3000 toneladas de piedra para crearlo, sin que se encuentren restos de esa enorme cantidad de residuos. Los arqueólogos afirman que fue construido en solo dieciocho años, con martillos y cinceles. ¡Ridículo! De ser así, significaría que tuvieron que remover 5 toneladas de roca diariamente. El templo —como sus homólogos de Lalibela, Etiopía— comenzó a tallarse de arriba abajo, con 30 metros de alto, 33 de ancho y 53 de profundidad. Al contemplarlo desde lo alto, pareciera estar realizada con una especie impresión 3D con láser, desde una nave extraterrestre.

Templo de Kailasa en Maharashtra.

Afirmación no tan descabellada, si recordamos que en los textos védicos se habla de la poderosa arma Brahmastra, a la vez herramienta capaz de vaporizar las rocas. En cualquier caso, es un prodigio que sería imposible construir en nuestro tiempo. La duda es saber si fue construido por hombres orientados por extraterrestres o por los propios arquitectos cósmicos.

EL TEMPLO CICLÓPEO DEL LÍBANO

Monolitos de Baalbek.

Al referirnos a monumentos levantados sobre piedras ciclópeas, hay que destacar los impresionantes monolitos gigantes de Baalbek, un enclave sagrado para las diferentes culturas que lo fueron utilizando para adorar a su dios particular: Baal, Ra, Helios o Júpiter. Ya en los muros de la base norte y sur encontramos bloques de 10 metros de largo, 4 de altura y 3 de ancho. En ese mismo lado se encuentran los llamados *tritones*, tres enormes bloques de cerca de 20 metros de largo, 4 de ancho y 4 de alto, cuyo peso es de 800 toneladas cada uno. Si ya estas piedras parecen obra imposible de tallar y mover desde la cantera, lo es más comprobar que han sido ubicadas sobre siete enormes piedras de 10 metros de longitud que hacen de base, permaneciendo el misterio sobre cómo pudieron elevarlas hasta su ubicación sin la maquinaria necesaria, al menos sin la tecnología desconocida que tuvieron que haber utilizado, haciendo imposible solamente la fuerza bruta. Pero todavía hay más, pues, cerca de allí, semienterradas en la cantera, hay otros dos inmensos monolitos, pesando uno de ellos, la Piedra del Sur, 1242 toneladas, y el otro, la Piedra Olvidada, 1650, dejando en el aire la respuesta sobre cómo pretendían moverlos y ubicarlos en el templo.

Monolitos que nos llevan a recordar la enorme piedra bajo el muro occidental del monte del templo de Jerusalén. Es parte de una hilera de rocas en el Kotel, conocida como el Curso Maestro, con 12,5 metros de longitud, grosor de 3,4-4,5, y 3,5 de altura, con un peso de 500 toneladas, como si estuviéramos ante los mismos constructores.

MONOLITOS CICLÓPEOS EN CHINA

Otros impresionantes e inexplicables monolitos, los más pesados del planeta, los encontramos en la cantera de Yangshan, en la ladera de la montaña de Yanmen Shan. Allí se encuentra una estela que de haberse terminado hubiera tenido unos 78 metros de alto, equivalente a un edificio de veintiocho pisos y un peso de 30.000 toneladas. Solo uno de los bloques pesa aproximadamente 16.200 toneladas. De acuerdo con la historia oficial, en 1405, el emperador Yongle ordenó el corte de una enorme estela en la cantera para el mausoleo de su difunto padre. Los trabajadores cortaron tres piezas separadas, cuya base sería rectangular y la parte superior se decoraría con un diseño de dragón, pero una vez cortadas no pudieron moverlas. Se hace imposible pensar que los ingenieros fueran tan torpes como para no calcularlo con antelación, sabiendo que además tendrían que transportarlas 20 kilómetros a través de las montañas. Lo extraño es que no se ve ninguna marca de cincel en los bloques, como si hubieran sido cortados por alguna herramienta y con técnicas desconocidas, tipo láser, y dejadas allí por algún motivo. También en China, se encuentran las cuevas de Longyou, veinticuatro cavernas de arenisca en lo alto de una colina. De acuerdo una vez más con los datos arqueológicos, fueron excavadas alrededor del 230 a. C., siendo con toda probabilidad muchísimo más antiguas, desconociéndose quién y por qué las construyó. La superficie promedio de cada cueva es de más de 1000 m^2 y unos 30 metros de altitud.

TEMPLOS CICLÓPEOS EN AMÉRICA PRECOLOMBINA

Trasladándonos a Perú —como pude comprobar personalmente—, destacan enormes piedras perfectamente pulidas y encajadas con total precisión entre ellas. Citaré la conocida piedra de los doce ángulos, en Cuzco, de 6 toneladas, base de un anterior templo o residencia inca. O piedras de 40 toneladas en el Templo del Sol en Ollantaytambo. O del mismo peso en algunas piedras en Machu Picchu. Tenemos también el impresionante muro principal de la Fortaleza de Sacsayhuamán, en Cuzco, en la que se utilizaron unos 200.000 bloques de piedra. Su muro principal tiene 400 metros de longitud, 18 de altitud, y enormes piedras de hasta 300 toneladas.

Fortaleza de Sacsayhuamán.

En la parte superior del templo se encuentra una extraña construcción circular de la que algunos nativos me informaron que en ella aterrizaban los hermanos del espacio en el pasado, de modo similar a lo que se piensa del citado templo de Baalbek o el de Puma Punku en Tiahuanaco, en la altiplanicie boliviana. En este último, son monolitos de arenisca roja trabajados con total perfección y diseminados sobre una descomunal extensión, en la que se alza la denominada *plataforma lítica*, una gran terraza de piedra de 6,75 metros por 38,72, repleta de múltiples bloques ciclópeo con forma de hache mayúscula, siendo el mayor de 7,81 metros de largo, 5,17 de ancho y un promedio de 1,07 de espesor, pesando 131 toneladas.

EL ENIGMA DE LAS CONSTRUCCIONES MEGALÍTICAS

Al hablar de la cultura megalítica —uno de mis enigmas favoritos—, nos adentramos en un tiempo complejo de fechar, al ser las construcciones pétreas más antiguas conocidas, muchas de ellas anteriores a las propias pirámides egipcias. Básicamente se agrupan en tres tipos: dólmenes, crómlech y menhires. Comenzando por la isla de Malta, nos asombramos ante los inmensos bloques que forman el complejo megalítico de Hagar Qim, datado entre 3600-3200 a. C., aunque en él se hallaron ruinas mucho más antiguas. Formado por seis grandes cámaras construidas con inmensos bloques verticales, uno de sus muros contiene un megalito de más de 5 metros de altura, siendo su peso de unas 57 toneladas. En Inglaterra, en el conocido crómlech de Stonehenge, una de sus piedras monolíticas de 6 metros de altura tiene un peso de 35 toneladas, siendo todo un prodigio no solo el colocarlas *in situ*, sino su transporte desde la cantera a 225 kilómetros de distancia. Pero recientemente se ha descubierto que la piedra central de su altar, que pesa 6 toneladas, fue traída desde Escocia, desplazada desde nada menos que 750 kilómetros. Increíble hazaña para una sociedad cazadora-recolectora de hace más de 6000 años…

Otro monumento asombroso, de como mínimo 5200 años —ateniéndonos nuevamente a las cronologías arqueológicas— es el túmulo de Newgrange, Irlanda, compuesto de unas 200.000 toneladas de roca, trasladadas desde 107 y 113 kilómetros. Sus piedras miden sobre 4 metros de alto y 2 de ancho, habiéndolas de 25 toneladas, sin que ninguna de ellas pese menos de 1 tonelada. Una de las leyendas irlandesas cuenta que el misterioso pueblo de los Tuatha Dé Danaan, venidos de las estrellas, lo construyeron como tumba de su jefe, Dagda Mor, de su hijo Oengus del Brugh o del gran dios Lugh.

Sin salir de España, cabe citar al que más me asombra cada vez que lo visito: el dolmen de Menga, que forma parte de otros en el fascinante Conjunto Arqueológico de Antequera, Málaga, con un mínimo de 6000 años de antigüedad. Además de sus monumentales losas verticales, a lo largo de un pasillo de 27,5 metros destaca la losa del techo de 180 toneladas.

Dolmen de Menga.

Igual que me asombró el crómlech de los Almendros, en Evóra, Portugal, del 6000 a. C., compuesto de 95 menhires en forma de almendra, considerado uno de los más antiguos de Europa. O el cercano menhir de los Almendros, muy cerca de allí, de 2,5 metros.

Por citar solo algunos más de los miles existentes en todo el planeta, referiré los alineamientos de menhires de Carnac, en Bretaña, Francia, el más extenso del mundo, con tres hileras de 3 kilómetros de largo, compuesto de más de 2000 enormes piedras de gran tonelaje, haciendo imposible comprender quién los levantó hace un mínimo de 6000. Continuando en Francia, completaremos el breve recorrido por el misterio megalítico comentando uno de sus muchos menhires, el más alto conocido de la prehistoria occidental, ubicado en Locmariaquer, de cerca de 20 metros de largo, hoy dividido en cuatro partes. Conocido como el *gran menhir partido de Er Grah*, fue erigido hace unos 6500 años. Su peso es de 280 toneladas, una vez más trasladado desde varios kilómetros de distancia. El misterio de los megalitos sigue desconcertando a la arqueología, desconociéndose sus arquitectos y relacionado las energías cósmico-telúricas, los movimientos del sol, la luna y las estrellas.

LAS PIEDRAS QUE LEVITAN Y SE REBLANDECEN

Otro enigma concerniente a las construcciones imposibles es observar que muchas de ellas parecieran haber sido diseñadas por los mismos desconocidos arquitectos. Pero el más intrigante se refiere al perfecto encaje y pulido de sus piedras, llevándonos a recordar antiguas leyendas que narran como los dioses enseñaron a los humanos a reblandecer las piedras para su más fácil transporte y trabajo. Sobre dicha posibilidad, recuerdo, entre otros, al sacerdote peruano Jorge Lira, conocedor de múltiples tradiciones orales andinas, quien refirió la existencia de una técnica secreta de los incas para convertir la piedra más dura en una sustancia pastosa moldeable, mediante la combinación de una determinada planta con otros elementos otorgados por los dioses. De los magos egipcios se dice que conocían cómo hacer levitar grandes piedras por medio de ciertos conjuros y papiros con símbolos mágicos bajo ellas. Tradiciones pascuenses afirman que su dios pájaro, Manana Take, deslizaba los moáis por el aire hacia su ubicación, mediante la sobrehumana energía del mana. La mitología celta narra a su vez como sus sabios sacerdotes druidas de Gran Bretaña, Irlanda, Galicia o la Galia hacían levitar y trasladar grandes rocas mediante su magia y ciertos sonidos o vibraciones, gracias a su conexión con «los tripulantes de barcos en el cielo», tradiciones recogidas en obras irlandesas del siglo XVII. Leyendas y mitos arcaicos que pueden ocultar parte de realidad, de aceptar las enseñanzas recibidas en el pasado por los humanos de sus dioses celestes.

OTRAS CONSTRUCCIONES MONUMENTALES

Existe otra gran cantidad de construcciones similares de templos o murallas monolíticas asombrosas para su tiempo diseminadas por todo el planeta. Citaré Pnyx o Micenas, en Grecia; Aksum, en Turquía; Asuka Nara, Masuda Iwuafune, Ishi no Hoden o las enormes piedras del castillo de Osaka, en Japón, y otras muchas.

Aunque existen muchas más construcciones similares, con las expuestas sobran las palabras para aceptar la existencia de civilizaciones humanas o extraterrestres con altas tecnologías en el lejano pasado. Ello sin negar que en la antigüedad debieron existir eruditos como Newton, Einstein, Hawkins…, pero no herramientas y maquinarias que permitieran levantar construcciones de la envergadura de las comentadas. Aunque también reconozco que, cuando contemplo una catedral gótica medieval, experimento la misma experiencia de asombro que ante muchas construcciones del pasado. Levantadas por canteros y el maestro constructor, utilizando simples herramientas de la época, pareciera igualmente una obra imposible para su tiempo, pero ahí están… A la pregunta de quiénes construyeron los impresionantes monumentos de la antigüedad, si escarbamos en las tradiciones más arcaicas en busca de respuestas, siempre encontramos la misma respuesta: ¡los dioses lo hicieron! Y es que ante todo lo expuesto no encuentro más opción que elevar la vista hacia los arquitectos venidos de las estrellas.

Dios, ángeles y religiones

EL ORIGEN DE LAS RELIGIONES

Si profundizamos en el origen de las religiones, es notorio observar como todas ellas directa o indirectamente hunden sus orígenes una vez más en los dioses del pasado o en un dios o personaje concreto. Analizándolas con mente abierta, como estudioso de las religiones comparadas y observando su influencia en la humanidad, observo que todas ellas han dejado el desarrollo espiritual del ser humano en manos de determinados líderes y jerarquías religiosas, desviándolo de su verdadera esencia interior. Desde la civilización sumeria, las gentes comenzaron a dejar el destino de sus pueblos en manos de sus dioses, a quienes veneraban y obedecían ciegamente. Le sigue la antigua religión hinduista, la de los mil dioses (en realidad 300 millones de ellos), el judaísmo con su dios particular (Jehová-Yahvé), el budismo, que no reconoce ningún dios o deidades, pero acepta la existencia de múltiples seres divinos en varias formas y encarnaciones, de modo similar al taoísmo. Posteriormente surge el cristianismo de Constantino, con su concepto de la Trinidad y el único dios verdadero, para que en el siglo VII surgiera el islam, igualmente con su propio dios, Alá, el verdadero para sus creyentes. Así, cada una defendiendo su dios personal, las religiones han sido la principal causa de más enfrentamientos sangrientos, sufrimiento, miseria y muerte a lo largo de la historia de la humanidad. Todavía hoy día siguen existiendo luchas de diferentes etnias o creencias, bastando observar como la considerada ciudad más santa y sagrada para judíos, cristianos y musulmanes, Jerusalén, sigue siendo fuente de conflictos sangrientos. Algo que lleva a replantearse una cuestión vital: ¿quién está realmente detrás del origen de todas las religiones y del contacto con los elegidos para crearlas y mantenerlas…?

Centrándome en las creencias judía, cristiana y musulmana, sobresale en ellas el hecho llamativo de observar a la misma entidad enviada por Dios en las tres: el arcángel Gabriel. Esta observación pareciera indicarnos que, en realidad, detrás de ella y de esas religiones se encuentra el mismo personaje, llamémosle el Dios cristiano, Yahvé o Alá, y sus servidores. O lo que es lo mismo, la posibilidad de ser la misma entidad extraterrestre, y no el creador supremo del universo. En todas ellas se mueven los misteriosos ángeles que comen, caminan o procrean con las humanas o la existencia de un dios verdadero que exige plena y exclusiva veneración. Dentro de los 4200 credos existentes en el mundo, además de los citados, hay otras surgidas igualmente de entidades angelicales, sobrenaturales o de un supuesto elegido, con la misión de impulsar a los hombres a crear una nueva religión. Como ejemplo, el caso de los mormones: un 6 de abril de 1830, en la región occidental de Nueva York, el supuesto ángel Moroni, enviado por Dios, se le aparece a su fundador, Joseph Smith, para entregarle unas planchas de oro ocultas en el cerro Cumorah, de las que surgiría el *Libro del mormón*. Todo lo expuesto me lleva a sospechar que, sin duda, el origen de las religiones guarda relación con la cara oculta del fenómeno ovni, que la mayoría de los ufólogos no se paran a analizar.

SURGIMIENTO DE LAS RELIGIONES EN LA ANTIGÜEDAD

Como dije, las religiones surgieron tras la aparición y veneración de un determinado dios venido de las estrellas. Esto generó constantes enfrentamientos entre ellos, no solo por obtener territorios bajo su poder, sino porque los pueblos de dichos lugares les rindiesen veneración absoluta y exclusiva. Algo muy claro en el Antiguo Testamento, con enfrentamientos entre diferentes jefes de grupos elohim. Enseguida me refiero a ello, pero antes citaré alguno de los dioses del pasado que exigían sumisión a sus respectivos pueblos, más allá de la Biblia. Entre ellos, los olmecas, considerados como la civilización madre de Mesoamérica (1500 a. C.-400 a. C.), tenían gobernantes elegidos por sus dioses —de quienes eran descendientes directos, o sea, semidioses—, poseyendo poderes sobrenaturales, y a los cuales les ofrecían sacrificios humanos. Su dios-dragón con fuertes rasgos de serpiente y ave, el más representado de todos ellos, era tenido como un monstruo de la tierra vinculado al poder y la autoridad, debiéndole ofrecer obediencia ciega. El dios Quetzalcóatl era una deidad muy común en otras culturas mesoamericanas, como los aztecas, o para los mayas bajo el nombre de Kukulkán.

Representación de Quetzalcóatl en el templo de Teotihuacan.

Los olmecas lo representaron con aspecto humano, con vestimenta espacial y el misterioso bolso que también portaban los anunnaki, moviéndose por el cielo en una serpiente con alas. Lo que como adelanté lleva a pensar si todos estos dioses —o parte de ellos— podrían haber sido los mismos en diversas culturas, como enseguida veremos al comparar a Jehová con otro dios precolombino igualmente despiadado.

SANGRE PARA LOS DIOSES

Hemos visto que en el pasado hubo dioses benévolos cuya misión puede ser sembrar la semilla de la vida en planetas nuevos, observarla, cuidarla y contribuir a su progreso con sus constantes visitas. Y es posible que así sea. Pero hubo otros sumamente atraídos por la sangre, las vísceras de sus víctimas, el sufrimiento humano, y que aceptaban de buen grado niños y mujeres vírgenes, algo que está atestiguado históricamente y que nos guste o no debe ser tenido en cuenta al hablar del tema extraterrestre, por su relación con ciertas razas llegadas a nuestro mundo. Ya en las diversas culturas primitivas denominadas *paganas*, era común realizar sacrificios rituales de humanos y de animales a sus deidades. La religión védica de la India afirma ser la más relacionada con sacrificios ofrecidos a sus deidades, como Agni (el dios del fuego) y Soma (la que supervisaba los sacrificios religiosos), hasta el punto de que un proverbio védico sentencia: «El sacrificio es el ombligo del mundo». En la antigua Sumeria, en la ciudad de Ur, hacia el 2500 a. C., se encontraron sacrificios masivos en las tumbas reales de las damas de la corte y cadáveres de hombres y mujeres inmolados violentamente. Su mitología cuenta que en su época existían entidades diabólicas que bebían sangre de los vivos, entre ellos Nergal, un dios fuerte y poderoso descrito como un guerrero siempre con cuernos, un dios-dragón del inframundo, con alas y garras, cubierto de sangre del sacrifico de víctimas vivas.

Aunque cueste entenderlo, en Egipto se inmolaban sirvientes de faraones para acompañarlos al más allá. En la antigua Grecia, el sacrificio era el centro de los rituales religiosos para obtener el favor de los dioses, entre ellos el degollamiento ritual de uno o varios animales; una parte para los dioses mediante la cremación sobre el altar y el resto consumido por los participantes. Del mismo modo, en el Imperio romano los sacrificios de animales y en ocasiones humanos eran algo propio del Estado, con la misma finalidad de solicitar la protección y favores de los dioses. A su dios principal, Júpiter —como al Jehová bíblico—, le deleitaba el olor desprendido por la carne y las vísceras quemadas en un altar. En la antigua China, el emperador era también el sumo sacerdote, al que pertenecía el derecho exclusivo de ofrecer sacrificios mediante la muerte de un toro en un altar, en honor al supremo dios del cielo. En América, de los tiempos de la conquista española, existen muchas crónicas que narran lo vivos que estaban todavía los rituales de sacrificio humano en muchos pueblos de Mesoamérica. Frailes franciscanos y dominicos contaron presenciarlos. Y hay cronistas que escribieron como durante la inauguración de una ampliación de un templo, en 1487, fueron sacrificados más de 80.000 personas, siendo el sacrificio humano más común extraer el corazón estando viva la víctima, sin distinguir entre niños, jóvenes, adultos o ancianos de ambos sexos. Entre los mexicas se sacrificaba a una joven a la diosa de la fertilidad, Chicomecóatl. En la cultura mexica o zapoteca, Mictlantecuhtli era el dios azteca de la muerte, gobernador del inframundo con su esposa Mictecacíhuatl; era adorado y temido a la vez en toda Mesoamérica, como solía ser común con múltiples dioses del pasado. Después de los sacrificios humanos, llenaban grandes jarras de barro con su carne y se las ofrecían a los ídolos del dios, representado como un gigantesco monstruo con garras en manos y pies y cubierto de sangre. También entre los mexicas, de acuerdo con su creencia de salvar al universo de su destrucción, cada 52 años —para evitar que los seres de la oscuridad se adueñaran del mundo—, sacrificaban enemigos para nutrir durante el mismo periodo de tiempo al sediento dios de sangre y de corazones. También los incas realizaban sacrificios a sus dioses, como el ritual de Capacocha, seleccionando los niños que debían otorgar a los dioses en las montañas nevadas o volcanes más altos del imperio. Tras hacerlos caminar días o meses por sendas penosas hacia el lugar de la inmolación, una vez allí les daban coca y chicha hasta dejarlos dormidos, muriendo generalmente de frío o golpeados en la cabeza.

Baste lo expuesto, considerado parte de nuestra historia, para comprobar la sed de poder, veneración y sangre de al menos algunos de los antiguos dioses o extraterrestres. Pero he dejado para el final de este horripilante tema dos de los dioses más crueles de las religiones antiguas.

La Biblia, un libro de ufología

LA BIBLIA ANTES DE LA BIBLIA

Cuando hablamos de la sagrada Biblia, nos referimos a un libro que lo es para religiones como la católica y la judía. Sin embargo, los judíos no están de acuerdo con el modo en que los católicos la interpretan, manteniendo disconformidad en muchas de sus exégesis. Por otro lado, hablamos de un libro muy antiguo, del que se desconoce quiénes fueron realmente sus autores y a quién iba realmente dirigida. Volviendo a Biglinio, no fue escrita para el pueblo judío, sino para una tribu judía concreta y, por supuesto, no habla de la humanidad, sino del pueblo judío. Por otro lado, es un libro que pocos han leído completo ni analizado su contenido, limitándose a aceptar literalmente lo que las jerarquías y líderes religiosos interpretan de él. Actualmente, serios investigadores conocedores de la antigua lengua hebrea afirman que la Biblia original fue modificada y mal traducida, como poco desde su elaboración en el Concilio de Nicea (325 a. C.), del que surgió la religión católica actual, a lo que hay que añadir constantes manipulaciones, cortes y añadiduras sufridas con el paso del tiempo, sumados a la incorrecta traducción a diferentes lenguas, haciendo difícil saber cuál fue su sentido y lectura original. Volviendo nuevamente a Biglino, matiza firmemente que «la Biblia no habla de Dios, sino de dioses», ya que la palabra elohim no es singular, sino plural, refiriéndose a un grupo de entidades humanoides extraterrestres o a una raza —o razas— llegada a nuestro planeta en tiempos inciertos, poseedores de una mayor inteligencia y tecnología. Sí sabemos que posiblemente fue elaborada durante el tiempo en que los judíos estuvieron esclavos en Babilonia, sobre el 586 al 538 a. C., por lo que gran parte de algunos libros del Antiguo Testamento incluyen muchas de las mitologías babilónicas, como se ve claramente en narraciones como las del llamado *diluvio universal.* En todo caso, cuando me refiera a comentarios sobre la Biblia y su directa relación con el fenómeno ovni, lo haré siempre desde *un análisis literal* de su contenido.

ENCUENTROS EN TODAS LAS FASES EN LA BIBLIA

Examinando ambos testamentos bíblicos con mente analítica, encontramos la presencia de ovnis y extraterrestres por todas partes (lo mismo que en otros textos sagrados como los védicos). En ellos se dan claramente las experiencias ufológicas de las llamadas cinco fases: avistamientos, pruebas físicas, contactados, abducciones y contacto físico voluntario. En el caso de avistamientos, como ejemplo tenemos los vividos por Moisés o los profetas del Antiguo Testamento. Podría decirse que los profetas bíblicos fueron los primeros contactados de los que hay narraciones. Estos mantenían relación con su dios, Jehová, el cual les hablaba ordenándoles qué hacer, a dónde ir o de qué hablar a su pueblo. Justo lo mismo que los contactados de nuestro tiempo manifiestan experimentar por diferentes medios: telepatía, sueños, psicografía, *ouija*… Uno de ellos fue el misterioso personaje Enoc, quien terminaría siendo llevado por Jehová al cielo en su misteriosa nube brillante para no volver a regresar a la Tierra. Lo mismo le sucedió a Elías. En el libro II Reyes (2:11), se lee que, mientras caminaba a orillas del Jordán conversando con su discípulo Eliseo, un carro de fuego con caballos de fuego se colocó entre ellos, y Elías subió al cielo en un remolino, sin que nunca más volviera a aparecer. En el libro de Ezequiel (1:4-24 y 2:2-11), el profeta narra que contempló un viento huracanado con una nube inmensa rodeada de un fuego fulgurante y gran resplandor, viéndose algo semejante a un metal refulgente en medio, del que surgieron algo parecido a cuatro seres vivientes resplandecientes con forma humana. A continuación, al narrar el aspecto de los extraños seres, pareciera describir personajes con trajes espaciales y aparatos tecnológicos; además, menciona que sobre sus cabezas aparecía la figura de un trono, y sobre ella algo similar a un hombre sentado sobre él hablándole. Ese personaje sentado no era otro más que Jehová, el cual le manda ir junto a los israelitas para entregarle un mensaje en su nombre, al considerarla una nación rebelde y desobediente a su dios. Curiosamente describe que el mensaje se lo da en mano, entregándole un pergamino en el que estaban escritas lamentaciones, gemidos y amenazas de Jehová a su pueblo, para acto seguido hacerle comer el pergamino. Extraño dios este que se enfada, gime y amenaza si no se le escucha y venera... También tenemos a Zacarías (5:1-4), extasiado en su sexta visión del Señor, al observar flotando en el aire algo parecido a un rollo, que describe como de 10 metros de largo y 5 de diámetro, moviéndose de un lado a otro. Tenemos la narración de Jonás, al que Dios envió con un mensaje a la ciudad de Nínive, solicitando a sus ciudadanos que se arrepintieran, pero desobedeció y viajó en barco a otro lugar. En el transcurso del viaje, el barco estuvo a punto de hundirse, por lo que se tiró al mar para salvarse, siendo tragado por una ballena y permaneciendo en su vientre durante tres días, hasta que, arrepentido, Dios lo llevó a tierra firme. Un claro ejemplo posiblemente de haber permanecido en un osni (objeto submarino no identificado). O el sueño de Jacob, en el que vio una escalera apoyada en la tierra cuyo otro extremo tocaba el cielo, por la que bajaban y subían los ángeles, lo que bien podría representar los peldaños de una nave extraterrestre por la que subían y descendían sus tripulantes.

Como vemos, en la relación entre dioses y mortales se habla incluso de contactos en la cuarta y quinta fase. La prueba está en que los ángeles o los dioses se relacionaban *físicamente* con los humanos en su vida cotidiana, hasta el punto de llegar a tener relaciones íntimas entre ellos y las hermosas hembras mortales o viajar en sus aparatos voladores. Algo que también se daba con las principales deidades, como las sumerias, babilónicas, egipcias, hindúes, griegas... En el caso de la Biblia, el propio Yahvé se relacionaba de tú a tú con Abrahán, Moisés o sus elegidos y profetas. Como dije, los pueblos antiguos describían las naves de acuerdo con lo que conocían, de modo que es obvio que lo relacionarían con los medios de transporte de su época, como carros y caballos.

JEHOVÁ, ¿DIOS O EXTRATERRESTRE?

En referencia a los principales protagonistas del Antiguo Testamento, Dios y Jehová-Yahvé, volviendo a Biglino, afirma que residían en una pequeña porción de tierra de Israel, al no ser el dios del elegido pueblo judío, sino solamente de la tribu de la familia de Jacob. O que la Biblia como ya expuse, no es un libro dirigido a la humanidad, ni siquiera al pueblo de Israel, sino a una determinada familia o tribu judía. Analizando el Antiguo Testamento, se deduce que entre los elohim existían constantes enfrentamientos por obtener nuevos territorios, junto al deseo de ser venerados por sus respectivos pueblos, siendo las deidades principales de diferentes religiones o pueblos antiguos, como Astarté, Dagón, Milcón, entre otros muchos. Esto hace surgir una incoherencia religiosa. Si se suponía que Jehová-Yahvé era considerado el único Dios, ¿cómo podían entonces existir otros dioses en la misma época? Se deduce que nada tiene que ver, entonces, con el dios supremo, sino que posiblemente fue el comandante de una raza alienígena que se movió por el territorio de Israel o tal vez por otros muchos, como veremos, enfrentándose a otros grupos de elohims. Es clave dejar claro que, cuando hablamos de este cruel personaje, no estoy refiriéndome a Dios, sino a una entidad de otro mundo, llegado a la Tierra con afán de dominio y sometimiento de su pueblo elegido.

JEHOVÁ, EL SANGUINARIO

La interpretación *literal* y analítica del Antiguo Testamento nos desvela no a un dios benévolo, justo, omnipotente, omnisciente y amoroso, sino a otro muy diferente: cruel, vengativo, iracundo, celoso, castigador, amante del sexo, exigente, que gozaba de la sangre y las vísceras. Un dios, por cierto, humano, que comía, bebía, caminaba, se fatigaba, se encolerizaba, gemía… manifestando los mismos o peores vicios, pasiones y defectos que los humanos. Un dios que exigía constante adoración exclusiva y sacrificios a su pueblo o el cruel exterminio de cualquier otro que se le opusiera. Algo que cualquiera puede comprobar leyendo diferentes libros del Antiguo Testamento, por ejemplo, el Éxodo, Números o el Levítico. Hasta es posible que tuviera rasgos reptiloides, como se sonsaca del pavor que podría producirle a su pueblo si llegaran a contemplar su aspecto, lo que además tenían prohibido bajo pena de muerte.

Un dios, en fin, amante de la guerra y de masacrar al enemigo, incluso a su propio pueblo, al que enviaba a luchar contra cualquier otro que venerara a otros dioses, al ser obsesivamente celoso. Ya en

Zacarías 8:1-2 se le nombra como «Jehová de los ejércitos», lo mismo que de él afirma Isaías. A modo de ejemplo, lo vemos claramente en Samuel 15:1-3, cuando Saúl es enviado a atacar a la tribu de Amalec, ordenándole que lo maten, destruyeran su ciudad y exterminaran a todo hombre, mujer, niño, bebé e incluso animal, ejecutándolos sin ninguna piedad. En Números 31:17-18 ordena matar inmediatamente a todos los niños varones y a las mujeres que no sean vírgenes, y a las que lo sean, que su pueblo se quede con ellas. Era líder, además, de una hueste de deidades tan sanguinarias como él, gustosas de sangre y vísceras de animales. En Números 31:35-40, Moisés le dio al sacerdote Eleazar como ofrenda para Dios 675 ovejas, 72 bueyes, 61 burros y 32 mujeres vírgenes, ya que a los dioses les encantaba el sexo. Pero, a tenor de lo escrito en la Biblia, ¿para qué quiere Dios todo eso? O, mejor dicho, ¿qué tipo de dios lo requiere para sí? ¿O por qué Salomón —como se lee en Crónicas 7:4-5— ordenó el sacrificio de 22.000 bueyes y 120.000 ovejas a Yahvé, en la inauguración o consagración del Templo de Jerusalén? ¿O por qué para venerarle en el templo había que comprar un animal considerado puro antes de entrar y sacrificarlo en el interior? ¿Para qué tanta sangre?

Pero el dios exigía más cosas extrañas y dolorosas a su pueblo, ya desde días después del nacimiento de un niño judío, supuestamente para mantener la alianza o sagrado pacto con él, como fue la circuncisión: o sea, cortar una porción o la totalidad del prepucio del pene. Este dios dictador y sangriento donde los haya también atiborraba a su pueblo con escrupulosas leyes que cumplir a rajatabla y, cuando alguien se rebelaba, era castigado sin piedad, sin diferenciar como dije entre hombres, mujeres, niños o ancianos. A modo de ejemplo, cuando Moisés bajó del Sinaí con las Tablas de la Ley, viendo que su pueblo había estado adorando a un becerro de oro en su ausencia, el celoso Jehová mandó a quienes le eran fiel ir tienda por tienda matando uno a uno a su hermano, amigo o pariente infiel, eliminando a 3000 hombres ese día. Pero hay más…

Un dios que mantuvo a su pueblo caminando 40 años por el desierto para probar la fe que le profesaban. O tal vez jugando o disfrutando con el sufrimiento humano. Esto era algo tan habitual que incluso cuidaba todo tipo de matices relativos a la realización de ofrendas. Como ejemplo, en el Levítico 3:12-16 se explica cómo debe ser preparada la ofrenda de una cabra:

> El Señor pide ser degollada delante de él, y rociar su sangre sobre el altar por todos los lados. Seguidamente, el oficiante pondrá al fuego la grasa que recubre los intestinos del animal y la que se adhiere a estos, los dos riñones y la grasa que los recubre, la grasa que recubre los lomos, y también el lóbulo del hígado, el cual se extraerá junto con los riñones. Entonces el sacerdote quemará todo en el altar, ya que toda grasa pertenece al Señor, siéndole una comida y ofrenda, cuyo aroma le es muy grato a Jehová.

Bueno, y a otros muchos dioses antiguos. La conclusión que puede extraerse con mente abierta es que este supuesto dios nada tiene que ver con un ser divino ni bondadoso para con su pueblo.

Lo expuesto es un punto clave que analizar en la parte oculta del fenómeno ovni. Debe quedar claro que no hemos hablado de Dios, sino de un ente humanoide, tal vez el comandante de una flota estelar o parte de una raza alienígena, haciendo que lo tomaran por el verdadero Creador, que está lejos de ser entendido con nuestra escasa comprensión mental. Sea como fuere, después de lo expuesto, no deja de ser una ironía bíblica la frase dicha por Yahvé en Levítico 11:44: «Sean santos porque yo soy santo». Tal vez por eso el 11 de septiembre del 2008, el papa Benedicto XVI, por los medios internos del Vaticano, pidió a las conferencias episcopales del mundo sobre el nombre de Dios no usar el término *Yahvé* en las liturgias, oraciones y cantos.

¿ELOHIMS EN MESOAMÉRICA?

A la luz de las leyendas y mitos mesoamericanos, pareciera como si Jehová o cualquier otra deidad de su ejército o raza de elohims hubiera estado presente en Mesoamérica, bajo el nombre de Huitzilopochtli, el dios del sol y de la guerra.

Como Jehová, el dios sacó a los futuros mexicas de un desconocido país llamado Aztlan, ordenándoles que fundaran una ciudad en una nueva tierra, que reconocerían cuando se encontraran con un águila parada sobre un nopal devorando una serpiente. Pero este dios superó a su homólogo de Israel, llevando al pueblo elegido a un éxodo de 200 años de duración. También de modo similar a lo sucedido en el mar Rojo, los mexicas debieron desviar un río en su viaje. Después de muchos años de penurias y enfrentamientos con diferentes pueblos, terminaron llegando al lugar elegido en el islote del lago de Texcoco —de acuerdo con los historiadores alrededor del 1325—, dando origen a la ciudad de Tenochtitlán, el actual México. Los mexica-aztecas también poseían un arca en la que custodiaban las tablas de las leyes del dios (que les entregó en la montaña Culhuacano, bautizándolos como mexicas), que empleaban para comunicarse con él. Igualmente los alimentaba y guiaba desde el cielo desde un gran pájaro, manteniendo hacia su pueblo la misma prohibición de ser visto. Como en el Éxodo judío, también en el de los aztecas se repitieron rebeliones hacia el dios. En el caso de Jehová, se abrió la tierra bajo los pies de los disidentes y sus familias, siendo tragados sin piedad.

Huitzilopochtli, principal dios azteca

En el de Huitzilopochtli, adoptó una forma endemoniada, tan espantosa que hizo temblar de terror a todos los presentes, mientras exclamaba que antes del nuevo amanecer se vengaría de los rebeldes. Despertándose al amanecer, los mexicas oyeron un ruido espantoso, hallando muertos a los promotores de la rebelión, con sus pechos abiertos y extraídos sus corazones. Y, como Jehová, Huitzilopochtli les ordenó construirle un templo donde ser venerado y recibir ofrendas. También gozaba de los sacrificios de sangre y corazones humanos, junto a los demás dioses, para quienes la sangre era fuente de vida sagrada de la que se nutrían. Además de ser la deidad principal de los mexicas, fue impuesta por ellos a todos los pueblos del Altiplano Central. Curioso por cierto su nacimiento, ya que la leyenda cuenta que surgió del embarazo de la Madre Tierra al caer una gran bola de plumas desde el cielo. Por lo comentado, culminar diciendo que al referirnos a Jehová y Huitzilopochtli pudiéramos estar ante el mismo dios o la misma raza.

¿ÁNGELES O EXTRATERRESTRES?

La palabra *ángel* aparece en la Biblia 221 veces en singular y 97 veces en plural. Sin embargo, no son tan angelicales como se los suele pintar y, por supuesto, no tienen alas ni vienen volando desde el cielo. El término *ángel* en hebreo significa «mensajero», es decir, mensajero de Dios. Ahora bien, ¿de qué dios? Está claro que no del dios supremo de la creación, sino de lo que para los antiguos eran sus dioses venidos del cielo. Se entiende, por tanto, que hablamos de entidades o seres humanoides extraterrestres, de razas inteligentes, venidas de otros mundos al nuestro con diferentes motivos, como seguiremos comprobando, pero físicos, como lo indica el que procrean con humanas, comen, se bañan, caminan, se fatigan, beben e incluso en ocasiones se confunden con los propios humanos. A modo de ejemplo y muy resumido, extraído del Génesis 18-20, se dice que Dios visitó a Abrahán con dos de sus ángeles, por lo que por lógica tiene que referirse a Yahvé. Sucedió mientras Abrahán descansaba a la entrada de su tienda de campaña y, viendo venir a tres hombres (no dice *ángeles*), los invita a sentarse a descansar bajo un árbol, ordenando traerles leche, pan, mantequilla y carne de ternero para que recobraran fuerzas, además de traer agua para lavarles los pies. Extrañamente, Dios dijo a Abrahán que dentro de un año volvería y su esposa Sara daría a luz a un hijo, algo biológicamente imposible, ya que ambos eran ya muy mayores. Pero así sucedió:

Sara alumbró a Isaac, de quien partiría la dinastía del pueblo judío, posiblemente por intervención extraterrestre. Seguidamente continuaron camino hacia Sodoma, dado que iban a advertir al sobrino de Lot que salieran de la ciudad, pues al día siguiente sería destruida. Al caer la tarde, dos de los ángeles llegaron a Sodoma. Al verlos, Lot los invitó a bañarse y pasar la noche, dándoles de cenar. Más tarde, todos los hombres jóvenes y mayores de la ciudad rodearon la casa solicitando tener relaciones sexuales con los dos hombres, dada su hermosura, por lo que Lot, para protegerlos, prefirió entregarles a sus dos hijas, para que hicieran con ellas lo que quisieran. Como respuesta, los ángeles dejaron ciegos a las gentes y, sujetando a Lot de la mano y a su familia, los pusieron a salvo... Lo demás ya es sabido. Sodoma y otras cuatro ciudades más fueron hechas polvo a la mañana siguiente.

LOS ÁNGELES CAÍDOS Y OTRAS ENTIDADES CELESTIALES

De acuerdo con la Biblia, un *ángel caído* es el que ha sido expulsado del cielo por Dios al ir en contra de sus mandatos. Pero si partimos de la base de que, al hablar del Dios bíblico, nos referimos al que judíos y cristianos interpretan como tal, debemos aceptar que estamos haciendo alusión a seres corpóreos tomados por Dios o ángeles por los antiguos creyentes, pero que a la luz de la mentalidad del hombre moderno son claramente entidades no terrestres. ¿Cómo entender entonces el concepto de *ángeles caídos*? Sencillamente como extraterrestres rebelados contra su comandante, que al descender a la Tierra y unirse con las mujeres humanas fueron expulsados de su grupo, supuestamente condenados a vivir en este planeta; en símil religioso, una especie de excomulgados alienígenas. Pero puede haber otra versión muy diferente. Según teorías personales, refiriéndome a Lucifer o Luzbel como el posible jefe de los denominados *ángeles caídos*, ciertas leyendas afirman que fue concebido por el propio Dios, es decir, por el jefe de los vigilantes que narra el Libro de Enoc, el cual lo dotó de grandes conocimientos y poder sobre los otros extraterrestres, a fin de ponerlo al mando de su ejército. Pero le salió rebelde, ya que su padre mantenía a la humanidad sumida en la ignorancia, mientras que, como su nombre indica, *Luzbel*, «portador de luz» (como el Prometeo griego), se opuso a sus designios y bajó a la Tierra aportando gran parte de su saber a los humanos, motivo por el que fue desterrado de la nave y enviado a la Tierra con un tercio de sus seguidores. Lo mismo que ocurrió con Enlil, al mando de la supremacía anunnaki en Sumeria, que ocultaba el conocimiento a su pueblo, por lo que su hermanastro Enki se enfrentó a él, aportando sabiduría a su creación humana. Del mismo modo que entre Luzbel y su padre, no comenzó un enfrentamiento entre Dios y los ángeles caídos, sino entre miembros de una misma raza alienígena con ideas enfrentadas. Tampoco fueron los ángeles caídos los demonios de los que habla la Iglesia católica al mando de Satán, ya que en la Biblia no existe una sola mención a dicha entidad maléfica, siendo invención de la Iglesia, especialmente en la Edad Media, sino que para algunos investigadores fueron los portadores de conocimientos que nos eran vedados.

En cuanto a las grandes jerarquías angélicas conocidas como *querubines*, *serafines*, *tronos*, *arcángeles*, *potestades*…, podrían referirse a diferentes estamentos de entidades físicas extraterrestres. Pero también pudieran representar otra cosa. A modo de ejemplo, Biglino afirma que los querubines bíblicos pueden traducirse como «máquinas alienígenas». En el caso de los serafines, que según la descripción de Isaías en la Biblia tienen seis alas con ojos, pudiendo volar con dos de ellas y con el resto cubrirse los pies y la cabeza, igualmente pareciera describir algún dispositivo de nave voladora con sus ventanillas y su piloto cubriéndose con una especie de casco. En cuanto a los arcángeles como Gabriel, se les encomiendan misiones de contacto de alta envergadura con importantes líderes humanos. Otros como Miguel deben librar batalla contra las fuerzas del mal que agobian a nuestro mundo. Y, si ya hablamos de conceptos mayores como el del Espíritu Santo, puede ser cualquier cosa, menos, por supuesto, una simple paloma.

ÁNGELES Y OVNIS EN EL NUEVO TESTAMENTO

Leyendo una vez más literalmente el Nuevo Testamento, está repleto de alusiones al fenómeno que estamos abordando. Tenemos el ángel que anuncia la gestación de Jesús; el que avisa a José en sueños de que huyan de Jerusalén; el que rescata a Pedro de la cárcel; los que protegen el sepulcro de Jesús; los que aparecen en su ascensión al cielo... O también tenemos la enigmática estrella de Belén, que, de modo similar a la del éxodo judío y mexica, guía de día a los reyes moviéndose por el cielo y se detiene por la noche, lo que no puede ser una estrella, ni un cometa, ni un asteroide, sino una nave extraterrestre. Uno de los hechos más llamativos, de modo similar a los profetas arrebatados por luces en el cielo, lo vemos en Lucas 9:28-36, cuando Jesús sube al monte Tabor con Pedro, Juan y Santiago a orar y, mientras lo hacían, el rostro de Jesús resplandece, igual que sus vestimentas. Aparecen entonces Moisés y Elías, siendo todos cubiertos por una nube que los llenó de temor, al tiempo que se escuchó una voz proclamando a Jesús como su hijo amado, ascendiendo finalmente al cielo físicamente. Todo esto pudiera dar a entender que Jesús estuvo siendo guiado en todo momento por seres extraterrestres o que él mismo pudiera serlo. Tema profundo para ahondar en él en otra ocasión.

En síntesis, el hecho clave que hay que destacar al referirnos a ángeles o seres celestiales con el poder de volar, dentro del tema ovni, no es entenderlos como entidades espirituales o etéricas, sino tan humanas como nosotros, aunque con una tecnología superior. Y hasta con las mismas necesidades biológicas, incluyendo un similar sistema sexual y, por supuesto, no llegados a la Tierra aleteando, sino en máquinas voladoras. Ello sin negar personalmente la existencia de entidades espirituales incorpóreas de las que nos hablan todas las religiones y que contribuyen al bien de la humanidad, pero careciendo de cuerpo y todas sus humanas necesidades, igual que existen seres de luz y de tinieblas en el mundo invisible que nos rodea y de las que algo comentaré más adelante. La conclusión de los que buscamos el sentido trascendente de la vida humana es que la mayoría de las religiones —si no todas— vienen siendo el principal obstáculo para el despertar interior, al mantener a la humanidad esclava de dogmas y sumida en la ignorancia espiritual. Y pudiera ser que el desarrollo de esta dimensión humana fuera una de las claves y la cara oculta final del fenómeno ovni —o debiera serlo si quienes nos visitan son positivos—, tema que dejaré para otra obra. No vendría de más citar la frase dicha por don Quijote al bueno de Sancho: «Con la Iglesia hemos topado...».

De Roma al renacimiento

FENÓMENOS EN EL CIELO EN EL IMPERIO ROMANO

Los hechos sobrenaturales relacionados con el fenómeno ovni suceden desde la prehistoria a la actualidad. Centrándonos en el último gran Imperio romano, cabe citar lo narrado en una obra escrita en 1508 por el humanista veneciano Aldo Manucio, relatando un extraordinario suceso alrededor del año 249 a. C. en la ciudad de Roma. Según sus palabras, una especie de arma de oro se elevó de la tierra al cielo con gran ruido, creando temor durante mucho tiempo en la población. Otro texto antiguo más conocido lo escribió Tito Livio en el siglo IV, el llamado *Libro de los prodigios* (*Liber prodigiorun*), que recogía sucesos desde el siglo I a. C., convertido tal vez en el primer escrito que habla de fenómenos inexplicables ocurridos en el cielo. Muchos de los sucesos narrados constantemente hablan de rayos que destruyen templos o matan a personas o animales, piedras o sangre que caen del cielo, luces extrañas moviéndose por el firmamento; incluso menciona que los fundadores de Roma, Rómulo y Remo, fueron el fruto de la unión del dios Marte con la hija de su abuelo, el rey Numitor. Entre los muchos datos considerados posiblemente históricos, se dice que en la Galia brilló una luz en un campamento durante la noche. En Aricia un niño libre fue envuelto por una llama y no se quemó. A la puesta de sol se observó un objeto volador parecido a un escudo que se desplazaba de occidente a oriente. En el cielo también se avistó un objeto incandescente que parecía hacer arder todo el firmamento. Un tronco en llamas se desplazó desde el oeste hacia la bóveda celeste. Alumbraron tres soles y, en torno al sol más bajo, resplandeció en círculo un halo parecido a una espiga. En 100 a. C., cuando Murius C. y L. Valerius eran cónsules en Tarquinia, hacia la puesta de sol, un objeto redondo como un globo o escudo circular tomó su camino en el cielo de oeste a este. Se vieron barcos fantasma brillando en el cielo. Etcétera. Plutarco cuenta que, en el 74 a. C., un ejército romano al mando de Lúculo, al comienzo de una batalla contra Mitríades, observó como un objeto similar a una jarra de vino envuelta en llamas cayó del cielo en medio de ambos ejércitos.

En el 356 a. C. nació un personaje insólito: Alejandro el Magno. Ciertas leyendas refieren que su madre, Olimpia, antes de quedar encinta, soñó que un rayo caía sobre su vientre, teniendo, por tanto, a su hijo como un ser divino ¿o extraterrestre? De él se cuenta que en el año 329 a. C., durante el ataque a la ciudad de Tiro, en plena batalla, unos extraños «escudos voladores» en formación triangular comenzaron a sobrevolar por encima de los dos ejércitos, hasta que el más grande, que los encabezaba, lanzó un rayo que derrumbó las torres y murallas de la ciudad, permitiendo conquistarla, para finalmente desaparecer en el cielo, entendiéndolo Alejandro como una ayuda de los dioses. Igualmente, se dice que, a su llegada al oráculo de Amón, los sacerdotes egipcios lo saludaron como hijo del dios.

FENÓMENOS EN EL CIELO DURANTE LA EDAD MEDIA

Dentro del arte medieval y del Renacimiento nos encontramos múltiples ejemplos relacionados con el fenómeno ovni. He seleccionado algunos de ellos. En la Archibasílica de San Juan de Letrán, dentro del Estado del Vaticano, se encuentra una caja relicario del siglo VI d. C. que contiene piedras de Palestina. Una de las imágenes de la caja representa a María en la tumba de Jesús. Lo llamativo es el inmenso objeto con forma de cúpula y sus ventanillas similares a las de algunos ovnis, irradiando un halo de luz hacia la tumba. En otra, unos ángeles traen a Jesús dentro de una especie de cápsula. En el manuscrito francés de eventos religiosos *Annales laurissenses*, del siglo XII, incluye dibujos que ilustran el sitio al castillo de Sigiburg, en el año 776, por parte de los sajones. Rodeada y sitiada la población cristiana francesa, la gloria de Dios se manifestó encima de la fortaleza. Quienes allí estaban comentaron haber visto dos grandes escudos llameantes de color rojizo moviéndose alrededor de la iglesia. Entendiendo con ello los sajones que los objetos protegían a los franceses, optaron por retirarse.

Manuscrito Annales laurissenses, siglo XII.

En el inusual fresco medieval de artista desconocido llamado *La crucifixión de Cristo*, pintado en 1350, ubicado en el altar del Monasterio Visoki Decani, Kosovo, a la espalda de Jesús crucificado y de todos los personajes del cuadro, surgen en cada esquina superior, en el cielo, dos extraños objetos voladores similares a una nave espacial, pilotados por una persona en su interior, de la que se desprende una especie de rayos. Para los no creyentes en el tema ovni son sencillamente el sol y la luna, pero eso no explica por qué en su interior se ve un hombre como pilotando una nave, cuando en el medievo todavía no se hablaba de ovnis.

Existen también tapices medievales que reflejan representaciones de posibles ovnis. En Beaune, Francia, en la Basílica de Notre Dame, de alrededor de 1120-1149, se hayan una serie de tapices del siglo XV al XVIII de por sí misteriosos, por ejemplo, el de *La vida de la Virgen María* y *Magnificat*. En el del siglo XV, detrás de María se puede ver en los cielos un objeto volador con forma de sombrero. En el *Magnificat*, de 1330, se ve un objeto negro volando representado la clásica forma de un ovni. Pero es en el Renacimiento italiano —como veremos— donde los artistas pintaron en sus obras lo que no puede ser más que la clara representación de ovnis.

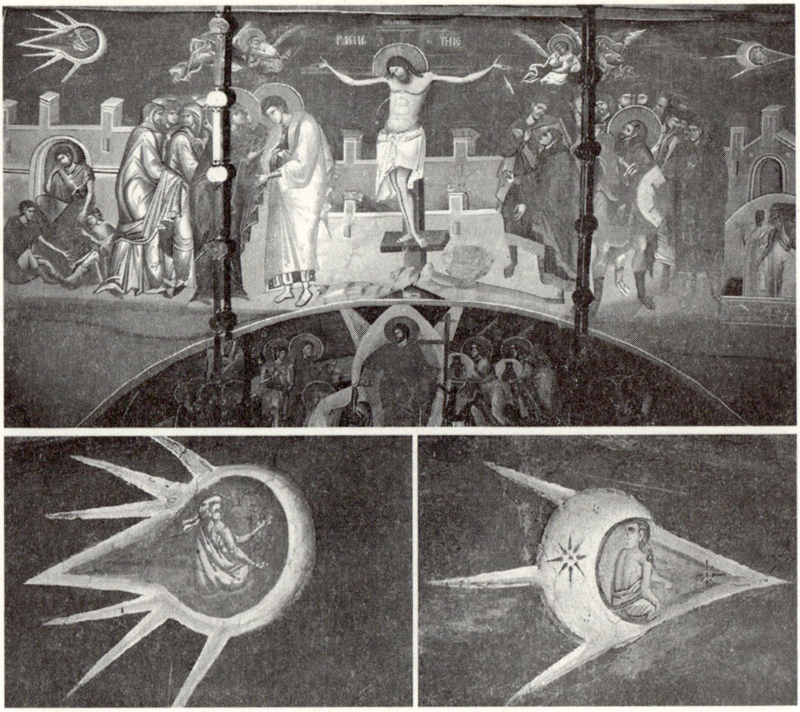

Cuadro en el monasterio Visoki Decani.

OVNIS EN EL ARTE RENACENTISTA

La llamada *edad de oro*, surgida con el Renacimiento italiano entre los siglos XIV-XVI, permitió volver a sacar a la luz conocimientos herméticos y mistéricos olvidados. Entre ellos, su creencia en lo que hoy en día conocemos como el fenómeno ovni. Deslumbrantes artistas como Rafael, Botticelli, Leonardo o Miguel Ángel, entre otros muchos, plasmaron en sus obras a los dioses paganos, abolidos siglos atrás por la Iglesia católica, al ser estudiosos de los saberes prohibidos. Muchos de ellos creían firmemente en la vida inteligente en otros mundos y así lo dejaron encubierto entre iconografías católicas. Entre las pinturas y tapices como los que he seleccionado, nos encontramos los siguientes.

La curiosa y hermosa obra de 1460 *La Tebaida*, pintada por Paolo Uccello, representa la vida eremítica y de santos. En ella, en una escena, la Virgen se le aparece a san Bernardo de Claraval (patrón de los templarios), pero es en el suelo, bajo el crucificado, donde los teólogos ven el sombrero rojo de un capelo cardenalicio que ora bajo la cruz renunciando a sus hábitos, san Jerónimo; para algunos ufólogos no es sino la representación de un clásico platillo volante. En el retablo pintado por Carlo Crivelli, en 1486, titulado *La anunciación con san Emidius*, se representa a María con un extraño detalle, ya que, a pesar de encontrarse dentro de su dormitorio, recibe en su frente un fino rayo de luz procedente de un objeto circular y luminoso en el cielo que para unos es un claro ovni y para otros la estrella de la anunciación.

La Anunciación con San Emidius

En otra obra de pintor renacentista no contrastado, *La Madonna de san Giovannino*, sobre el hombro de María con el niño Jesús y Juan Bautista, a su espalda y a lo lejos, en el cielo, se ve a un hombre en una montaña acompañado de su perro, que ladra al cielo. Atónito, mira hacia un extraño objeto oval que vuela y desprende rayos a su alrededor, que nada tiene que ver con nubes ni con aves; mientras, con su mano se protege del destello del sol en la distancia.

La Madonna de San Giovannino.

En el cuadro *El milagro de la nieve*, pintado por Masolino da Panicale sobre 1428-1432, se relata la leyenda de la nevada que ocurrió en un caluroso día de verano en Roma en el siglo IV d. C. Mientras los habitantes miraban al cielo, Jesús y María aparecen sobre una gran nube con forma de platillos volantes y, detrás de ellos, una larga flota siguiéndolos desde el horizonte.

Aunque para muchos no es más que la representación de nubes, para los estudiosos del fenómeno ovni puede tener relación con cambios climáticos como el observado en 1954, donde, después de verse naves sobre Florencia, cayó desde ellas una especie de nieve. O tal vez ser una clara alusión a la posible relación de Jesús con el tema ovni. Otra interesante pintura del 1600 es *La crucifixión*. Se encuentra en la Catedral Svetitskhoveli de Mtskheta, Georgia, a un lado de la tumba de Sidonia, que se cree que fue enterrada con la bata de Jesús), mostrando lo que parecen ser el sol o la luna en estilo bizantino, aunque nuevamente parecen dos platillos voladores en el cielo, bajo los brazos de Jesús en la cruz, con forma de semicírculos, uno rojo y otro blanco, coronados con un halo de luz descendente, con una cara en su interior, curiosamente muy similares a las de otros cuadros de crucifixión.

El milagro de la nieve

Otra de ellas es *El bautismo de Cristo*, de Piero della Francesca, donde el pintor, al plasmar una serie de nubes sobre Jesús y el Bautista, pareciera desear reflejar sutilmente entre ellas alguna con clara forma de platillos volantes. Algo que repite en otros de sus cuadros, como en *La flagelación*, *San Jerónimo* o *La muerte de Adán*. Mucho más claro se refleja en la pintura *El bautismo de Cristo*, pintado por el holandés Arent de Gelder en 1710, ocultando claramente —como otras muchas pinturas— un conocimiento secreto relacionado con el fenómeno ovni. En ella se ve descender del cielo al Espíritu Santo en forma de paloma, rodeada de cuatro rayos luminosos emitidos desde un gigantesco disco volador en lo alto, hacia Jesús y Juan Bautista, a quienes impregna volviéndolos resplandecientes.

El bautismo de Cristo.

Otro fresco datado antes de 1523, pintado en el muro de la sacristía de una iglesia en Sighisoara, Transilvania, Rumania, deja ver claramente un inmenso platillo volador planeando sobre el templo y rodeándolo de humo, habiendo quien quiere ver en ella el ascenso del profeta Elías; fue pintada cuando la Biblia fue traducida por primera vez al alemán. Otra obra que entraría como un aparato fuera de lugar es *Glorificación de la eucaristía*, pintado por Ventura Salimbeni en 1600, en un retablo. Es otro clásico en la ufología. En ella se ve a Jesús y a Dios observando un objeto con forma esférica y metálica entre ellos, del que parecen surgir varias antenas. Aunque en el arte sacro se interpreta como la representación de la *sphaera mundi* («esfera del universo»), inexplicablemente es similar al Sputnik 1, el primer satélite lanzado al espacio en 1957; algunos creen que esta representación podría haber surgido de un sueño o un viaje al futuro de su autor.

Glorificación de la Eucaristía.

También hay tapices con ovnis como *El triunfo del verano*, creado en Brujas, Bélgica, en 1538, ubicado en el Museo Nacional de Baviera, Alemania. En él se ven extraños objetos similares a los platillos volantes modernos flotando en el cielo sobre el horizonte. Otro curioso y extenso tapiz del siglo XV se encuentra en la nave de la Colegiata de Notre-Dame de Beaune, en Borgoña, Francia, conocido como *Vida de la Virgen*. Lo curioso es el claro platillo volante en el cielo a la izquierda, sobre una iglesia al fondo.

Demasiadas casualidades para que los artistas citados y otros muchos hayan querido relegarnos para el futuro alguna clave ovni oculta en sus obras. Por qué ese afán de los artistas renacentistas por reflejar lo que parecen ser ovnis en sus obras si no por su interés por legarnos un mensaje sobre la venida de extraterrestres a nuestro mundo. Así lo confirma el malogrado Giordano Bruno, quemado vivo en 1600, entre otras cosas, por afirmarlo. Lo expuesto es una mera pincelada —nunca mejor dicho— de los muchos lienzos reflejando ovnis en el Renacimiento, sin meterme ya a interpretar las extrañas figuras alienígenas que al parecer nos dejó camufladas en sus pinturas el genial Leonardo da Vinci.

ILUSTRACIONES ANTIGUAS

En antiguas ilustraciones también se reflejaron aparatos extraños en el aire, como el amplio avistamiento de objetos extraños en el cielo observado por las gentes del pueblo francés de Angers en el año 842. Muy conocida la ilustración de Erasmus, que narra lo sucedido el 8 de abril de 1665, cerca de Barhöff (entonces Suecia). Muestra lo que un grupo de pescadores describen como una batalla de barcos en el cielo luchando entre sí; tras el lance, uno de ellos, oscuro, flotaba en el cielo. Muy similar fue el hecho insólito del 14 de abril de 1561, que dejó atónito a todo el pueblo de Núremberg, al observar un horripilante fenómeno celeste. El hecho fue grabado en una octavilla de madera, ilustrando a una gran multitud que observaba esferas o discos de color negro y rojo, unos solitarios y otros en grupos, además de cruces de color sangre, dos grandes tubos. Todos los objetos se enfrentaban entre sí, como si fuera una gran batalla celestial; algunos cayeron a la tierra y desaparecieron, inmersos entre humo y fuego. El fenómeno duró aproximadamente una hora; bajo las esferas, una figura similar a una gran lanza igualmente se precipitó ardiendo a la tierra.

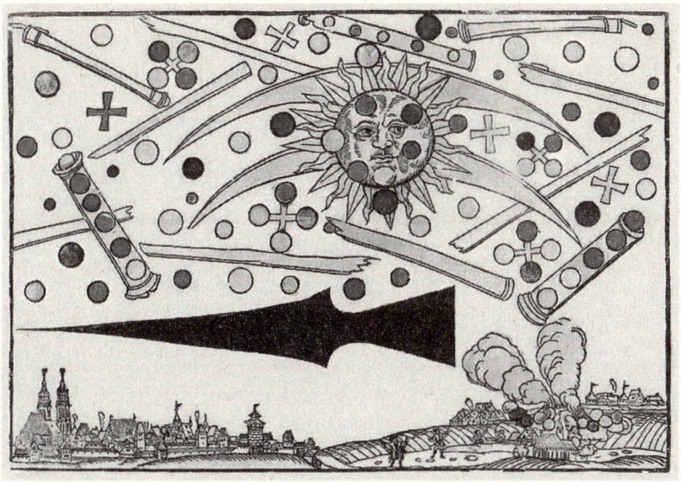

¿Batalla ovni sobre Núremberg?

En *El libro de las buenas costumbres*, de 1338, del francés Jacques Legrand, destaca una gran esfera flotando en el cielo acompañada de luces amarillas resplandecientes. Otro grabado en madera del artista Samuel Coccius en Basilea, Suiza, en 1566, describe un extraño evento aéreo compuesto de globos o esferas negras moviéndose a una velocidad inmensa, bloqueando el sol mientras cubrían el cielo.

¿Batalla ovni sobre Basilea?

En el *Sutra Prajnaparamita*, un texto tibetano en sánscrito del siglo x, se ven claramente dos objetos similares a sombreros flotando en el aire que nos recuerdan a los vimanas. En 1892, el dibujante chino Wu Youru realizó la obra *Llamas rojas en el cielo*, durante el reinado del emperador Guangxu de la dinastía Qing, en la que registró un extraño evento sucedido en el puente Zhuque, junto al Templo Fuzi, en Nanjing. Décadas antes, el 22 de febrero de 1803, en Japón, un extraño objeto de forma esférica, al parecer de hierro, de entre tres y cinco metros, con ventanas en la parte superior, tras aterrizar en el mar, vagó a la deriva hacia la costa de Hitachi (actual Ibaraki). De acuerdo con la antigua leyenda narrada por pescadores, era conocido como *utsuro-bune* («barco hueco»), y de él salió una atractiva joven de entre dieciocho y veinte años. Vestía ropa extraña y tenía el pelo rojo. En sus manos llevaba una caja de color claro y hablaba en un idioma extraño que los pescadores no comprendieron. Contaron los pescadores que, al internarse en el barco, vieron una especie de cama, comida e inscripciones ininteligibles en la pared. Confusos y sin lograr comunicarse con la joven, decidieron dejar ir a la extraña mujer, quien regresó a su barco, perdiéndose para siempre en la lejanía del mar.

La nave de Utsuro-bune.

SEGUNDA PARTE. NACE LA UFOLOGÍA

LOS OVNIS ANTES DE LOS OVNIS

Generalmente se cree que el nacimiento del fenómeno ovni comienza con el conocido avistamiento vivido por el piloto Arnold Kenneth, observado cuando el 24 de junio de 1947 sobrevolaba en su avioneta sobre Mount Rainier, en el estado de Washington, buscando un avión militar extraviado. Los nueve objetos inusuales que observó volando en cadena frente a él, a unos 2000 kilómetros por hora —y según Kenneth de unos 35 metros de diámetro—, dieron paso a una noticia en la prensa que iniciaría el interés por los denominados en su época *platillos volantes*.

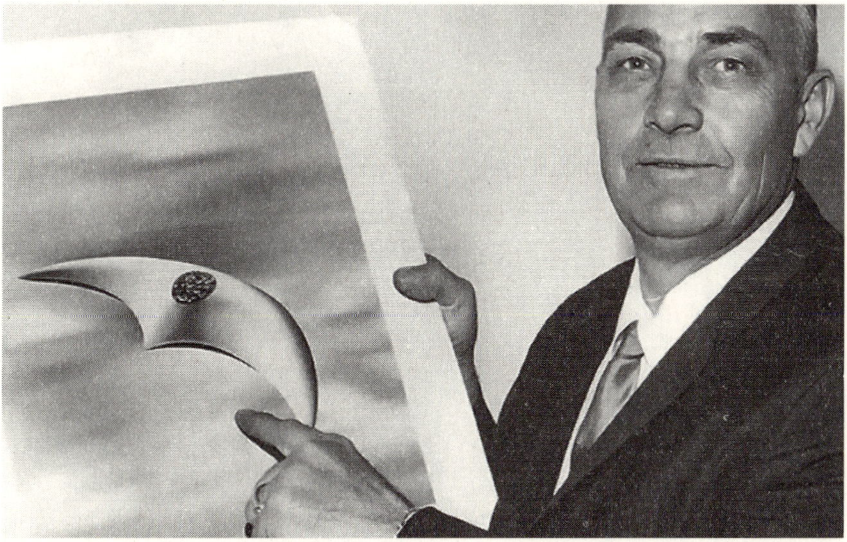

Avistamiento de Arnold Kenneth.

Ese concepto fue acuñado por el reportero que dio la noticia en su periódico, el cual, en lugar de definir los objetos con forma de bumerang volando erráticamente como un plato lanzado al agua —como le informara Kenneth—, escribió la conocida frase «platillos voladores», siendo el concepto más utilizado desde entonces dentro del tema ovni. Sin embargo, como hemos visto, este tipo de avistamientos venían observándose desde mucho tiempo atrás en nuestra historia, solo que con otros calificativos. El 1862 el astrónomo francés Camille Flammarion escribió el libro *La pluralidad de los mundos habitados*, refiriéndose científicamente por vez primera al tema de vida extraterrestre. Más tarde, en 1877, el astrónomo italiano Giovanni Schiaparelli observó lo que definió como formaciones o canales rectilíneos artificiales en la superficie de Marte. Y años después, entre 1895 y 1908, el igualmente astrónomo estadounidense Percival Lowell extendió la hipótesis de hubieran sido construidos por seres inteligentes para el suministro de agua desde los casquetes polares. Estas hipótesis comenzaron a abrir la puerta a que en pleno siglo XIX se creyera en la existencia de marcianos y en una posible invasión a nuestro mundo, tantas veces reflejada en películas del género a partir de la década de los 50. Tampoco puede determinarse el comienzo de la era ovni el 2 de julio de 1947, con el más que traído incidente de un ovni en Roswell, Nuevo México, dado que, como veremos, hubo otros muchos antes. Esto vuelve a recalcarnos que la existencia del fenómeno es tan antigua como la propia humanidad o incluso es probable… que mucho antes.

1945. NACE LA ERA ATÓMICA

1945 es un año que destacar en nuestra historia en diferentes aspectos. Por ejemplo, por el descubrimiento arqueológico de los manuscritos gnósticos de Nag Hammadi, en el Alto Egipto, que amenazan con resquebrajar los cimientos de la Iglesia católica y que traen consigo la apertura de una nueva idea sobre el verdadero cristianismo y las enseñanzas de Jesús. También por la creación el 24 de octubre, en San Francisco, de las Naciones Unidas. Pero, sobre todo, por la finalización de la destructiva y sufriente Segunda Guerra Mundial, firmando Japón su rendimiento el 2 de septiembre en el acorazado

USS Missouri estadounidense. Aunque esto último fue por medio de un hecho que cambiaría igualmente para siempre el desarrollo de la humanidad: el comienzo de la era atómica. Aunque, de tener en cuenta la posible existencia de armamento atómico en el pasado, hablaríamos del *resurgimiento* de otra era atómica, solo que esta vez no son los dioses quienes la portan, sino los humanos.

Fue un 16 de julio de 1945, mediante la llamada prueba Trinity, dentro del proyecto secreto Manhattan, cuando se realizó el ensayo con un arma nuclear de la historia conocida por parte de los Estados Unidos, en un lugar de nombre profético: el Desierto Jornada del Muerto, en Alamogordo, Nuevo México. Ese mismo año, el mundo se asombraría ante el poder de este destructivo armamento, dejando caer las primeras bombas nucleares sobre Hiroshima y Nagasaki, el 6 y 9 de agosto, dando por finalizada la Segunda Guerra Mundial, pero abriendo la puerta a la posible autodestrucción de nuestro mundo. Todo ello convierte al año 1945 y al final de la Segunda Guerra Mundial en la puerta de entrada hacia el fenómeno ovni.

COMIENZO DE LOS PROYECTOS DE INVESTIGACIÓN OVNI

A partir de 1947 surgieron múltiples movimientos de diferentes tipos, dando inicio al surgimiento del fenómeno ovni y de todos los misterios y secretos que lo envuelven. Este sigue siendo todavía en el mayor de los enigmas de todos los tiempos (dejando fuera el origen del Creador, del universo y de la vida). Ya desde 1945, mucha gente comenzó a elevar su mirada hacia el cosmos, reflexionando sobre la posibilidad de vida inteligente y avanzada ahí afuera o de la llegada de razas extraterrestres a nuestro mundo en el pasado y el presente. Así surgieron los primeros avistamientos de aparatos extraños en los cielos, dando paso al surgimiento de diferentes grupos, agencias y organizaciones estatales, militares y privadas, creadas para investigar el fenómeno. Por parte del Gobierno de los Estados Unidos, se crearon proyectos de investigación, pero más bien *para ocultar, desmentir y tergiversar la existencia real del tema* o desacreditar a serios grupos e investigadores que buscaban sacar a la luz la verdad oculta para difundirla.

Dentro del tema, no hay que olvidar que, desde el 12 de marzo de 1947, surgió un nuevo enfrentamiento político-militar, principalmente entre la Unión Soviética y Estados Unidos, conocido como la Guerra Fría. Por ese motivo, unos y otros creían que los extraños objetos divisados en sus respectivos cielos tendrían su origen en aviones o globos espías de su rival. Lo cierto es que, en el caso de Estados Unidos, fue una buena excusa para desmentir verdaderos avistamientos o los hechos relacionados con los ovnis que deseaban ocultar al gran público, como sucedió con el tan controvertido incidente de Roswell. En todo caso, a partir de 1947, comenzaron a reportarse cientos de avistamientos por todos los Estados Unidos, lo que conllevó que el Gobierno americano y las instituciones militares y de defensa, bien para acallar las voces que solicitaban saber qué estaba sucediendo en los cielos americanos o por investigar si entrañaban alguna amenaza potencial para la seguridad nacional, decidió abrir un proyecto de investigación mediante grupos especializados para estudiar el fenómeno. Que se sepa, el primero de ellos —aunque encubierto—, iniciado el 23 de septiembre de 1947, fue Project Saucer («Proyecto Platillo»), más tarde denominado Project Sign («Proyecto Signo»). Contó con asesoramiento de científicos y del servicio de inteligencia y buscaba explicaciones científicas a la mayoría de los 273 casos investigados. Se dice que la conclusión extraída fue que los ovnis reales eran naves de otro mundo, pero, al no ser del agrado del Estado Mayor, fue sustituido por el Project Grudge («Proyecto Rencor»), en diciembre de 1948. En 1952 daría paso al más difundido Proyecto Libro Azul, que incluso tuvo su propia serie televisiva, y, como los anteriores, llevado a cabo desde la Base de la Fuerza Aérea Wright-Patterson. Creado por Charles Pearre Cabell, general de la Fuerza Aérea de los Estados Unidos y subdirector de la Agencia Central, tuvo como primer jefe al capitán Edward J. Ruppelt y como consultor al astrónomo J. Allen Hynek, quien modificó el concepto de *platillo volante* sustituyéndolo por el término *UFO* (*OVNI* en español), creando también el concepto de *encuentros cercanos*, a los que calificó en tres tipos. Asimismo escribiría el libro *The UFO Experience*, en 1972, exponiendo sus experiencias personales de los años de investigación, y hasta salió en una de las escenas finales de la conocida película de Spielberg *Encuentros en la tercera fase*. Mediante el Proyecto Libro Azul se llegaron a estudiar un total de 12.618 avistamientos, de los que 701 no pudieron ser resueltos, pero aun así fue clausurado en 1969.

El 6 de octubre de 1966 se crearía el Comité Condon como nuevo proyecto ovni en la Universidad de Colorado, financiado una vez más por la Fuerza Aérea de los Estados Unidos, bajo la dirección del físico Edward Condon. Dos años después se dio por finalizado el estudio con el llamado Informe Condon, de 1485 páginas, publicado en 1968 como «estudio científico de objetos voladores no identificados», dejando a un lado cualquier otra opinión sobre el tema que no fuera científica. Ahora el Gobierno y los militares tenían a la ciencia de su parte para desmentir —o seguir ocultando— la realidad del fenómeno ovni. En la década de los 50, otros países comenzaron a crear sus propios comités de investigación ovni, como fue el caso británico en 1950, formado por cinco miembros, concluyendo que la existencia de los ovnis como naves extraterrestres era mentira. En cualquier caso, ninguno de estos proyectos contribuyó a desvelar la verdad sobre el fenómeno, sino que, como dije, más bien sirvieron para poner una cortina de humo sobre el tema, permaneciendo oculta la verdad que el Gobierno americano, y sobre todo los altos mandos militares y de defensa, conocen y siguen negando o callando en la actualidad. La pregunta es hasta cuándo. Qué tiene que ocurrir para que la verdad sea desvelada a la población mundial y de qué forma lo haría, después de décadas de mantenernos engañados.

ENCUENTROS CERCANOS

Como ya comenté, Hynek habló de tres tipos de encuentros cercanos con extraterrestres: el primero eran los avistamientos de objetos extraños en el cielo; el segundo eran las pruebas de un aterrizaje de un ovni y las correspondientes marcas en el suelo y temas similares; el tercer tipo era conectar físicamente con un ovni o las entidades humanoides que lo pilotan. Pero con el paso del tiempo fueron modificándose y surgiendo más tipos de encuentros cercanos: el cuarto serían las abducciones; el quinto, el contacto telepático; el sexto, la muerte de animales o humanos por mediación de extraterrestres; el séptimo, la creación de un híbrido humano-extraterrestre; el octavo, cuando el contacto con extraterrestres es permanente en el tiempo; y el noveno, las abducciones con tortura y muerte del abducido. Sin embargo, las conclusiones de los diferentes proyectos del Gobierno sobre los ovnis siempre resultaron ser cualquier cosa menos naves extraterrestres tripuladas. Así fue como nacieron proyectos más destructivos todavía, como el MJ12 o Majestic 12, del que hablaré en la tercera parte del libro.

El fenómeno ovni en los medios de comunicación

OVNIS. SU PRESENCIA EN LOS CÓMICS Y LAS REVISTAS

En los años 40, la ciencia ficción estaba de moda, especialmente con temas relacionados con los extraterrestres. De aquí que fueran surgiendo personajes de cómics, revistas, novelas, películas, series televisivas y los primeros investigadores y grupos de investigación sobre el tema. La posibilidad de vida extraterrestre fuera de nuestro mundo ya se exponía, por ejemplo, con la creación de un personaje de cómic muy popular en su época: el héroe Flash Gordon, comenzando su andadura el 7 de enero de 1934, con guiones de Don Moore y el dibujante Alex Raymon. Pronto le seguiría el popular Supermán, venido del planeta Kripton, aparecido en el mundo del cómic desde el 18 de abril de 1938, creado por el escritor Jerry Siegel y el artista Joe Shuster. Hay que destacar los dieciocho cómics editados en 1985 basados en la serie televisiva *V.* Igualmente surgieron revistas como la estadounidense *Weird Tales*, de fantasía y terror, fundada por J. C. Henneberger y J. M. Lansinger en marzo de 1923, describiendo entre otros temas de terror invasiones alienígenas monstruosas.

OVNIS. SU PRESENCIA EN EL CINE Y LA TELEVISIÓN

En el mundo del cine, es preciso comentar que la que podría tenerse como la primera película relacionada con viajes al espacio es *Viaje a la luna*, de George Méliès (*Le voyage dans la lune*, 1902). Se trata de una película muda en blanco y negro, en la que unos científicos viajaban a la luna en una bala disparada por un cañón. Sería a partir de los años 50 cuando comenzarían a proliferar las primeras películas sobre extraterrestres, especialmente de invasiones a nuestro planeta. A modo de ejemplo, citaré *El hombre del planeta X* (1951); *El enigma de otro mundo* (1951); *Invasores de Marte* (1953); *La guerra de los mundos* (1953), con la posterior versión de Steven Spielberg (2005); *La invasión de los ladrones de cuerpos* (1956), con diferentes versiones, una en 1978 y otra en 1993, *Secuestradores de cuerpos*, y una más en 2007, *Invasión*. Más películas de esa década fueron *La Tierra contra los platillos volantes* (1956); *Planeta prohibido* (1957); *La amenaza de otro mundo* (1958); *La masa devoradora* (1958); etc. Todas ellas poniendo a los extraterrestres como invasores. De este tipo surgirían años después otras muchas películas de enfrentamientos humanos-extraterrestres como *El planeta fantasma* (1961); *La semilla del espacio* (1962); *Zontar, la cosa que llegó de Venus* (1967); *Estación Polar Cebra* (1968); *La Cosa* (1982); They Live (1988); *Stargate* (1994); *Independe Day* (1996); *Señales* (2002); *Skyline* (2010); *Cowboys & Aliens* (2011); *Super 8* (2011); *Prometheus* (2012); *Oblivion* (2013); *Independence Day: Resurgence* (2016); *Life* (2017) y otras muchas. A estas hay que añadir sagas como *Species* (1995), *Alien* (1979) o *Depredador* (1987). Sobre el contacto extraterrestre la más conocida en los años 50, con un mensaje de advertencia a la población, fue *Ultimátum a la Tierra* (1951), teniendo una nueva versión para mí menos interesante en el 2008. Le seguirían películas clásicas como *2001. Odisea en el espacio* (1968); *Encuentros en la tercera fase* (1978); *Starman, el hombre de las estrellas* (1984); *Mi amigo Mac* (1988); la taquillera *E.T. el extraterrestre* (1982); *Enemigo mío* (1985); *The Abyss* (1989); etc. También hubo películas supuestamente basadas en casos ocultos al público como *Hangar 18* (1980), *El misterio de Roswell* (1994) o Área 51 (2011), entre otras. O de las que denuncian la influencia de las élites en la sociedad, como *Están vivos* (1988). Dentro de sagas sobre el tema y muy taquilleras se encuentran *Star Trek* (surgida de la famosa serie televisiva del mismo nombre) desde 1979, y *Star Wars*, desde 1999. Y hasta la saga de Indiana Jones incorporó la película *Indiana Jones y el reino de la calavera de cristal* (2008). Completar esta síntesis recordando películas que estuvieron prohibidas, como, por ejemplo, *Vimana. Enemigo sobrenatural* (o *The Objetive*) del 2008, basada al parecer en hechos reales, sobre temas de conspiración, afirmando que una nave alienígena (una vimana) de más de 5000 años fue encontrada en una cueva de Afganistán y transportada rápidamente por tropas norteamericanas a los Estados Unidos. De ahí surgiría la teoría de que en aquellas tierras se oculta algún tipo de entidad extraterrestre, los *jinss*, las entidades o genios de múltiples cuentos de Oriente Medio. Otra polémica producción cinematográfica a modo de trilogía, creada por el director de cine estadounidense John Gress y pensada para ser proyectada en 2006, convertida en una polémica trilogía, fue *Anunnaki*. De ella su director cuenta que desvelaría secretos ocultos de nuestros verdaderos orígenes, relacionados directamente con esa raza alienígena, eliminando de raíz la teoría darwiniana. Basada en gran parte en las traducciones de Zecharia Sitchin, extraídas de las tablillas sumerias, cambiaría para siempre la historia evolutiva de homínidos y *Homo sapiens* que se nos ha venido contando. Pero no fue posible, ya que el proyecto quedó paralizado, prohibiéndose su proyección. La polémica está servida. Más adelante añadiré alguna de las películas relacionadas con los contactos de vida inteligente y el desconcertante tema de las abducciones.

La televisión también emitió con éxito diferentes series relacionadas con los extraterrestres, siendo una de las primeras *Los invasores*, una serie estadounidense emitida entre 1967 y 1968, en la que, en sus dos temporadas, su protagonista, David Vincent, luchaba en solitario por convencer al mundo de que los extraterrestres convivían con forma humana entre nosotros con el propósito de adueñarse del planeta. Este era el eslogan del inicio de cada programa: «Los invasores, seres extraños de un planeta que se extingue. Destino: la Tierra. Propósito: adueñarse de ella...». En 1984 surge otra exitosa serie estadounidense durante dos temporadas: *V. Invasión extraterrestre*, creada por Kenneth Johnson. Para muchos creyentes en las conspiraciones, la serie contiene un mensaje directo y real sobre la existencia de una raza reptiliana, que puede cambiar a la forma humana, que llega a la Tierra solicitando ayuda para su planeta, a cambio de aportarnos conocimientos médicos y tecnológicos, aunque su verdadero plan era adueñarse de nuestro mundo. Llaman la atención las muchas similitudes con lo que se narra en los mitos sumerios sobre la llegada de los anunnaki a nuestro mundo en busca del oro, a cambio de ofrecer a los humanos su alta tecnología. Incluso habla de un tema candente en nuestro tiempo como es el de los híbridos salidos de la unión entre humanos y extraterrestres. Veinticuatro años después, la misma cadena realizó una nueva versión que duró poco tiempo, pensándose entonces en una trilogía de películas para el cine que no llegaría a grabarse, debido a ciertas dictaduras políticas que se oponían a su emisión. También esta serie en sus primeros capítulos tenía un llamativo eslogan que hace reflexionar: «Dedicamos esta serie a todos los miembros de la resistencia, presente, pasada y futura», como un directo mensaje advirtiendo del enfrentamiento que se viene manteniendo desde el pasado entre extraterrestres y humanos, similar al sostenido por el héroe de la serie, Michael Donovan, y el grupo rebelde en su lucha contra los reptilianos. Igualmente surgieron series de ciencia ficción, como la más conocida y celebrada, creada por Gene Roddenberry (1966-1969): *Star Trek: The Original Series* (en Hispanoamérica, *Viaje a las estrellas: la serie original*, y en España, *La conquista del espacio*).

Otras series de terror abarcaban el tema de invasiones de alienígenas monstruosos como *Amazings Stories*, producida por Steven Spielberg (1985). También es el caso de la conocida serie *The X-Files*, emitida durante nueve temporadas (1993-2018), centrada en casos investigados por el FBI clasificados como «expedientes X» y llevada al cine con dos películas, una en 1998 y otra en 2008. A su vez, en este grupo podemos englobar las dos temporadas de *Invasión* (2021); la miniserie de diez episodios *Taken* (*Abducidos*, 2022), de Steven Spielberg; la polémica *Roswell* (con dos series, una en 1999 y otra 2019); la interesante *Ovnis: la evidencia perdida* (2018); dos series más actuales como *Ufo Witness* (2022) y *Encuentros* (2023), que recogen cuatro testimonios reales sobre ovnis; y la muy conocida *Alienígenas ancestrales* (*Ancient Aliens*), de la que se emitieron 220 episodios desde el 2010.

Hay otras muchas más películas y series imposibles de incluir en este rápido resumen, matizando que deben ser vistas con mente abierta a la razón, ya que igual que en muchas de ellas se oculta una especie de mensaje subliminal sobre la realidad oculta del fenómeno, para quien sepa captarlo, igual de cierto es que otras tantas buscan confundir, desinformar e incluso alejar a los entusiastas del tema lo más posible de *la verdad oculta* dentro del fenómeno.

Avistamientos en la historia moderna

AVISTAMIENTOS OVNIS: UN FENÓMENO MUNDIAL

Exponer casos de los miles de avistamientos reportados especialmente desde los años 40 o los documentados en crónicas de textos antiguos requeriría varias enciclopedias. Tan es así que solo en los Estados Unidos se reportan más de 350 avistamientos anuales, lo que ha llevado a que el 80 % de los estadounidenses crean en la realidad ovni; además, existen estadísticas que refieren la existencia de un avistamiento cada ocho segundos en el mundo. Al seguir reportándose constantemente, haré una breve selección.

Siendo los Estados Unidos el epicentro del fenómeno, comenzaré sintetizando previamente las formas más habituales de los ovnis avistados por los testigos sobre todo en ese país: *adamskiano*, objetos circulares, con ventanas y tres formas redondas en la base; *pleyadiano*, parecidos al anterior pero con tres patas en su base; *cigarro*, con forma cilíndrica y muy alargada; *piramidal*, con forma de pirámide y girando sobre su eje central; *delta*, con forma triangular; *panal*, similares a un panal de abejas que deja una estela luminosa a su paso; *gusano*, con apariencia de gusanos gigantes voladores; *foo fighters*, de aspecto esférico y con diferentes tamaños, aunque han sido notificadas extrañas formas de bola luminosa y fenómenos similares adjudicados al fenómeno de los avistamientos.

Comenzando en el siglo XIX, considerado este por algunos ufólogos como uno de los primeros avistamientos de nuestra era, el 15 de marzo de 1868, un grupo de residentes de la ciudad chilena de Copiacó comentó haber visto una especie de ave gigante escamada volando muy bajo y produciendo un suave zumbido. Todavía en el mismo siglo, hay que citar las que se tienen como las primeras fotos de un avistamiento, tomadas el 12 de agosto de 1883 por el astrónomo José Bonilla, al observar más de 300 objetos oscuros no identificados volando frente al sol desde el Observatorio de Zacatecas, México.

Ya en pleno siglo XX, en 1946, hubo avistamientos poco difundidos, como el que se vivió en distintas ciudades de Escandinavia, alertando sobre una serie de ovnis con formas de misil en sus cielos. Tenido como uno de los primeros casos de aterrizaje de uno de estos objetos, hay que comentar el vivido el 18 de mayo también de 1946, por Gösta Karlsson, en Kronoskogen, un barrio de Ängelholm, Suecia, quien afirmó haber observado incluso a sus tripulantes. Del hecho queda un pequeño monumento con la forma del objeto a modo de conmemoración. Un año después, recordaré el avistamiento del 24 de junio vivido por el piloto Kenneth Arnold, que dio origen a la era ovni. Ya el 27 de octubre de 1954, mientras se estaba celebrando un partido de fútbol en Florencia, Italia, entre el Fiorentina y el Pistoise, en el Estadio Artemio Franchi, un grupo de ovnis que viajaban a gran velocidad se detuvieron sobre el estadio, siendo observados por cerca de 100.000 aficionados, que los describieron con forma de cigarro. Conocido como *el incidente de Lonie Zamora*, el 24 de abril de 1964, cerca de la localidad de Socorro, Nuevo México, el oficial de policía Zamora reportó haber visto en un campo un objeto reluciente en forma de huevo y dos figuras humanoides que, tras subirse a él, desaparecieron en el aire a gran velocidad emitiendo una potente llama. Policías llegados más tarde al lugar notificaron que había zonas de pasto quemadas y humeantes corroborando lo visto por Zamora. El curioso incidente Cash-Landrum sucedió el 29 de diciembre de 1980. Sucedió en Dayton, Texas, a Betty Cash, Vickien Landrum y su nieto, cuando, conduciendo sobre las 09:00 p. m. observaron una luz en el cielo. Más adelante, frente a ellos y sobre la carretera, apareció un gran objeto con forma de diamante y llamas saliendo de su parte inferior que producían un intenso calor. Pero lo más extraño es que comentaron haber observado veintitrés helicópteros que parecían rodear en formación al objeto hasta que desapareció a gran velocidad. 17 de noviembre de 1987, el vuelo 1628 de Japan Air Lines, volando sobre Alaska (donde se da una cantidad alarmante de fenomenología ovni), informó sobre dos naves con forma cuadrada que lo persiguieron durante cincuenta minutos, además de reportar haber observado lo que se definió como una gigantesca nave nodriza con forma de nuez.

También existen múltiples casos de grabaciones, aunque la gran mayoría suelen terminar desapareciendo o desprestigiadas por los Gobiernos, los militares o la propia prensa al servicio de los de siempre. En 1950, otras de las primeras fotos de un supuesto ovni fueron realizadas en Estados Unidos un 11 de mayo en McMinnville. Dos años después, del 12 al 29 de julio, tras captarse objetos voladores sin identificar en tres radares de aeropuertos de Washington, el suceso llevó a la CIA a la creación del Robertson Panel. Entre agosto y septiembre de 1951, en la ciudad estadounidense de Lubbock, varias personas informaron que habían observado y fotografiado varias luces volando en forma de uve en diferentes días, de forma similar a las tres vistas por dos pilotos el 24 de julio de 1952 sobre Carson Sink.

Trasladándonos al Perú, en el año 2001 se produjo el primer caso oficial informado por la Fuerza Aérea Peruana, que incluye abundante filmografía de tres avistamientos en ese año. El primero fue el 13 de octubre sobre la ciudad de Chulucanas, observándose ocho objetos luminosos en la noche. En el segundo, del 23 al 25 de octubre, se reportaron aterrizajes cercanos a la ciudad, en poblaciones rurales del valle de Morropón y alrededores. Y en el tercer avistamiento, el 15 de noviembre, se observó un gran objeto en forma de cigarro cruzando toda la ciudad, con el consiguiente pánico en la población. Otro muy llamativo fue el avistamiento del 20 de abril de 2021 de un ovni triangular de gran tamaño (de acuerdo con algunos testigos, del tamaño de una casa de dos pisos y de altura como la mitad de un campo de fútbol), el cual se mantuvo flotando encima de la Base Militar Camp Wilson, California, bajo la observación de más de cincuenta marines, quienes grabaron el evento con sus móviles.

Otro caso, clasificado por las Fuerzas Armadas de Canadá como inexplicable, ocurrió el 25 de enero del 2010 en Terranova y Labrador, cuando varios residentes de Harbor Mille informaron sobre la presencia de tres ovnis silenciosos parecidos a misiles, siendo fotografiados y filmados por diferentes testigos. Ya en el 2020 —para asombro de los ufólogos—, el Pentágono difundió varios avistamientos grabados por pilotos de aviones de diferentes portaviones de la Marina estadounidense al perseguir diferentes ovnis (entre el 2004-2015), clasificándolos además como «fenómenos aéreos inexplicables», por sus maniobras y su velocidad. Uno de ellos fue el 14 de noviembre de 2004, grabado por pilotos del escuadrón VFA-41, frente a la costa de San Diego. Y es que, observando documentación y grabaciones procedentes de la NASA o del Pentágono, pareciera que en los últimos años por fin los altos mandos militares y de defensa quisieran ir preparándonos para ofrecer una información mucho más importante y reveladora sobre el fenómeno. Salvo que se trate nuevamente de una estrategia que puede terminar en desacreditación oficial. Por otra parte, es mucho más lo que saben y ocultan que las migajas que sueltan de cuando en cuando.

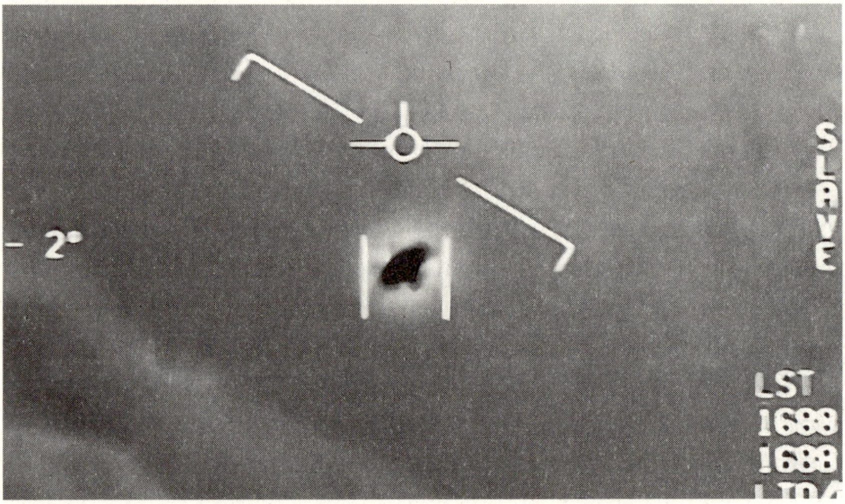

Avistamientos 2004-2015 aceptados por el Pentágono.

Como complemento, resta citar el más que misterioso avistamiento de una bola de luz blanca, descendiendo lentamente hacia la explanada de la Mezquita de Jerusalén, a la una de la madrugada del 28 de enero del 2011. De acuerdo con multitud de testigos y videos que lo acreditan, esa noche una extraña luz planeó durante diez segundos sobre la sagrada Cúpula de la Roca, para volver a ascender verticalmente a una velocidad vertiginosa, dando paso a todo tipo de teorías sobre tan impresionante suceso sin aclarar.

ZONAS CALIENTES DE AVISTAMIENTOS Y OLEADAS MUNDIALES

Estados Unidos es el país con más avistamientos del planeta y, dentro de él, Colorado y Los Ángeles son las zonas donde más se manifiestan los ovnis. A Estados Unidos como foco principal de avistamientos le siguen Canadá y el Reino Unido, y a una menor escala Alemania, Irlanda, Países Bajos, España, Francia y Portugal.

Es conocida la historia muy documentada del ingeniero de minas George Shufelt, quien en 1934 excavó bajo la ciudad de Los Ángeles en busca de un tesoro que se supone existió en ese lugar desde tiempos antiguos. De hecho, en la época de sus excavaciones, un jefe hopi amigo suyo le había contado viejas tradiciones de su tribu que hablaban de criaturas que volaban sobre escudos hacía 5000 años y que ayudaron a una tribu nativa conocida como Pueblo del Lagarto a cavar gigantescos túneles buscando escapar de un cataclismo de fuego que iba a asolar el planeta. Allí se refugiaron y ocultaron registros de la historia de la humanidad en tablas de oro, gracias a que esos antepasados y amigos voladores que los visitaron tenían el poder de cortar y transportar enormes bloques de piedra, así como de construir túneles e instalaciones subterráneas. Algo que, como ya he venido exponiendo, es muy común entre diferentes culturas de la antigüedad, repitiéndose la misma historia. Lo que Shufelt encontró superó sus expectativas. Dijo descubrir una ciudad subterránea repleta de galerías, llegando a elaborar un plano que dio a conocer en un artículo escrito para el *Times* sobre «la ciudad lagarto». Años después, finalizada la Segunda Guerra Mundial, el tema quedó inmerso en el olvido, hasta que, en mayo de 2014, comenzó a surgir una intensa actividad ovni en la zona, llegando a reportarse luces entrando y saliendo del mar. Esto llevó a un grupo de investigadores a inspeccionar el lugar a través de Google Earth, encontrando una extraña estructura submarina frente la costa de Malibú. En ella se dejaba ver una amplia entrada, ubicada entre unos pilares de apoyo de unos 19 metros de ancho y 190 de altura, lo que hizo surgir las especulaciones de que fuera una puerta de acceso submarina a una posible base subterránea bajo la ciudad.

Dentro de lo que se denominan *oleadas masivas de ovnis* en la historia moderna, hay que comenzar por la que se produjo la noche del 25 de agosto de 1951 en Lubbock, Estados Unidos. Aquel día, tres profesores del Texas Technological College observaron una veintena de luces volando a gran velocidad sobre sus cabezas, seguido unos segundos después de una nueva flota similar de ovnis. Este se convirtió en uno de los casos publicados con fotografías en todos los diarios y uno de los pocos tenido como verídico por el Proyecto Libro Azul. Otro de los más impresionantes de la década de los 50 fue el suceso vivido en Washington D. C. Se produjo la noche del 19 de julio de 1952, cuando una flota de extraños objetos fue detectada por los radares del aeropuerto y de la fuerza aérea y vista por cientos de personas en cierto estado de pánico mientras sobrevolaban la Casa Blanca y el Capitolio. Se describieron como discos enormes emitiendo diferentes luces de colores similares a meteoritos, pero sin dejar ninguna estela y moviéndose a velocidades increíbles.

1952. Ovnis sobre Whasinngton.

Esto llevó a la CIA a crear el Comité Roberson con diferentes científicos para analizar los casos contenidos en el Proyecto Libro Azul en una reunión de doce horas. La conclusión fue una vez más que el fenómeno extraterrestre no era real, surgiendo una nueva campaña de desacreditación del tema a través de los medios de comunicación.

Otro muy conocido fue bautizado como *la noche oficial de los ovnis*. Sucedió el 19 de mayo de 1986, cuando veintiún ovnis invadieron el espacio aéreo brasileño, algunos de ellos de 100 metros de diámetro e incluso una nave nodriza de 11 kilómetros de largo, fueron vistos sobre diferentes estados por multitud de personas y aviones militares y comerciales. Ninguno de los cinco aviones militares pudo llegar a interceptarlos, debido a las maniobras imposibles con rápidas aceleraciones y movimientos a quince veces la velocidad del sonido. La respuesta de uno de los pilotos fue clara: «En ningún momento intentaron atacarnos. Jugaron al gato y al ratón con nosotros». Hay que añadir que todo el material de grabación del fenómeno fue solicitado un mes después por oficiales del Centro Técnico Aeroespacial (CTA) sin que nunca se dieran a conocer y sin ser devueltos a la redacción que los había entregado. El incidente fue de tal magnitud que la cúpula militar del país lo clasificó como inexplicable.

Otra oleada muy comentada fue *la oleada belga*, en la que se observaron hasta 450 avistamientos nocturnos sobre la región de Valona, Bélgica, entre 1989-1990. Los objetos fueron definidos como naves planas y negras con forma triangular, con luces debajo, sobrevolando a baja altitud silenciosamente. Concluiré la breve selección de casos recordando la gran oleada mundial que se dio en el año 1996 por todo el planeta, que llevó a creer a la mayoría de los ufólogos que se avecinaba el para muchos ansiado momento del contacto con los extraterrestres.

AVISTAMIENTOS Y PRESIDENTES DE LOS ESTADOS UNIDOS

Dentro de la ufología son conocidos los avistamientos tenidos por muchos políticos o incluso presidentes de diferentes países, como es el caso de los estadounidenses. Ya el primero de ellos, George Washington, tuvo una experiencia con un extraño ser en un bosque, antes de una decisiva batalla para el surgimiento de los Estados Unidos, de la que salió victorioso. Sus sucesores, hasta el propio Abraham Lincoln, creían en los extraterrestres y de este último se cree que recibía información de alguna entidad sobrehumana. Ya en nuestra época, libros de ufólogos de prestigio hablan de la directa relación de Harry Truman, Franklin D. Roosevelt, John Kennedy, Richard Nixon, Jimmy Carter o Ronald Reagan con el tema, conociéndose los avistamientos tenidos por algunos de ellos, como son los casos llegados a la prensa de Carter o Reagan, aunque también de presidentes rusos como Boris Yeltsin. Es conocido el incidente dado a principios del siglo XX, concretamente el 1 de agosto de 1907, ocurrido sobre una de las fincas de residencia del 26.º presidente, Theodore Roosevelt, en Oyster Bay, población de Long Island, Nueva York. Sucedió mientras se hallaba trabajando en un discurso importante sobre la elaboración de una potente Armada que convirtiera a los Estados Unidos en una potencia militar mundial, hecho que habría de generar en el futuro su primordial intervención en la Primera Guerra Mundial. Aquel día, tanto él como decenas de vecinos, observaron una espectacular luz flotando en el cielo durante casi dos horas, en una era en que los informes de ovnis eran poco menos que desconocidos.

OSNIS. OBJETOS SUBMARINOS NO IDENTIFICADOS

No todos los avistamientos ovnis se dan en el cielo, sino que también los hay en el mar. A estos se los llama *osnis, objetos submarinos o sumergibles no identificados,* de los que también existe mucha información incluso desde la antigüedad; ejemplo de ello lo hemos visto al hablar de dioses salidos de las aguas, como Oanne o Manco Cápac. También es necesario recordar las extrañas luces saliendo del mar observadas por los marineros de las tres carabelas del descubrimiento de América y el propio Colón, el 11 de octubre de 1492, el día anterior al descubrimiento.

Sabiendo que el 71 % de nuestro planeta está cubierto de océanos y que solo hemos explorado menos de un 5 %, la posibilidad de que existan bases extraterrestres bajo el mar es realmente abrumadora. Actualmente hay muchos casos registrando ovnis u osnis saliendo de lagos u océanos de todo el planeta. Entre algunos de ellos se encuentra el lago Michigan, uno de los cinco más grandes de Norteamérica y el quinto más grande del mundo, con una profundidad de 281 metros. En el lugar es muy frecuente ver ovnis sumergiéndose o saliendo del lago a grandes velocidades, siendo muy comentado el avistamiento de una enorme flotilla sobre el lugar, el 8 de marzo de 1994. Incluso existe en él el llamado *triángulo del lago Michigan*, en el que ya han desaparecido barcos y aviones, como la goleta Thomas Hume, desaparecida el 21 de mayo de 1891, o la goleta Rosa Bella, en 1921, sin que jamás se encontrara ni rastro de sus tripulantes. En el caso de aviones, citaré, por ejemplo, el vuelo 2501 de Northwest Airlines, desaparecido con 56 personas el 23 de junio de 1950 al sobrevolar el lago con destino a Minneapolis. Sobre este caso, testigos oculares afirmaron haber visto al avión desapareciendo en el aire envuelto en un destello luminoso; días después, se encontró únicamente parte del fuselaje. Entre otros de sus misterios se encuentran los desconcertantes agujeros de 6 metros de profundidad que aparecen y desaparecen sin más, en los que se les ha perdido la pista a varias personas. O las enormes olas que surgen de pronto para volver a desvanecerse. O la gran cantidad de cuarzo de la arena de sus playas, que emite ruidos extraños al ser pisada. O, además, para mayor misterio, bajo sus aguas existen restos de construcciones megalíticas.

Un avistamiento poco conocido pero asombroso y que analizamos a fondo en mi programa de radio en su día, al producirse en la costa de mi ciudad, fue el de la superestructura más grande observada por pilotos en el territorio español. Sucedió sobre las 04:14 de la madrugada del 12 de marzo de 1997, cuando el piloto Juan Reyes, con más de 40 años de experiencia y 26.600 horas de vuelo, pilotando un Boeing 757-200 entre Nueva York y Madrid, vio algo sin explicación sobre el Atlántico, a 92 kilómetros al oeste de Vigo: un gigantesco objeto circular con dos luces blancas muy fuertes en el centro y una especie de nube alrededor, que no aparecía en el radar. Al estar a unos 11.800 metros sobre el descomunal objeto, no pudo definir si estaba bajo el agua o sobre ella, por lo que tanto a él como a su copiloto le impresionó en tal grado que no dudó en calificarlo de tecnología alienígena. Al explicar su tamaño, lo compara con ver la imagen aérea de la isla de Gran Canaria, que tiene una superficie 1560 km^2 (como un cuadrado de 40 kilómetros de lado), un tercio de la provincia de Pontevedra. Conectando con el Centro de Control de Tráfico Aéreo de Madrid, le comunicaron que no había ningún operativo marítimo en la zona. Además, el comandante del DC10 de Iberia 6010, que hacía la misma ruta en su viaje de Montreal a Madrid, diez minutos después pasó por encima de la estructura confirmando lo observado por Reyes.

Un nuevo caso muy movido en las redes fue el sucedido del 2 de febrero de 2014 al 10 de marzo de 2015. Del mismo, en 2019 se tomó una grabación por parte de los tripulantes del portaviones USS Theodore Roosevelt, dejando ver un objeto luminoso con forma triangular o piramidal sobrevolando o saliendo del mar, que el Pentágono confirmó como auténtico e igualmente inexplicable. En síntesis, es muy posible que, a la hora de buscar dónde pueden ocultarse determinadas razas extraterrestres desde siempre, ya no solo tenemos que mirar hacia el cielo, sino hacia lo profundo de lagos y océanos.

MORFOLOGÍA ALIENÍGENA MÁS COMÚN EN LA ACTUALIDAD

Dentro de las más de cincuenta razas extraterrestres diferentes que se cree han venido visitando nuestro mundo, los testigos que afirman haber observado alguna entidad describen múltiples morfologías, pero siempre predominando en todas ellas el aspecto humanoide —como las que ya he expuesto anteriormente—. Aunque también las hay monstruosas y con diferentes alturas, con la posibilidad de que algunas de ellas puedan ser androides.

Una de las razas más vistas actualmente de acuerdo con los testigos son los reptiloides. De ellos se dice que pueden cambiar de forma y hacerse pasar por humanos entre nosotros sin ser descubiertos, como se exponía en la famosa serie televisiva *V*. Se cree que moran bajo tierra en grandes ciudades o bases subterráneas creadas con grandes adelantos tecnológicos. Un ejemplo conocido es el de la cueva más grande del mundo, Hang Son Doong, en Vietnam, en la que antiguas leyendas afirman que viven hombres serpiente de más de 2 metros de alto. E igualmente diferentes afirmaciones de investigadores ufológicos que los dan como una raza realmente auténtica y vista por diferentes personas de todo el planeta desde muy antiguo. Ampliaré el tema en la tercera parte del libro.

Dentro del mismo tipo zoomorfo podríamos incluir criaturas vistas por testigos en la actualidad como el conocido yeti, *jigou* o abominable hombre de las nieves del Himalaya. De algún modo está emparentado con el *bigfoot* («pie grande») de diferentes rincones del mundo, pero especialmente con los de los grandes bosques y elevadas montañas de Estados Unidos y Canadá. Similares al *yowie* de Australia o el *kunk* de los Andes, todos ellos parecen compartir aspecto con grandes simios, creyéndose —como los grises— que puedan ser autómatas manipulados por alguna civilización superior.

Dentro de la categoría de zoomorfos se incluyen también los llamados *hombres hormiga*, con cabeza de insecto, de los que hay representaciones en pinturas de múltiples culturas del pasado, como las de los indios pueblo y los hopis. Dentro de estas, destaca la parecida a la mantis religiosa, considerada el mayor depredador de todos los insectos, con capacidad en algunas especies para cambiar de forma. Están también seres como el llamado *hombre polilla*, del que se dice que puede predecir catástrofes, como es el caso del visto en Point Pleasant, Virginia, por un gran número de personas, desde el 15 de noviembre de 1966 hasta el 15 de diciembre de 1977. La última vez que se lo pudo ver estaba sobre el puente Silver Bridge, el día en que se desplomó, muriendo 46 personas en el río. Fue descrito como un ser humanoide, alto, con grandes alas y rostro similar a dicho insecto, cuyos ojos emanaban una potente luz roja, pudiendo volar a más de 90 kilómetros por hora. Sobre el tema hay una película del año 2002, *Mothman. La última profecía*, inspirada en una historia real.

Dentro de las *supuestamente* más benévolas, se habla de los *nórdicos* o *pleyadianos*, muy similares a los humanos escandinavos, rubios, de larga melena, piel blanca, ojos azules rasgados, un promedio de 2 metros de altura y ataviados con trajes ajustados. Muy extendidos por Europa, posiblemente pudieran estar viviendo camuflados entre nosotros. Supuestamente vienen manteniendo contacto telepático y físico con algunos humanos desde la década de los 80, como veremos al hablar de los contactados. Se cree que sus antepasados eran seres de las Pléyades y que llegaron hace miles de años a la Tierra al haber sido destruido su planeta; se los tiene, pues, como una de las razas más antiguas de la galaxia. Se los considera muy elevados espiritualmente, pacíficos y deseosos de ayudar al progreso de la humanidad, pero en los últimos años personas abducidas aseguran haberlo sido por esta raza.

Por otra parte, están los *andromedanos*, procedentes de la galaxia Andrómeda, también considerados nórdicos e igualmente con la finalidad de contribuir al progreso espiritual de la humanidad, aunque hay ufólogos que creen mantener un continuo enfrentamiento contra los reptilianos. También se habla de entidades *cambiaformas*, capaces de convertirse en diferentes animales o incluso en humanos a voluntad. O de diferentes entidades demoníacas visibles o invisibles, a modo de los diferentes demonios de todas las culturas y religiones, relacionados con los denominados *visitantes de dormitorio*.

Pero de acuerdo con la casuística sobre observación de entidades extraterrestres vistas en múltiples países por millones de testigos —especialmente Estados Unidos—, destacan masivamente los denominados *grises*. Generalmente son descritos como seres delgados, alargados, de pequeña estatura y piernas cortas (sobre 1,50 de alto), pero también los hay altos y con naves de variada forma; la de los grises pequeños parece ser siempre el clásico platillo volante, como el de Roswell. Tienen cabeza grande en forma ovalada y desproporcionada a su cuerpo; manos con dedos largos con pequeñas ventosas en sus puntas y sin pulgares; una hendidura por boca, sin dientes, nariz estilizada, dos pequeños orificios como orejas y enormes ojos negros opacos con forma de avellana, tipo oriental.

Se comunican telepáticamente entre ellos y con los humanos, y tienen la capacidad de controlar nuestras mentes. Hay teorías que refieren que su piel grisácea en realidad es un traje ajustado, que no es sino un medio de protección contra el ambiente terrestre.

Esta raza, tenida como malévola en la actualidad, es la más destacable igualmente en los casos de abducciones relacionadas con la experimentación médica y reproductiva, en especial en aquello que refiere a las extirpaciones de ovarios en mujeres, de fetos o bebés en embarazadas o la extracción de semen en los hombres. Hay teorías que los ven como descendientes de la raza humana procedentes del futuro, o bien como una especie de androides creados por una raza superior, tal vez llegados a la Tierra desde un planeta desaparecido por algún desastre nuclear con la finalidad de salvaguardar su raza. También se habla de la presencia de múltiples entidades interdimensionales que se alimentan de nuestra energía o de diferentes tipos de entidades malévolas que acceden a nuestro mundo a través de una especie de portales procedentes de otras dimensiones. Un tema excesivamente amplio y complejo, del que sencillamente he puntualizado algunas de las posibles razas o entidades que se vienen relacionando con nuestro mundo desde tiempos inmemoriales y en la actualidad.

Aunque algunas hayan sido vistas solo una vez y otras en raras ocasiones, no hay duda de que las más observadas, como los grises, los reptilianos o los nórdicos, nos visitan con mucha regularidad o que han venido desde tiempos antiguos para quedarse, cada cual con su desconocido propósito.

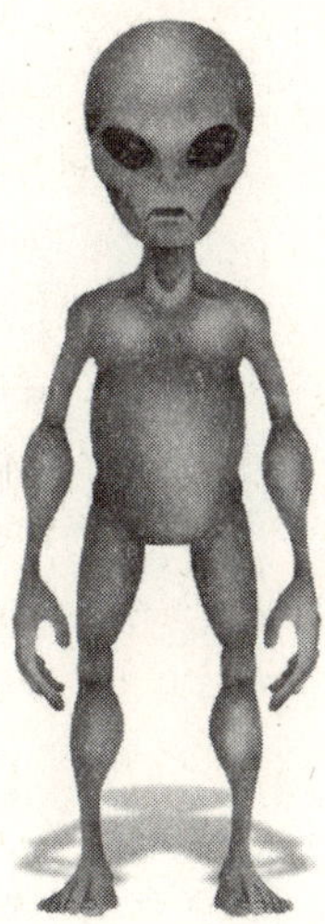

Los grises

INCIDENTES CON OVNIS

No todo son avistamientos sin más dentro del fenómeno, ya que también se han venido produciendo constantes incidentes entre los ovnis y ejércitos de diversos países, como veremos. Tres años antes del incidente de Roswell, y tres meses después de que Estados Unidos entrara en la Segunda Guerra Mundial, sucedió un posible caso de enfrentamiento militar con ovnis, conocido como batalla de

Los Ángeles. Fue el 24 de febrero de 1942, cuando, sobre las 03:00 de la madrugada, las alarmas comenzaron a sonar alertando de un objeto no identificado acercándose a la costa de Santa Mónica. Pensando que podía tratarse de un ataque japonés, las baterías antiaéreas abrieron fuego contra el objeto en la noche, pero a pesar de descargar sobre él entre 1200 y 1400 proyectiles no lograron derribarlo. Al día siguiente, el secretario de la Armada, Frank Knox, calificó el suceso de falsa alarma, aunque sin poder evitar que las fotos del objeto siendo acribillado salieran en los periódicos.

Los Angeles Times

Searchlights and Anti-aircraft Guns Comb Sky During Alarm

1942. Batalla de Los Ángeles.

Al pedirse explicaciones por parte de la población, el caso fue cerrado con la ridícula respuesta de que se trataba de un globo meteorológico. Sin embargo, de inmediato, el secretario de Estado, George Marshall, informa al presidente Roosevelt de que había sido un ovni y de que además uno de ellos había sido derribado en la costa de California y recuperado posteriormente. De ser cierto, el Gobierno americano habría tenido en su poder una nave extraterrestre cinco años antes del incidente de Roswell. Sobre el hecho, una supuesta carta enviada el 5 de marzo al presidente con el sello de «Top secret» decía, entre otras cosas, textualmente:

> El Vicealmirante Anderson [...] recuperó un avión no identificado cerca de la costa de California[...] para este hecho no existe explicación convencional [...] Este Cuartel general ha llegado a una determinación, que el avión misterioso no es de este mundo [...] y según fuentes secretas de la Inteligencia, la nave es casi seguro de origen interplanetario.

Por ese motivo, Marshall, al no ser el primer caso avistado en territorio nacional, aconseja al presidente crear una unidad especial de inteligencia para investigar el fenómeno aéreo. Como resultado inmediato surge la IPU (Unidad de Fenómenos Interplanetarios).

En 1948 hubo un gran número de incidentes con ovnis, como el del 7 de enero, conocido como Caso Mantell. Fue meses después del avistamiento observado por Arnold Kenneth, culminando con el dramático fallecimiento del capitán Thomas Mantell, en Kentucky, mientras perseguía un ovni en su caza Mustang F-51D. La Fuerza Aérea cerró el caso informando de que había sido víctima de la hipoxia (falta de oxígeno), lo que lo llevó a caer en picado al perder el conocimiento, muriendo tras el impacto. El caso se cerró informando a la prensa de que Mantell falleció persiguiendo al planeta Venus. El hecho hizo surgir el ya comentado Proyecto Sign para investigar este tipo de incidentes.

Otro caso de enfrentamientos con ovnis fue el 7 de julio en la Unión Soviética, cuando un caza ruso abatió un ovni en el conocido como *incidente de Kapustin Yar*. Otro desafortunado incidente ocurrió el 23 de noviembre de 1953 sobre el lago Superior de Estados Unidos y Canadá, al desaparecer el piloto Félix Moncloa, un operador de radar, y su F-89C de la Fuerza Aérea de los Estados Unidos mientras perseguían un ovni. Otra de las muchas desapariciones conocidas fue la del piloto australiano Frederick Valentich en el estado de Victoria, Australia, el 21 de octubre de 1978, tras haber informado a la torre de control de tráfico aéreo de haber visto un ovni cerca de su avión. El 14 de octubre de 1976, cerca de una docena de luces brillantes fueron avistadas sobre la capital de Seúl, Corea del Sur, en el conocido como *incidente de la Casa Azul.* El hecho provocó que cañones del ejército antiaéreo dispararan sobre ellas, resultando varios soldados heridos por la caída de las balas.

Igualmente se dan muchos casos de ovnis sobre pistas de aeropuertos, como el de la pequeña localidad isleña de Kaikoura, Nueva Zelanda, en la que el piloto de un avión de transportes reportó la presencia de luces que cambiaban de color y tamaño al ir a aterrizar. Luces que fueron rastreadas por el radar terrestre y aéreo y filmadas por un equipo de televisión.

Un incidente terrorífico muy comentado en la ufología sucedió en la localidad estadounidense de Hopkinsville, Kentucky, del 21 al 22 de septiembre de 1955, conocido como el *encuentro de Kelly-Hopkinsville.* El hecho real cuenta que once miembros de dos familias presentes en la granja Sutton, después de avistar un ovni en forma de disco en el bosque, vivieron la terrible experiencia de ser atacados desde la tarde al amanecer durante cuatro horas por un grupo de extrañas criaturas de un metro de altura que describieron como con forma de duendes verdes. Cuentan que rodearon su cabaña y que los observaban por las ventanas. Tuvieron que defenderse disparándoles varias veces, pero no lograron causarles el menor daño. Los extraños visitantes, por cierto, recuerdan a los que pilotos británicos de la Segunda Guerra Mundial informaron ver sobre sus aviones, tratando de sabotear los motores en pleno vuelo, de donde saldría la saga cinematográfica de los *Gremlins.*

A pesar de que aparecieron en la zona militares de la Fuerza Aérea y los hombres de negro, se ocultó el caso a la prensa, archivándolo como irreal. Además se dice que esos misteriosos hombres de negro llevaron a la familia Sutton a vender la granja dos semanas después y a marcharse de la zona. Aunque la hija de Bilray Sutton, Geraldine, no había nacido aún el día del incidente, contó que su padre aseguró la verdad de lo sucedido hasta su muerte. Un dato curioso sobre este incidente es que se produjo cerca de una base militar y que la nave en la que despegaron los seres se estrellaría esa noche a 5 kilómetros de la granja.

Encuentro de Kelly. Hopkinsville.

Otro incidente violento fue el sufrido por el campesino Maurice Massé, por parte de dos extraterrestres grises. Sucedió el 1 de julio de 1965 en Valensole, Francia. También en el Amazonas, en Colares, Brasil, en 1977, se informó de uno de los múltiples ataques conocidos por ovnis a la ciudadanía, procedentes de extrañas luces similares a farolas en el cielo. El suceso provocó quemaduras de primer y segundo grado a los lugareños, llevando a la fuerza militar brasileña a crear la Operación Platillo sin que tuviera ninguna relevancia.

Casos de aviones comerciales perseguidos o encontrándose con ovnis en pleno vuelo hay por todo el planeta. El más conocido en nuestro país fue el vivido por el vuelo comercial JK-297, con 109 pasajeros, la noche del 11 de noviembre de 1979, al verse obligado a salirse de su ruta (Palma de Mallorca-Tenerife) y realizar un aterrizaje de emergencia en el aeropuerto de Manises, Valencia, asegurando que estaba siendo perseguido por un ovni, descrito como un conjunto de luces rojas. También muy comentado en nuestro país el mismo año fue el encuentro acontecido el 5 de marzo, en Canarias, durante el cual se produjo un fenómeno inusual al observarse un objeto saliendo del mar hacia el cielo a gran velocidad, dejando grandes luminosidades, al que en el mismo día le siguieron otros tres similares. Sobre el hecho hay teorías que definen a esas luces como pruebas secretas de misiles Poseidón C-3, arrojados desde un submarino estadounidense o tal vez ruso, que pocos ufólogos se creen, pero que a la vista de ciertos informes podría estar dentro de lo posible.

Muy llamativo es también el *incidente de la Base La Joya*, reportado en Arequipa, Perú, el 11 de abril de 1980, en el que un Sukhoi Su-22 de la Fuerza Aérea del Perú interceptó un extraño objeto volando sobre la base, al que se llegó a disparar hasta en 64 ocasiones sin generarle daño alguno, demostrando la capacidad que poseen algún tipo de ovnis para repeler ataques de nuestros armamentos.

Ya en pleno siglo xx, el 20 de junio del 2008, se produjo el conocido *incidente de Gales*. En él, un helicóptero de la policía estuvo a poco de ser golpeado por un ovni al intentar perseguirlo, después de que el mismo día cientos de personas informaran de haber observado a otro sobrevolando diferentes zonas del país. Un caso tenido como real por unos y fraudulento por otros, es el vivido en 1947 por Harold Dahl en la isla Maury. Se encontraba en el Puget Sound con su hijo y su perro, cuando de pronto varios ovnis volaron sobre ellos; uno de los objetos se movía de forma extraña, como si algo fallara en su funcionamiento. Dos versiones distintas afirman que el ovni cayó al mar o que otro se le acercó y al rato ambos salieron disparados hacia el cielo, pero no sin antes soltar unos restos metálicos que hirieron a su hijo y mataron a su perro. Lo curioso del caso es que se supone que en él se registra por vez primera la aparición de los llamados *hombres de negro*, quienes aconsejaron a Harold que se olvidara de todo lo sucedido y no volviera a contarlo.

Otro caso de impacto mundial se produjo la mañana del 16 de septiembre de 1994 en Zimbabue, Ruwua, cuando 62 alumnos de la Escuela Ariel, de entre seis y doce años, que jugaban en el recreo, vieron sobrevolar en las afueras del patio varios ovnis circulares con lucecitas. Una experiencia que los aterrorizó y que más tarde les costaría describir, padeciendo algunos de ellos todavía algunas secuelas desde entonces. Todo comenzó cuando tras el avistamiento se produjo una deslumbrante luminosidad y uno de los ovnis aterrizó; de él salieron varios seres que se acercaron a los niños desde fuera del patio. Terminada la fatídica experiencia para los alumnos, al pedirles que describieran a aquellos seres, dijeron que tenían cabezas verdosas voluminosas y grandes ojos oscuros e hipnóticos, dos agujeros por nariz en el rostro, mandíbula puntiaguda en forma de uve doble, sin boca y una larga cabellera negra, y que vestían trajes oscuros y se comunicaban con ellos al mover los ojos telepáticamente. Según contaron algunos niños, durante quince minutos les implantaron en sus mentes un mensaje ecologista sobre los problemas ambientales que habría en el futuro, advirtiéndoles sobre lo urgente de cuidar el planeta y del peligro de la tecnología. Es como si quisieran programarlos para el cambio urgente que deben darle los niños a nuestro mundo, al ser ellos el futuro de la humanidad. Pero, de ser así, los alienígenas demuestran no poseer buenas herramientas psicológicas, al no tener en cuenta el trauma que el hecho significó para esos niños. Sus profesores, al estar reunidos en la sala de maestros, no les creyeron; tampoco lo hicieron sus padres. Lo cierto es que, dos días antes, la radio local emitió la noticia de que se vieron luces extrañas de fuego en los cielos. Pero el caso no terminó ahí, ya que días después, llegada la noticia a oídos del eminente psiquiatra John Mack, de la Universidad de Harvard, ganador del Premio Pulitzer y creador del Departamento de Psiquiatría de Cambridge, interesado en el tema, viajó al lugar para entrevistar a los niños. Con anterioridad ya había entrevistado a más de 100 testigos de ovnis, pero su interés le costó tener que abandonar Harvard por las malas críticas de los decanos de la universidad. Por añadir un dato, diez años después moriría atropellado por un automóvil.

AVISTAMIENTOS EN INSTALACIONES MILITARES

De los muchos avistamientos o encuentros entre ovnis y militares, comenzaremos recordando las llamadas *bolas de fuego verde* (*green fireballs*) que comenzaron a avistarse repetidamente desde 1948 en diferentes bases militares americanas, especialmente al suroeste de Estados Unidos, en Nuevo México, como la de Los Álamos, y el ultrasecreto Laboratorio Nacional de Sandia, donde se ensamblaban bombas atómicas. En una misma noche llegaron a verse una docena de bolas verdes moviéndose en formación en las instalaciones militares de los alrededores de Alburquerque y Las Vegas, siendo imposible fotografiarlas al aparecer repentinamente solo unos segundos. El 30 de enero hubo un avistamiento masivo de ellas cerca de Roswell, quedando el asunto clasificado como de alto secreto por la seguridad nacional.

Pero luces de este estilo siguieron apareciendo a menudo, como las avistadas de abril a agosto de 1949 sobre una instalación de almacenaje de armas nucleares en Fort Hood, Texas. Aunque los avistamientos en bases militares americanas son las más habituales, igualmente se dan en otros países. Es por ejemplo el caso de la Base de la Fuerza Aérea de Haneda, Tokio, el 5 de agosto de 1952, cuando los operadores de la torre de control divisaron una extraña luz blanca azulada al noroeste de la pista. De inmediato, un caza F-94 despegó para interceptarla, pero en menos de 90 segundos el objeto desapareció de la vista y del radar a gran velocidad. Igualmente el 20 de mayo de 1957, se ordenó al piloto estadounidense Milton Torres interceptar y disparar contra un ovni sobre Anglia Oriental, Reino Unido, sin conseguirlo. Llamativo el hecho del ovni aterrizado el 1 de junio de 1973 cerca de la Base Militar en Ciudad Pemex, México, durante una tormenta, dejando marcas y huellas extrañas en el terreno. Pero la base más famosa de todas, por las múltiples teorías de la conspiración que se le achacan, es el Área 51, en Nevada—a 135 kilómetros al norte de Las Vegas—. Se cree que desde su construcción en 1955, por encargo de la CIA, en una zona desierta e inaccesible para los curiosos (actualmente con una extensión de 26.000 km^2), se fueron llevando los restos de ovnis y alienígenas que se encontraban en otras bases americanas desde los años 40. Cuando su existencia fue admitida y conocida (2013), los militares afirmaron que había sido utilizada secretamente a espaldas de espías soviéticos —y actualmente de otros países—, y que en ella se habían desarrollado y probado nuevos armamentos y aviones de alta tecnología, como los conocidos U-2 o incluso otros con forma de platillo volante.

Tan solo el Ministerio de Defensa británico tiene registrados más de 11.000 casos de avistamientos en su territorio desde 1950. Pero hay uno que destaca sobre los demás, siendo a la vez de los casos ovni más conocidos y documentados en ufología a nivel mundial —después de Roswell—, del que hay varias versiones. Se trata del conocido *incidente del bosque de Rendlesham*. Sucedió a las 03:00 de la madrugada del 28 de diciembre de 1980, cerca y alrededor de las bases aéreas de la OTAN, las de Bentwaters y Woodbridge, en Reino Unido, cuando un grupo de soldados americanos que patrullaban los caminos que rodean el bosque de Rendlesham divisaron unas extrañas luces a lo lejos entre los árboles. El suboficial al mando Jim Penniston, creyendo que podría tratarse de un accidente aéreo, se acercó con sus hombres a investigar. Lo que vieron al llegar los dejó impresionados. Un objeto brillante de forma cónica de unos 3 metros de alto y tantos otros de ancho en su base se encontraba suspendido en el claro del bosque. Según algunas versiones, vieron a unos seres en el interior que al observar a los soldados enseguida se elevaron en el aire. Cuando informaron de lo vivido a sus superiores se les indicó que nunca contaran lo que habían visto. Dos días después, el teniente coronel Charles Halt acudió al lugar con un dispositivo de grabación, relatando que existían marcas triangulares equidistantes en el suelo, árboles quemados y una radiación más alta de lo normal. Esa misma noche las luces volvieron a aparecer, demostrando que todo era real; la nave de nuevo estuvo flotando sobre la base de Woodbridge. Unos tres años después, salió a la luz que Penniston había observado una serie de jeroglíficos extraños en la nave y que su material se parecía a un cristal liso, opaco y negro.

Incidente ovni de Rendlesham Forest.

Pero lo asombroso —tras una sesión de hipnosis— fue que al tocar la nave se descargó directamente en su cerebro un código binario que fue muy estudiado por diferentes ufólogos en su momento. Pero, como dije, la historia es muy larga y repleta de diversas versiones. Lo cierto es que un funcionario de defensa habló del aterrizaje de un ovni y un comandante militar afirmó ver un gran objeto luminoso flotando entre los árboles, dando veracidad al asunto.

OVNIS Y BASES DE ARMAMENTO NUCLEAR

Durante las primeras pruebas de armas nucleares realizadas en el mundo, el 16 de julio de 1945, en desiertos de Nuevo México, comenzó a ser habitual la aparición de objetos luminosos sobre la zona. El hecho parece demostrar que los tripulantes de los ovnis comenzaron a vigilar y sobrevolar las bases de misiles balísticos y armas atómicas y las centrales nucleares de Estados Unidos, Inglaterra o la antigua URSS, como ya hemos visto. Personalmente no creo que sea debido a que se sintieran amenazados militarmente por nuestro rápido avance armamentístico, ya que han dado sobradas pruebas de tener el poder de anular nuestros misiles en segundos si quisieran. Como ejemplo citaré casos en los que supuestamente intervinieron destruyendo nuestros misiles en el aire con una especie de rayos láser salidos de sus naves, evento divulgado en todas las televisiones del mundo. También han dado señales de poseer el medio tecnológico para provocar interferencias inexplicables en aviones o centrales de lanzamiento de misiles, anulando momentáneamente a voluntad los sistemas del armamento, o evitar que podamos derribar sus naves. Un caso muy difundido en las redes sociales y medios de comunicación fue el de un ovni que cruzaba el cielo iraní en la noche del 12 al 13 de julio del 2023, sin que los misiles lanzados por la Fuerza Aérea lograran derribarlo, debido a una especie de escudo protector que lo rodeaba; el artefacto terminó por desaparecer a increíble velocidad en el aire. Impactante fue igualmente el enorme ovni cilíndrico visto sobre la base militar F. E. Warren, en Cheyenne, Wyoming, Estados Unidos, el 23 de octubre del 2010. Ese mismo día, cincuenta misiles nucleares —el 10 % conocido del arsenal nuclear de Estados Unidos— fueron temporalmente desactivados durante cerca de dos horas. Un hecho que años antes, el 16 de marzo de 1967, se produjo de modo similar en la Base Militar Nuclear de Malmstrom, Montana, donde diez misiles de largo alcance resultaron desactivados, justo en el momento en el que un ovni con forma de platillo circular, de unos 10 metros de diámetro y rodeado de un halo rojo, fue visto acercándose a la base.

Pero el incidente causado por un ovni considerado el más alarmante se dio el 4 de octubre de 1982 en la base de misiles nucleares de Usobo, Ucrania, territorio soviético en aquel tiempo, pudiendo provocar el inicio de la Tercera Guerra Mundial. Ocurrió cuando un ovni de gran tamaño sobrevoló silenciosamente la base haciendo saltar las alarmas mientras los indicadores del panel de control de misiles comenzaban a encenderse aleatoriamente, manipulados de forma automática y poniéndolos en *stand by*, preparados para ser disparados. Algo solo posible cuando desde Moscú se dieran los códigos de seguridad para ser lanzados. Afortunadamente, quince segundos después, las alarmas cesaron y los paneles de control volvieron a la normalidad. Todos esos hechos dejan clara la tecnología que poseen estas entidades alienígenas, capaces de anular nuestro armamento nuclear en caso de producirse una supuesta invasión, lo que lleva a pensar que ellos son los primeros que no desean invadirnos y mucho menos destruir el planeta, o que incluso pretenden impedir que lo destruyamos en una guerra nuclear. Igualmente es una prueba palpable de que los ovnis que visitan nuestras bases no proceden de nuestro mundo, dado que ningún ejército de la Tierra posee todavía la tecnología para influir directamente en los paneles de mando de estas.

También suelen verse ovnis sobre instalaciones nucleares, como manifestando su preocupación por la contaminación nuclear. Esto es lo que pareció suceder cuando se produjeron los dos accidentes en las centrales nucleares de Chernóbil, en 1986, y de Fukushima, en 2011. Se dice que se vieron ovnis sobrevolando ambas centrales disparando una especie de rayos, como tratando de evitar una catástrofe mayor. Lo cierto es que su interés por todo lo relacionado con lo nuclear es notorio. Pero igualmente lo son nuestras grandes centrales eléctricas, sobre las que a veces se los suele ver volar. Pudiera ser que esto se debiera a que utilizan la energía para sus naves, pero lo cierto es que tienen el poder de dejarnos sin electricidad en segundos si lo desearan. Uno de los casos que hay que recordar sucedió el 9 de noviembre de 1965, el día en que Nueva York se sumió en la más absoluta oscuridad, lo que afectó a 30 millones de personas durante catorce horas. Aquella noche se contó que se habían visto grandes bolas de fuego sobrevolando la ciudad y que el Gobierno tenía informes sobre la presencia de extraterrestres en la ciudad. Pero hay muchos más datos, como el de un gigantesco ovni con forma de puro de unos 200-300 metros de largo, cuyo poderoso campo electromagnético dejó sin luz a todo un pueblo de la provincia de Salta, Argentina, el 27 de noviembre de 2009. O el vivido en el pueblecito cercano de Chicoana, en octubre del 2008, durante el cual aparecieron extrañas figuras geométricas en campos de soja a la mañana siguiente. Igualmente cerca de allí, en la zona de Cerros Colorados y El Galpón, el avistamiento fue seguido de una gran explosión escuchada a cientos de kilómetros, después de haberse divisado una gran bola incandescente cayendo a tierra. Fue sobre un campo de unos 500 metros de ancho por unos 6 kilómetros de largo, donde nunca volvió a crecer vegetación; el lugar fue celosamente custodiado por la Gendarmería.

Basten solo estos dos datos entre los muchos existentes para comprobar la directa relación entre algunos de los grandes apagones del mundo moderno y su relación una vez más con el fenómeno ovni.

El enigma de los ovnis siniestrados

EL INCIDENTE DE ROSWELL

El accidente de un ovni estrellado el 2 de julio de 1947 en un rancho cerca de Roswell, Nuevo México, inició un antes y un después dentro del fenómeno ovni, pero no por el incidente en sí, sino por las repercusiones que generó posteriormente. En primer lugar, porque, tras notificarse en la prensa de la localidad la captura de una nave extraterrestre, surgió el desmentido seis días después por parte del Ejército americano, por mediación de la rueda de prensa del comandante Jesse Marcell, afirmando que había sido un globo sonda. Y en segundo lugar, porque aquel desmentido oficial daría paso al comienzo del ocultamiento de la realidad ovni por parte del Gobierno americano y los altos organismos militares, alegando secretos de defensa de Estado. Con ese incidente se da el pistoletazo de salida a las amenazas a los testigos e incluso se empiezan a dar casos de desaparecidos o muertes extrañas, hechos que se mantienen hasta la actualidad.

Casos escogidos al azar servirán para comprobar parte de las mentiras y ocultamientos, como el incidente de Roswell, que no fue ni el primero ni el último. En este caso, pronto comenzaron a surgir todo tipo de especulaciones, refiriéndose la recuperación de los restos de entre cuatro a siete tripulantes alienígenas, de acuerdo con varias versiones (uno de ellos agonizante), llevados a la base de Fort Worth. Más tarde, en 1955, saldría a la palestra el famoso vídeo de la autopsia a uno de ellos y otro donde se veía al extraterrestre vivo de pie; en ambos casos, aún se debate sobre su autenticidad. Menos conocido fue el incidente de una segunda nave, caída el mismo día a unos 100 kilómetros de distancia. El evento fue observado por un grupo de estudiantes de geología y su profesor —a quienes se ordenó no comentar el incidente—. Se supone que la nave fue recuperada con todos sus tripulantes muertos. Lo que es muy llamativo es que, poco tiempo después del incidente en Roswell, la humanidad rápidamente dio comienzo a una era de avances tecnológicos sin precedentes que analizaré más adelante.

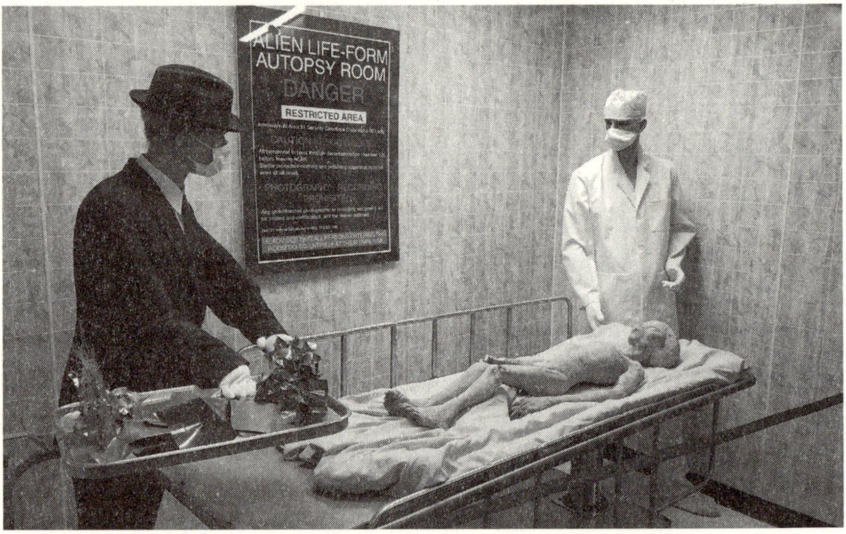

Representación de autopsia al alien de Roswell en el museo.

ROSWELL NO ES EL PRINCIPIO

77 años después, más que zanjada su autenticidad, Roswell ya solo es un mero incidente dentro de los muchos acaecidos antes y después. Aunque convirtiendo a dicha localidad en una especie de parque de atracciones alienígenas, el desierto continúa ocultando muchos de sus secretos. Lo que debemos saber es que no fue ni el primero ni el último incidente de ovnis estrellados. Existen múltiples casos registrados desde tiempos muy antiguos, recogidos por los mitos y leyendas de múltiples culturas. Lo mismo que se han producido muchos más —y siguen sucediendo— después de Roswell, lo que deja una pregunta en el aire: ¿cuál es la causa? Lo analizaremos de inmediato. Ahora veamos alguno de esos otros ovnis estrellados.

Comenzaremos con el destacado ufólogo italiano Roberto Pinotti —considerado el padre de la ufología de ese país—, quien aseguraba que tenía documentos que afirmaban que el primer accidente de un ovni en el mundo ocurrió en Magenta, Italia, a las afueras de Milán en 1933, y que Benito Mussolini lo ocultó al mundo. Hay testimonios de un alto cargo de inteligencia de Estados Unidos que afirmaba que las fuerzas militares estadounidenses lo recuperaron después de la Segunda Guerra Mundial, catorce años antes del caso Roswell. Otro incidente sucedió el 17 de abril de 1897, cuando un ovni de forma alargada se estrelló contra un molino de viento en el poblado de Aurora, Texas, propiedad de la granja del juez J. S. Proctor, quien enterró al humanoide en el cementerio local con una lápida anónima. Supuestamente el juez ocultó los restos de la nave dentro de un pozo, contaminándolo con agentes radioactivos, hasta el punto de que uno de sus nuevos dueños contrajo un caso grave de artritis al beber del agua, terminando por sellarlo.

En 1973, el conocido grupo ufológico MUFON afirmó encontrar una lápida en la parte más antigua del cementerio hecha de un extraño metal. Pidió permiso para excavarla, pero cuando regresaron días después la lápida y lo que hubiera en su interior ya no estaba. Igualmente, seis años antes del incidente en Roswell, el 12 de abril de 1941, sucedió el *incidente Cape Girardeau*, en Missouri, cuando el reverendo William Huffman fue llamado por un *sheriff* local, para dirigirse al lugar de un accidente aéreo en un campo rural cerca de Cape Girardeau. Su labor era administrar los últimos ritos a los accidentados. Lo que vio al llegar al siniestro lo dejó helado, ya que los cadáveres allí encontrados, junto a los restos metálicos de lo que describió como algo con forma de platillo, no eran personas, sino tres seres no humanos, de bocas diminutas, narices indistinguibles y sin orejas, que vestían trajes ajustados similares al papel de aluminio. Concluido el ritual, misteriosos hombres del Gobierno los obligaron a jurar que mantendrían el secreto bajo amenazas, al igual que al ufólogo Michael Huntington, que había sacado fotos, siéndole confiscado el carrete. Habían comenzado los casos cerrados y encubiertos por el Gobierno antes de Roswell, aunque tiempo más tarde la nieta del juez rebelaría el caso a la prensa.

Después de Roswell hubo múltiples casos, como el *incidente de Keckspurg*, ocurrido el 9 de diciembre de 1965. En esta ocasión, una gran bola de fuego fue vista por miles de personas surcando los cielos de Canadá o Chicago, hasta estrellarse en un bosque cerca de la localidad de Pittsburg, Pensilvania. Enseguida llegaron testigos a la zona, que poco después fueron alejados por la gran cantidad de militares estadounidenses y altos cargos. La zona fue acordonada y hasta hombres de negro confiscaron la cámara a un reportero, reportándose la muerte nunca aclarada de un testigo. Un camionero retirado que se acercó a pocos metros del objeto estrellado manifestó que tenía forma de bellota gigante anaranjada, de una sola pieza, brillante y quemada, del tamaño de un coche, y que desprendía un fuerte mal olor a azufre, añadiendo que en un anillo trasero había símbolos parecidos a la escritura egipcia.

Maqueta del Incidente de Kecksburg.

Los militares informarían a la prensa de que había sido un meteorito, encubriendo la verdad de lo que allí ocurrió, hasta la actualidad. Este fue uno de los casos que algunos ufólogos relacionaron con la misteriosa *campana antigravitatoria de los nazis*, que nunca fue encontrada y a la que me referiré más adelante.

Otro accidente que destacar fue el *incidente Shag Harbour*, el 4 de octubre de 1967, sobre las 11:30 de la noche, en Nueva Escocia, Canadá. Aquel día varias personas observaron un extraño objeto sobre los cielos de esa localidad costera, con cuatro luces parpadeantes anaranjadas y emitiendo un fuerte silbido, que terminó por estrellarse en el océano. Sin embargo, cuando el guardacostas y los marineros locales se dirigieron al lugar para ayudar a las víctimas del suceso, solo toparon con una extraña espuma amarilla y olor a azufre, pero ningún resto metálico ni supervivientes. El 25 de agosto de 1974, ocurrió el *incidente de Coyame*, en Chihuahua, México, bautizado como *el Roswell mexicano*. Se produjo cuando un ovni procedente del golfo de México, que había sido detectado por un radar estadounidense, terminó estrellándose en el desierto de Coyame, tras colisionar con un avión Cessna 180. Inmediatamente, el ejército mexicano envió soldados a inspeccionar la zona, rechazando la ayuda mexicana para recuperar los objetos brindada por los Estados Unidos. Seguidamente, los restos fueron recuperados en camiones y *jeeps* militares mexicanos, pero más tarde sucedió algo inexplicable, ya que el convoy fue visto por aviones mexicanos detenido en un paraje solitario, y soldados muertos. Al parecer, la CIA tomó la decisión de enviar un equipo para recuperar los restos, enviando cuatro helicópteros, pero cuando llegaron vieron que todo el personal del convoy estaban muertos, la mayoría dentro de los camiones. Seguidamente engancharon el objeto circular para trasladarlo a su base. Tras reunir a los camiones y cadáveres destruyeron los restos con explosivos, incluyendo los del avión. El incidente culminó con la negación del hecho por parte del ejército mexicano, a pesar de que determinados radioaficionados lograron escuchar conversaciones de lo acontecido aquel fatídico día. La lista de más accidentes de ovnis es demasiado larga, pero basta lo expuesto como ejemplo de que Roswell no fue el principio ni será el final.

EL ENIGMA DE LOS ACCIDENTES OVNIS

Ante tal cantidad documentada de ovnis accidentados por medio mundo, cabe preguntarse cuál puede ser el motivo, dado que es este un tema que no se suele abordar con la profundidad que requiere y tal vez contenga una realidad que también se nos oculta. Poniendo varias hipótesis sobre la mesa, cabe pensar que, si llegan a la Tierra viajando desde largas distancias siderales, deben ser naves muy sofisticadas, de forma que es difícil aceptar que sufran tantos accidentes. Aunque, de proceder de lejanos puntos de la galaxia, más bien llegarían en el interior de las denominadas *naves nodrizas*. Digo esto porque, de acuerdo con teorías ufológicas, se cree que las diversas naves conocidas estrelladas, al ser pequeñas y de corto alcance, podrían ser de reconocimiento, procedentes de alguna base alienígena cercana a los siniestros o de una nave nodriza. De ser así, la nueva cuestión es saber si estas últimas se mantienen en órbita a cierta distancia de nuestro mundo u ocultas en bases construidas en el planeta desde hace miles de años, que es lo más lógico. Recordando ahora las inmensas naves de los textos sagrados hindúes como el *Mahabharata*, tal vez lo que cayó en Tunguska, Siberia, el 30 de junio de 1908, pudiera haber sido una *gigantesca nave nodriza*, liberando energía equivalente a unas 185 bombas como las de Hiroshima, lo que provocó que el cielo ardiera y cayeran más de 80 millones de árboles en un área de más de 2150 km^2 de bosque. Lo curioso es que lo que fuera aquel inmenso objeto no chocó con la tierra, sino que explotó antes sin dejar ningún rastro. Algo que recuerda a un evento similar que tuvo por protagonista a un gigantesco meteorito caído también en Rusia. Fue en la ciudad de Cheliábinsk, el 15 de febrero del 2013. En este caso, igualmente no llegó a chocar con el suelo, lo que hubiera tenido unas consecuencias más que desastrosas, al ser 30 veces más destructivo que la bomba de Hiroshima; por suerte, explotó a unos 20.000 metros de altura. Lo llamativo de este incidente en Rusia es que algunos investigadores afirman que un objeto luminoso se acercó al asteroide haciéndolo explotar. De ser cierto, significaría que quienes nos vigilan desde el cielo parecieran estar interesados en evitar la destrucción del planeta, igual que les preocupa nuestro armamento nuclear.

¿AMENAZA EXTRATERRESTRE?

Pero hay otras hipótesis sobre los accidentes de ovnis. Una de ellas es que tal vez no sean accidentes, sino que son derribados intencionadamente por ejércitos de la Tierra, al invadir su espacio aéreo, considerándolos una amenaza, especialmente en Estados Unidos y la antigua URSS. De hecho, son notorios los casos que en los últimos años se van conociendo sobre posibles enfrentamientos entre militares y razas extraterrestres. Casos como el que se produjo en la base rusa ultrasecreta de Kapustin Yar, muy similar al incidente de Roswell. Sucedió en 1947. Dicha base, ubicada a 100 kilómetros de Volgogrado (antiguo Stalingrado), fue creada ese año en una zona desolada; es el equivalente soviético del Área 51 estadounidense e, igual que esta última, está envuelta en misterios y secretos relacionados con ocultamiento de restos de ovnis y de sus tripulantes. Se cuenta que en ella mantuvieron a científicos nazis capturados después de la Segunda Guerra Mundial, elaborando nuevo armamento sofisticado, aprovechando su tecnología (al igual que lo hicieron los americanos con la Operación Paperclip). Sospechoso que en 1948 fuera lanzado el primer balístico soviético, el R-1 (copia del V-2 nazi), y más tarde el primer misil nuclear de la URSS, el R-5, siendo el lugar elegido para todas las pruebas de armas atómicas y nucleares hasta 1961. Pero lo que interesaba a Stalin, entusiasmado con el fenómeno ovni, era poder llegar a conseguir e investigar una nave extraterrestre. De ahí el crear una base semejante al Pentágono, según se dice, con la idea de atraer ovnis hasta ella. Igual que destaca su interés por ordenar en 1927 la famosa expedición a Tunguska, al ser informado que allí se había estrellado un ovni en 1908. Finalmente consiguió lo que ansiaba cuando, en 1950, un avión MIG ruso logró derribar un ovni con forma de puro al enfrentarse a él. Los restos del ovni fueron llevados a la instalación subterránea de la base, al que se uniría otro ovni abatido en 1960 con dos alienígenas muertos, practicándosele una autopsia en Moscú, de modo similar al caso Roswell. A ello hay que sumar la batalla entre ovnis y la base, en 1968, llegando a destruir parte de sus instalaciones subterráneas. Todo ello fue descubierto en los archivos de la KGB al ser desmantelada en 1991.

De este caso y otros muchos similares entre ovnis y los ejércitos ruso y americano, se deduce la posibilidad de estar librándose un enfrentamiento entre terrestres y alienígenas, ocultado una vez más a la población. Más cercano a nuestro tiempo es sabido que, desde al menos finales de enero del 2023, cazabombarderos estadounidenses vienen derribando objetos no identificados en el espacio aéreo de Michigan, Alaska o Canadá, confirmados por el Pentágono.

Del primero de ellos, derribado en Carolina del Sur, se dijo que era un globo espía chino. Preguntándole al jefe del Comando Norteamericano de Defensa Aeroespacial, Glen VanHerck, en una rueda de prensa, sobre tres objetos derribados en febrero —nada que ver con globos chinos—, si se descartaba que se tratase de seres extraterrestres, su respuesta fue muy rotunda: «En este momento no he descartado nada». Lo cierto es que ante tal cantidad de «silencio o desinformación» sobre este tema, puede ser que también se nos oculten posibles enfrentamientos que vienen sucediendo desde hace años en nuestros cielos sin que nadie nos lo cuente. No estaría de más recordar una conversación entre Ronald Reagan y Mijaíl Gorbachov, mantenida en un breve paseo durante un descanso de las negociaciones de la Cumbre de Ginebra, del 19 de noviembre de 1985. Acompañados únicamente de sus intérpretes, se supo que Reagan le hizo una pregunta personal al líder soviético. Esto durante años se mantuvo en secreto, hasta que en una entrevista de 2009 del reconocido locutor americano Charlie Rose, con el secretario de Estado de Reagan, George Shultz, Gorbachov reveló que Reagan le preguntó directamente aquel día si podían dejar de lado sus diferencias en caso de que el mundo fuera invadido por extraterrestres, de forma que ambas superpotencias se aliaran, a lo que Gorbachov contestó afirmativamente. Lo curioso del tema es por qué en plena Guerra Fría, ante tantos temas candentes que debatir entre ambos presidentes, se planteó abordar el tema privadamente de una posible amenaza extraterrestre. Algo que Reagan volvió a comentar en un discurso ante alumnos de segunda enseñanza en un colegio de Harford County, en el estado de Maryland, a finales de 1985, declarando: «Tuve que decirle a Gorbachov que pensase en lo fácil que serían su tarea y la mía si de repente se produjera una amenaza a este mundo por parte de otra especie desde otro planeta fuera del Universo». En otra ocasión, saliéndose del protocolo, en su discurso del 21 de septiembre de 1987, ante la 47.ª Asamblea de las Naciones Unidas, dos años después de la citada Cumbre de Ginebra, expuso a las presentes frases que repetiría en diferentes ocasiones en su etapa como presidente: «Quizá necesitamos de una amenaza universal exterior. De vez en cuando pienso como nuestras diferencias se desvanecerían si nos viéramos enfrentados a una amenaza extraterrestre. Y hoy les pregunto ¿Acaso no existe ya una fuerza extraterrestre entre nosotros?». Tan repetida insistencia en referirse a este tema da para sospechar que, más que una mera obsesión personal, sabía bien a qué se estaba refiriendo ya durante años anteriores a su mandato, debido a su marcada creencia en la presencia extraterrestre en la Tierra. Curioso saber que, nada más ser elegido, anunció la creación de un sistema defensivo destinado según se dijo a interceptar y destruir armas nucleares enemigas, bajo un nombre más que revelador: «Guerra de las Galaxias». Como si al ser presidente se le hubiera revelado alguna información secreta sobre una posible amenaza extraterrestre que puede seguir vigente. Algo que continuó desarrollando años más tarde el presidente Donald Trump en el 2019, al crear lo que se denominó Fuerza Espacial de los Estados Unidos, un sexto brazo de las Fuerzas Armadas, con un presupuesto de 738.000 millones de dólares, creado para proteger su espacio aéreo, pero ¿de qué o de quiénes? Como poco, da mucho en que pensar. Está claro que quienes mueven los hilos nos siguen ocultando todo lo que se traen en mano bajo el mantel del secretismo político.

GUERRAS ALIENÍGENAS ENCUBIERTAS

Entre otras hipótesis posibles y sabiendo que desde el inicio de la primera civilización sumeria vienen librándose batallas en nuestros cielos entre diversas razas alienígenas por el control del planeta, pudiera ser que tales enfrentamientos se sigan manteniendo hoy en día. Hay teorías ufológicas que refieren la existencia de una especie de federación galáctica, encargada del progreso de nuestro sistema solar o incluso de nuestra galaxia, una especie de institución planetaria similar a nuestras Naciones Unidas. En este caso, pareciera que esa alianza entre planetas de nuestra galaxia estuviera vigilando para impedir que una raza hostil sea una amenaza para otra inferior, como parece que viene aconteciendo en nuestro mundo desde los orígenes de la humanidad. Teniendo en cuenta las distancias entre planetas de nuestro sistema solar, es notorio observar cómo entre Marte y Júpiter pareciera haber el doble que entre los demás, como si faltara un planeta. Lo sugerente es comprobar que en su lugar hay miles de asteroides orbitando, tal vez una prueba palpable de guerras entre diferentes razas en el pasado, culminando con la destrucción de un planeta de nuestro sistema solar —como pudo ocurrir con la supuesta civilización marciana—, habiendo podido provocar la emigración de los supervivientes al nuestro. De ser así, llegarían para instalarse, convirtiéndolo en su nuevo hogar y sometiendo a los humanos como hace toda civilización superior con otra inferior. Esto es algo similar a lo que algunos Gobiernos como el de Estados Unidos, Rusia o China vienen estudiando realizar en la luna o Marte, creando bases donde poder desplazarse, en caso de que algún día el nuestro no pudiera albergar vida, si es que no lo han realizado ya ocultamente como muchos sospechamos.

El fenómeno de las abducciones

ABDUCCIONES. UNA REALIDAD QUE SE OCULTA

Uno de los campos de la ufología más desconcertantes es el de las abducciones y los raptos de personas contra su voluntad. Una cuestión que todavía sigue sin esclarecerse, pero de la que ya existen millones de casos por todo el planeta con un patrón común. Aunque la abducción suele surgir cuando una o varias personas se encuentran en lugares apartados o viajando en un auto por carreteras aisladas, generalmente de noche, a veces durante horas o incluso días, hay muchos casos documentados que suceden igualmente dentro de la propia vivienda, donde son raptados por entidades conocidas como *visitantes de dormitorio.* En el caso de quienes viajan en coche, primero ven una gran luz en el cielo, seguidamente los mandos dejan de funcionar, inmovilizando el auto, y a partir de ahí surge la experiencia más o menos traumática para el abducido. En todos los casos, un hecho repetido es el que la persona abducida vive un lapso de tiempo perdido o amnesia del cual no recuerda nada, al que solamente se accede a través de técnicas como la hipnosis o la terapia regresiva, pero que, como profesional de estos campos, debo añadir que no siempre son fiables. Hay personas que comienzan a recordar parte de la experiencia vivida a través de los sueños, despertándose con pesadillas entre sudor y pánico. Aun así, dados los muchos casos que coinciden en la descripción de la experiencia vivida, sin duda hay mucho de verdad en lo que suelen contar. Lo más común es relatar que han sido absorbidos hasta una nave de la que emanaba una potente luminosidad, produciéndose el evento en plena carretera, bosques o lugares apartados de la población, o haber sido visitados y raptados mientras dormían.

Suelen describir a entes humanoides más bien de baja estatura, con la morfología conocida de los alienígenas grises, aunque en ocasiones aparecen entre ellos seres más altos, como si fueran de una raza diferente. Dentro del tema dejaré algunos de sus enigmas para abordar más adelante, como la posibilidad de que los grises pequeños pueden estar bajo el mando de unas entidades superiores para las cuales trabajan o las increíbles revelaciones de múltiples abducidas afirmando no solo ser escogidas por los alienígenas desde niñas, sino desde generaciones anteriores.

Otra observación dentro del tema es que, si bien parecen existir algunos casos en los que el secuestrado recibe algún beneficio de la experiencia, la gran mayoría de los que viven esta terrorífica experiencia padecen de secuelas traumáticas que les cambiaron para siempre sus vidas. Igualmente es curioso observar que buena parte de los abducidos suelen ser niños, jóvenes o personas de mediana edad, de forma que parecen mantener escaso interés en personas mayores, especialmente dentro de las experimentaciones relacionadas con la gestación o la reproducción humana. Finalmente, resta añadir que todos los casos conocidos sobre abducciones no pueden ser demostrables fácilmente, habiéndolos que pueden ser fraudes, vivencias psicológicas o subconscientes. Pero ante los millones de casos que se han venido sumando desde la época de los 40 hasta la actualidad, existe una inmensa posibilidad de que muchos de ellos, aunque parezca difícil de comprender o de aceptar, sean realmente ciertos. Para mí lo son. Me limitaré aquí a exponer algunos de los más conocidos dentro del tema.

ENOC. EL PRIMER ABDUCIDO

Uno de los personajes más misteriosos del Antiguo Testamento y del que solamente se incluye una mera mención en el Génesis, es el séptimo patriarca prediluviano, Enoc. Bisabuelo de Noé y padre de Matusalén, puede verse como el primer contactado y abducido de la ufología. Su experiencia es de las más misteriosas, como prueban los escritos contenidos en su controvertido evangelio: el Libro de Enoch. Considerado como un hombre muy sabio, algunos estudiosos creen que pudo haber sido el dios Thot egipcio (el Hermes

Trismegisto griego), creador nada menos que de la Gran Pirámide de Egipto. Su evangelio fue rápidamente retirado de la Biblia en el Concilio de Nicea (325 a. C.), considerándolo apócrifo y no revelado por Dios, no así por la ortodoxia etíope, en la que forma parte importantísima de su canon bíblico. En realidad es un evangelio molesto y prohibido para la Iglesia católica todavía a día de hoy, convertido en el apócrifo más enigmático de todos los existentes. El verdadero, porque su eliminación se debe a la clara alusión a la presencia ovni, conteniendo datos insólitos sobre la observación e intervención extraterrestre en nuestro mundo desde tiempos inmemoriales. Habla de ángeles, que Enoc denomina «los vigilantes» (claramente extraterrestres), entidades que vienen observando a la humanidad desde sus orígenes, *supuestamente velando por su progreso*. Habla de cómo era el mundo prediluviano y de los «200 ángeles caídos», que, al mando de uno de sus líderes (Semyazza), se rebelaron contra Dios, bajando a la Tierra para unirse a las hermosas hembras humanas, surgiendo seres híbridos gigantes (los *nefilim*), seres malvados que asesinaban a los humanos, gustando de su sangre y su carne. Esta rebelión generó el enfrentamiento entre ángeles fieles a Dios y los rebeldes, para más tarde ser barridos de la faz del planeta por Dios mediante el diluvio bíblico. Habla también de las fases de los movimientos del sol, las fases de la luna y otros muchos conocimientos astronómicos. Menciona también cómo es visitado en casa por dos hombres muy altos con rostros luminosos, quienes lo llevan a viajar por el espacio en una especie de palacio de cristal, viendo el planeta Tierra desde el cielo a través del suelo transparente. O que el propio Dios le rebela secretos de la creación del mundo y múltiples conocimientos que Enoc recopila, por lo que es tenido como el guardián de los secretos del planeta. Tras ser devuelto a la Tierra, más adelante Dios se lo llevó para siempre al cielo en un carro de fuego (como a Elías) para nunca regresar. Por supuesto, el Dios al que se refiere Enoc es sencillamente el comandante de una nave alienígena. Sin olvidarnos de que la misma Virgen María, Jesús o Mahoma ascendieron igualmente en cuerpo físico a los cielos. En el caso de Jesús, lo hizo ocultado por una nube (en la que se encontraban Enoc y Elías); entre tanto, Pedro, Santiago y Juan seguían mirando fijamente al cielo mientras se alejaba. Pero ¿en qué se alejaba...?

DESAPARICIONES MISTERIOSAS

A lo largo de la historia han sucedido hechos inexplicables o cuando menos sorprendentes, como las desapariciones de personas o grupos enteros. Como ejemplo de la antigüedad, recordaremos la misteriosa desaparición el 7 de julio del 717 a. C. de Rómulo, uno de los fundadores del Imperio romano, cuando se encontraba en el Campo de Marte en Roma. De pronto surgió una repentina tormenta con relámpagos y truenos, de la que surgió una nube negra que lo ocultó ante la vista de los presentes; nunca más regresó. Incluso pueblos enteros desaparecieron de la historia sin dejar rastro, como el caso de los comentados anasazi, poco tiempo antes del descubrimiento de América, o los propios mayas, sobre los que existe la leyenda de que habían venido de las Pléyades y un buen día emprendieron el viaje de vuelta para no volver. Tenemos la crónica del líder de un pueblo de 120 colonos ingleses en la isla Roanoke, en la costa de Carolina del Norte, América, en 1590, que relata que, al regresar de Inglaterra con los víveres para la colonia, todos habían desaparecidos sin dejar rastro.

Ya más cercano a nuestro tiempo, otra desaparición igualmente misteriosa, que lleva 90 años sin resolver, fue la de 1200 habitantes de todo un pueblo inuit, asentado junto al lago Angikuni, en Nunavut, Canadá, ocurrido en 1930. De ser cierto lo narrado por pueblos cercanos al lugar, ese día «se produjo una extraña y furiosa tormenta, después una enorme luz verde bajó del cielo», y a sus pobladores nunca más se les volvió a ver. La propia policía señaló que un testigo había denunciado haber visto un objeto cilíndrico y brillante cruzando el cielo hacia el lago Anjikuni. Y lo que es más extraño, las tumbas estaban abiertas y vacías. Habían desenterrado a sus muertos llevándoselos con ellos. Sin embargo, todos los perros (imprescindibles llevárselos si decidieran abandonar el poblado, además de considerarlos sagrados) estaban atados y muertos al devorarse entre ellos por falta de alimento.

Volviendo al almirante Colón, hay que recordar que, al navegar sobre la zona del mar de los Sargazos, había observado extrañas luces saliendo del agua, que siglos después darían pie a uno de los misterios sin resolver en pleno siglo XXI, el Triángulo de las Bermudas y sus muchas desapariciones sin resolver. El misterio nació el 5 de diciembre de 1945 —ocho meses después de finalizada la Segunda Guerra Mundial—, cuando el Vuelo 19, compuesto por cinco aviones bombarderos estadounidenses, desapareció de los radares para siempre sin dejar ningún rastro. Desde entonces comenzaron a reportarse un buen número más de aviones, barcos y personas. Pero las mismas desapariciones comenzarían a suceder más tarde en otros lugares como el mar del Diablo o del Dragón, a unos 100 kilómetros del sur de Tokio, en la costa de Japón. Y más aterrador, las más de 20.000 personas reportadas como desaparecidas desde 1970 en el llamado Triángulo de Alaska, que es una región caliente en avistamientos de ovnis. Más cercano a nuestro tiempo es el misterio de aviación más desconcertante y trágico de todos los tiempos, que se produjo el 8 de marzo de 2014, dando como resultado la desaparición del Vuelo MH370 de Malaysia Airlines, con 239 personas a bordo, procedente del aeropuerto de Kuala Lumpur, Malasia, con destino a Pekín. Tras tres años de intensa búsqueda por mar y aire de varios países, nunca apareció ningún resto del avión ni pasajero alguno, llegando a ser relacionado con la presencia de algún ovni en su ruta.

Tantas desapariciones en muchos puntos concretos del planeta desde antiguo, para algunos ufólogos parecen apuntar a una especie de abducción masiva de aparatos y personas o de la existencia de los llamados *vórtices* o *portales*, donde se dan unas fuerzas electromagnéticas naturales que por causas desconocidas pueden abrirse en determinados momentos, absorbiendo todo lo que se encuentre en los alrededores en ese momento. Otras teorías ufológicas son las que señalan la posibilidad de que sean *puertas abiertas* por los propios extraterrestres para entrar o salir de nuestro planeta a voluntad. Este tipo de hechos se cuentan por ejemplo en arcaicas tradiciones gálicas o celtas, que hablan de personas que desaparecen, volviendo a aparecer en el mismo lugar 200 o 300 años después, sin que el paso del tiempo les hubiese afectado físicamente. En el caso de Alaska, se habla de la presencia de una especie de gran homínido similar al famoso pies grandes de Canadá o Norteamérica, que puede ser causa de la desaparición de montañistas y excursionistas en la zona. Finalmente, aportaré el dato espeluznante de que cada segundo desaparece una persona en el mundo.

CASOS CLÁSICOS DE ABDUCCIONES

La abducción alienígena vivida por el matrimonio Betty y Barney Hill en Estados Unidos se tiene como la que dio comienzo a la popularidad de este controvertido tema. Sucedió el 19 de septiembre de 1961, cuando regresaban en automóvil de madrugada a su casa en la ciudad de Portsmouth, por la aislada carretera que atraviesa las Montañas Blancas de New Hampshire. Fue aquí cuando ocurrió un hecho que cambió para siempre sus vidas. En un momento dado, en un tramo desierto de la carretera, divisaron una extraña luz en el cielo que se detuvieron a observar. La luz se fue acercando hacia ellos rápidamente, provocándoles temor y haciendo que volvieran de inmediato al coche y salieran del lugar a toda prisa, aunque perseguidos por un ovni, que terminó desapareciendo en el cielo. Y ahí pudo terminar la historia. Salvo que al llegar a casa comprobaron que habían vivido un salto o lapsus en el tiempo. A partir de ahí comenzaron a sufrir determinadas dolencias como náuseas, jaquecas o a obsesionarse con ducharse a cada rato y Betty solía despertar al soñar pesadillas que no lograba recordar. Tres días después de la experiencia, tras informar de ella a la Base Pease de la Fuerza Aérea, fueron visitados por el mayor Paul W. Henderson, quien conversó con ellos durante media hora. En su informe, fechado el 26 de septiembre de 1961, el militar escribió que posiblemente hayan confundido al planeta Júpiter con un plato volador. En 1964, buscando averiguar lo que les estaba ocurriendo y lo sucedido durante el tiempo perdido, decidieron someterse a un proceso de hipnosis regresiva con el psiquiatra Benjamin Simon durante seis meses. Mediante la experiencia manifestaron que después de observar cómo el ovni se acercaba y se colocaba sobre ellos, a unos 20 metros, el auto comenzó a vibrar y emitir sonidos. Entonces apreciaron que tenía forma de disco con ventanillas, a través de las cuales Barney dijo divisar entre ocho y once humanoides que los observaban, al mismo tiempo que percibió la orden telepática de permanecer donde estaba. Seguidamente la nave aterrizó y de ella salieron un grupo de alienígenas; el matrimonio fue llevado a su nave. Ya en ella fueron sometidos a experiencias de revisión médica en una especie de camilla de operaciones, además de extraerle los óvulos a Betty y el semen a él. Ambos coincidieron por separado en describir a los alienígenas sobre un metro y medio de alto, piel gris y una cabeza grande en forma de pera invertida, ojos grandes y nariz y boca pequeñas. Según Betty se comunicaban telepáticamente con ellos y, en un momento dado, el líder les habló en inglés, transmitiéndoles por ejemplo datos de un mapa estelar que se cree pudo ser del sistema Zeta Reticuli, del que procedían, a 39 años luz de la Tierra. Finalmente los dejaron libres, reprogramando sus mentes para borrarles el incidente. (Algo común en todos los casos de abducción). Por lo llamativo de esta experiencia en la tercera fase, fue llevada al cine como *The UFO Incident*, en 1987, haciendo proliferar a partir de ahí testimonios de otras personas que afirmaban haber vivido una experiencia similar. A pesar de ser posiblemente el caso de abducción mejor informado de la ufología, los encargados del Proyecto Libro Azul nunca se interesaron por investigarlo. Como hoy es sabido, el caso del matrimonio de los Hill no fue el primero, aunque sí el más popularizado en su tiempo. De hecho, tan solo en nuestro propio país hay casos mucho más antiguos, como el que para muchos es uno de los más extraordinarios de experiencias de contacto y abducción consentida de la ufología.

Matrimonio Betty y Barney Hill.

Se trata de la telefonista española Próspera Muñoz. El hecho sucedió en el verano de 1947 a sus ocho años, cuando estando en una casa de campo en Jumilla, Murcia, con su hermana de doce años, vio una especie de coche que venía volando a ras del suelo y que aterrizó al lado de la ventana. De él salieron dos personas extrañas que entraron en la casa pidiendo un vaso de agua, aunque no llegaron a beberla. Los describe con una cabeza grande como de bombilla, boca como una línea, unos ojos grandes y cuatro dedos en sus manos. Seguidamente, los seres solicitaron su permiso para hacer un experimento con ellas y, al decirles que sí, salieron de la casa, subieron al extraño vehículo en el que habían venido y se fueron prometiendo volver. Un hecho extraño que Próspera relata que ocurrió tras la marcha de los extraños visitantes fue que, al querer abrir las puertas de una despensa donde guardaban alimentos en frascos de cristal, les fue imposible hacerlo. Su tío comentó que había observado en el campo un aparato luminoso que venía volando desde la zona de la casa. Al día siguiente, misteriosamente los botes se abrieron fácilmente, pero observando asombradas que todos los alimentos se habían podrido. Esa noche, su tío durmió recostado en el suelo de la habitación de las niñas para vigilar que nada pasara, pero Próspera se despierta y, al ver a los seres mirando por la ventana, sale al exterior y es entonces cuando se la llevan junto a su perro, que permanecía dormido en los brazos de uno de ellos. Caminaron hacia un aparato en el bosque con forma de disco, de ahí entraron en otro enorme y se movieron por largos pasillos hasta ponerla en una camilla donde comenzaron a hacerle un chequeo y a tomar muestras de su cuerpo. Más tarde la devolvieron a su casa. A partir de 1979 comenzó a recordar parte de la vivencia, descubriendo que había tenido más visitas. Más adelante, Próspera contaría que los extraterrestres le revelaron que todos venimos a este mundo a cumplir un programa y que, en su caso, la habían escogido antes de nacer para dar a conocer la existencia de la vida extraterrestre.

Otro de los casos de abducción más difundidos, anterior al del matrimonio de los Hilll, fue el que vivió el 16 de octubre de 1957 el granjero brasileño de Minas Gerais Antonio Vilas-Boas, a sus veintitrés años.

Se encontraba arando de noche con su tractor cuando vio que se acercaba gradualmente una estrella roja en el cielo. Tardó unos instantes en comprobar que se trataba de una nave espacial de forma ovoide, con una cúpula giratoria encima, que aterrizó frente a él. Aterrorizado, intentó huir, pero el motor del tractor se apagó, terminando por ser atrapado por humanoides de 1,50 de altura, con cascos y vestidos de gris, emitiendo una especie de gruñidos, que lo introdujeron en la nave. Una vez en ella lo desnudaron, cubriendo todo su cuerpo con una especie de gel y llevándolo hacia una amplia sala semicircular. Al pasar bajo ella observó unos extraños símbolos que memorizó. Seguidamente le extrajeron sangre e introdujeron en una habitación donde le irradiaron un gas que le hizo sentirse mal. Poco después apareció una hermosa alienígena de la misma raza, desnuda, de ojos azules, largo cabello rubio platino con pelo rojo en axilas y pubis, con la que mantuvo relaciones sexuales. Al terminar, la mujer le sonrió señalando hacia lo alto, como indicándole que el ser que surgiría de aquella relación nacería en el espacio. Terminada la experiencia lo dejaron en el campo, observando como la nave se alejaba hacia el cielo. Aquella insólita experiencia que recordó sin necesidad de hipnosis duró cuatro horas y lo llevó a padecer náuseas, dolores de cabeza, lesiones en la piel, debilidad y síntomas de radiación. Pasado el tiempo se hizo abogado, se casó y tuvo cuatro hijos, manteniendo toda su vida que la experiencia había sido real.

Experiencia de Antonio Vilas-Boas.

El 11 de octubre de 1973, de madrugada, Calvin Parker, de diecinueve años, y su amigo Charles Hickson, de 42, se hallaban pescando en un muelle abandonado del astillero Shaupeterel, en el río Pascagoula, Misisipi, cuando de pronto, de la nada, un ruido atronador y una deslumbrante luz azul surgieron de detrás de ellos iluminando la zona. Al girarse para ver de dónde procedía, observaron un aparato en el aire con forma de pelota de rugby de unos 32 metros de largo, flotando a unos 30 centímetros del suelo, cerca de ellos. Sobresaltados, quisieron huir, pero tres criaturas humanoides salieron flotando de la nave, paralizándolos y llevándolos por el aire hacia ella. En el interior afirmaron haber sido examinados por un ojo mecánico que escaneó su cuerpo y sufrieron pinchazos y otras manipulaciones que les dejaron marcas y heridas punzantes en el cuerpo. Un tiempo después fueron devueltos a la orilla, desde donde vieron partir la nave. Informaron al *sheriff* del suceso al día siguiente y la noticia comenzó a difundirse rápidamente. Hickson siempre estuvo abierto a contar su historia hasta su muerte en el 2011. Por su parte, Parker prefirió aislarse del tema y continuar con su vida, hasta que en 1993 sería sometido a una regresión hipnótica por el especialista en el tema Budd Hopkins. Gracias a esas sesiones, en 2019 decide contarlo todo escribiendo el libro *Pascagoula. El encuentro más cercano: Mi historia*, aunque se escribieron más libros sobre su experiencia. Los seres fueron descritos con forma humanoide de 1,5 metros, piel gris y arrugada, sin ojos o boca que pudieran discernirse claramente. Además tenían pinzas como una langosta en lugar de manos y parecían tener solo una pierna dividida en dos. Igualmente manifestó tener visiones que le asustaban, dado que observaba cómo se venían cumpliendo. Algo que ocurre en ocasiones a algunos abducidos, como en el caso de Próspera Muñoz.

Otro caso de abducción muy conocido fue el vivido por el cabo Armando Valdés Garrido del Ejército chileno, quien, el 25 de abril de 1977, asegura que mientras patrullaba con otros soldados por la región de Arica y Parinacota, Chile, divisó unas luces extrañas a 5 kilómetros de la localidad de Putre. En un momento dado, Valdés desapareció de forma extraña sin poder ser encontrado por la patrulla, hasta aparecer unos quince minutos después a unos 500 metros de donde había desaparecido. Estaba desmayado, desvariando y con barba de varios días. Al reaparecer, su reloj digital marcaba un adelanto de cinco días. Una vez recuperó la consciencia, afirmó que había tenido un encuentro con seres alienígenas, quienes le aportaron conocimientos y revelaciones. Más adelante, el propio Valdés llegó a confirmar y negar en diferentes ocasiones la veracidad de lo vivido, terminando finalmente por confirmar que la experiencia había sido real.

Un caso muy divulgado y, de ser cierto, uno de los más terroríficos y largos para el abducido, fue el del maderista estadounidense de veintidós años Travis Walton. De su insólita experiencia, el propio Travis escribiría el libro *The Walton Experience* en 1978, del cual surgiría la película *Fuego en el cielo*, en 1993, pero con una exageración de lo ocurrido dentro de la nave por parte de los guionistas. Según afirma, la noche del 5 de noviembre de 1975, terminada la jornada de trabajo en el bosque con sus compañeros de equipo, en el Parque Nacional de Sitgreaves, cerca de Snowflake, Arizona, de regreso a casa en camioneta, observaron una potente luminosidad entre los árboles. Curioso, Travis salió de ella dirigiéndose hacia la luz. Al acercarse observó un objeto con forma de platillo flotando sobre él a unos 30 metros de altura que emitía un sutil sonido. De pronto, un rayo de luz surgió de la nave tirándolo al suelo y dejándolo semiinconsciente y paralizado, haciendo huir espantados a toda velocidad en la camioneta a sus compañeros. Tiempo después, cuando volvieron al lugar, Travis había desaparecido. Volviendo al pueblo y haciendo saber del suceso a la policía, comprobaron que su versión no era creíble, entendiéndolo como un caso policial de desaparición o incluso de asesinato por parte de sus acompañantes, por lo que todos ellos fueron sometidos a la prueba del polígrafo, resultando que decían la verdad. A pesar de buscarlo intensamente durante tres días con todos los medios posibles, no lograron encontrarlo. Días después, misteriosamente, su familia recibió una llamada telefónica en la que una voz afirmaba ser el propio Travis, quien indicaba que estaba llamando desde una gasolinera. De inmediato, su mejor amigo, Mike Rogers, fue en su búsqueda, encontrándolo junto al teléfono en un lamentable estado y costándole hablar. Cuando ya estuvo en condiciones de contar lo sucedido, lo que expuso dejó impresionados a muchos, convencidos de que había sido un secuestro real. Según afirmaba, después de haber sido golpeado y elevado en un halo de luz hacia la nave, al recobrar la conciencia sintió mucho dolor en el pecho y la cabeza, comprobando que se encontraba en una especie de sala quirúrgica sobre una mesa, siendo observado por extrañas criaturas calvas, blancas, sin pestañas ni cejas, con cabezas y ojos muy grandes y narices, bocas y orejas pequeñas. Seguidamente recuerda haberse aterrorizado hasta el punto de golpearlos y saltar de la mesa, amenazándolos con un objeto y haciéndoles salir de la sala. En su huida entró en otra estancia, donde observó una especie de panel de mandos y una proyección reflejando un mapa de estrellas. De pronto apareció un ser de apariencia humana muy alto, musculoso, de pelo castaño rubio, ojos con forma de avellana y con casco, que lo impulsó a adentrarse en una habitación más grande donde había más entes como el citado. Estos colocaron una máscara de plástico sobre su cara dejándole de nuevo inconsciente y sometiéndole a aberrantes y sufrientes exámenes médicos. A partir de ahí solo recuerda verse tendido en la autopista y observar alejarse la nave a gran velocidad. A pesar de no recordar nada más conscientemente, la experiencia fue tan traumática que jamás volvería a ser el mismo. Su vida cambió para siempre.

Otro caso considerado un clásico del fenómeno de las abducciones fue el supuestamente vivido por el novelista Whitley Striever. Sucedió el 26 de diciembre de 1985, estando con su familia en su casa en el bosque, en el estado de Nueva York, cuando de noche fue despertado por unas entidades humanoides de baja estatura que terminaron secuestrándolo. Desde aquel día padeció de daños postraumáticos, como cambios de personalidad, lo que lo llevó a publicar su experiencia en 1987 en su conocido libro de no ficción *Communion*, convertido en un *best seller* y llevado al cine en 1989. Años después, más de cuatro millones de estadounidenses comenzaron a manifestar haber vivido una experiencia similar. Más tarde ampliaría su experiencia en más libros sobre ovnis: *Transformation* (1988), *Breakthrough* (1995) y *The Secret School* (1996), aunque nunca afirmó haber sido visitado por extraterrestres; a aquellas criaturas las llamaba «los visitantes», dejando abierta la posibilidad a haber sido otro tipo de entidades.

Entre los casos más intrigantes dentro del tema de los encuentros cercanos, encontramos el supuestamente vivido por Betty Andreasson, el cual desafía toda explicación, haciéndolo difícil de aceptar como real. Sería después de diez años de la experiencia cuando comenzaría a recordar lo vivido, al someterse a procesos de hipnosis de 1977 a 1980. A partir de ahí comenzaría a recordar haber sido abducida a los siete y doce años, a bordo de una nave alienígena. A los trece años recordó estar observando como una luz en el cielo iba aumentando de tamaño, asemejando a la luna, hasta que inexplicablemente se encontró dentro de una habitación blanca, siendo examinada por los clásicos humanoides de cabeza grande con forma de pera, los típicos grises de aproximadamente un metro de altura. Lo que contó a continuación se sale del esquema habitual de las abducciones, al afirmar haber sido introducida en una pequeña nave bajo el agua, saliendo a la superficie por un túnel de hielo. Allí observó figuras humanas vestidas con ropajes de diferentes épocas e incrustadas dentro de cristales, como insectos dentro de resina de ámbar. Seguidamente accedió a una especie de bosque de cristal, en el que afirmó haber vivido una experiencia espiritual. Más tarde fue devuelta a la Tierra, percibiendo que volvería a ser secuestrada. Así fue. Sucedió cuando tenía 30 años, viviendo con sus padres y sus siete hijos en South Ashburnhamm, Massachusetts, estando su esposo en el hospital debido a un accidente de coche. Todo comenzó el 25 de enero de 1967, cuando las luces de la casa se apagaron y una intensa luminosidad roja penetró por las ventanas. Al rato, cinco criaturas de baja estatura entraron en la casa atravesando la puerta cerrada. Vestían uniformes azules ajustados, cinturón y una insignia con un ave en las mangas y tres dedos en cada mano. El que parecía el líder, un poco más alto que el resto, telepáticamente le ordenó acompañarlos a su nave. Una vez allí, volvió a ser examinada, metida en una esfera transparente y llevada a su planeta. Ya en su mundo, fue llevada en una vagoneta por el interior de un túnel de piedra, acompañada de dos extraterrestres con capucha negra. Terminado el túnel, pasaron a través de un espejo plateado a un lugar con atmósfera roja, donde observó extrañas criaturas con tentáculos que le provocaron temor y a los que no se acercó. Más adelante cruzaron una barrera circular que daba acceso a un gran espacio subterráneo, el cual desprendía una luz verdosa, y observó vegetación exuberante y una ciudad lejana. Cuatro horas después de haber sido secuestrada se vio de nuevo en casa. Lo extraordinario del caso es que Betty fue sometida a una extensa investigación de doce meses por medio de médicos, psiquiatras, físicos, múltiples sesiones de hipnosis, detector de mentiras…, llegando a realizarse una extensa documentación de datos que confirmó que su experiencia y la de su hija habían sido reales. El mensaje sintetizado de Betty afirma que sus raptores son una raza preocupada por la humanidad desde sus inicios que trata de cuidar del planeta.

El último caso seleccionado, igualmente muy difundido, incluye la experiencia vivida por el joven sargento de policía de veintitrés años Herbert Schirmer, el 3 de diciembre de 1967, sobre las 02:20 de la noche, cerca de Ashland, Nebrasca, en el momento de realizar su normal ronda de patrulla. A esa hora observó unas luces rojas intermitentes en la carretera delante de él. Al acercarse a unos 50 metros de distancia, llamó su atención que las luces comenzaban a ascender lentamente hasta unos 12 metros de altura, emitiendo un sonido como de una sirena. Claramente comprobó que era un gran objeto de aluminio pulido, con una pasarela alrededor y con forma de disco. De pronto, la nave se ubicó sobre el coche patrulla, saliendo disparada a gran velocidad hacia arriba, y desapareció. Inmediatamente salió del coche y se dirigió hacia el lugar donde el objeto se había mantenido cerca del suelo, para seguidamente dirigirse a la comisaría y notificar en su informe del día haber visto un platillo volante. Fue entonces cuando se dio cuenta de que, a pesar de que su observación solo había durado diez minutos, había pasado media hora, experimentando un lapsus de tiempo. A la mañana siguiente sintió un dolor de cabeza acompañado de un extraño zumbido y observó un enrojecimiento en el cuello de 5 centímetros de largo y 1 de ancho debajo de su oreja izquierda. Horas más tarde, leyendo el informe de Schirmer, el jefe de la policía, Bill Wlaskin, se acercó al lugar indicado para investigar, encontrando un pequeño artefacto metálico cuyo análisis más tarde revelaría que estaba compuesto de hierro y silicio. El caso fue estudiado por el Comité Condon, solicitando a Schirmer dos meses después del avistamiento acudir a Boulder, Colorado, para someterse a una hipnosis. Mediante el proceso comenzó a recordar detalles de aquella noche, contando que al acercarse al ovni las luces del coche se apagaron. Seguidamente el objeto desconocido proyectó una luz blanca, que impulsó el vehículo a un lado de la carretera, subiéndolo por una colina. Se vio incapaz de sacar su arma o llamar a la central, al no funcionar su radio. En ese momento el ovni descendió y aterrizó. Una escotilla se abrió y dejó ver un resplandor rojo-anaranjado en su interior, a través de la cual salió un ser humanoide. Schirmer lo describió con una altura de 1,5 metros aproximadamente, piel blanca grisácea, cabeza larga y delgada, ojos de gato, nariz chata y como boca, unas hendiduras. Su ropa, un uniforme gris plata y un emblema similar a serpientes aladas en el pecho izquierdo, además de guantes y cascos con una pequeña antena en el lado izquierdo sobre su oído. El humanoide se acercó al coche con un objeto en las dos manos mientras Schirmer observaba la escena sin poder moverse de su asiento, paralizado por el miedo. Segundos después, otro humanoide salió de la nave, acercándose también. El primero de ellos apretó el pequeño objeto ovalado que portaba, tras lo cual se produjo una niebla verde que impregnó y rodeó todo el coche patrulla. El segundo introdujo su mano por la ventanilla, presionando un objeto plateado sobre su cuello, debajo de la oreja izquierda, haciéndole sentir un hormigueo en todo el cuerpo. Acto seguido retiró su mano y abrió la puerta, indicándole que podía salir del coche. Una vez fuera, el que parecía el líder le preguntó si él era el vigilante del pueblo, a lo que Schirmer contestó que sí. Sin más, el ser le ordenó seguirlo hacia la nave, sintiendo como si caminara en el aire. Una vez dentro, el líder actuó con amabilidad, explicándole los instrumentos del equipo de la nave y que su alimentación funcionaba con electricidad, que cargaba en nuestras líneas eléctricas, siendo ese el motivo de haber aterrizado cerca de una línea de transmisión hidroeléctrica. Invitó a Schirmer a mirar hacia el exterior por un portillo y observó como un rayo azul impactaba en el transformador de un poste cercano, para terminar regresando a la nave. Finalmente le hizo saber que nos observan desde hace mucho tiempo, le dio información sobre la misión que los trae a nuestro planeta y le indicó que debía descender por la rampa, acompañándole hacia el coche patrulla. Después de mirarse fijamente, el líder se volvió hacia la nave, la rampa se cerró y las luces comenzaron a parpadear hasta que el ovni empezó a levantarse en el aire hasta salir disparado a los otros metros hasta desaparecer en el cielo. Poco después, Schirmer fue nombrado nuevo jefe de policía, pero forzado por las constantes burlas y actuaciones agresivas hacia su persona renunció a los dos meses, no sin seguir afirmando que lo que vivió había sido real. De su experiencia el ufólogo Eric Norman escribiría los libros *Dioses, demonios y ovnis* (1970) y *Dioses y demonios del espacio exterior* (1973).

ABDUCCIONES Y EXPLORACIONES QUIRÚRGICAS

Como hemos analizado, un hecho muy significativo y repetido de la experiencia de abducción es la que manifiestan sufrir determinadas personas de ambos sexos. Las relatan como una especie de exploración médica, de las que incluso regresan con marcas o ínfimos implantes metálicos en alguna parte de su cuerpo. Otros casos menos comunes son los de hombres sometidos a mantener relaciones sexuales con alguna hembra alienígena, similar a las humanas, o aquellas en las que se ha extraído semen a los hombres y óvulos a mujeres o se las ha inseminado. Mujeres que han vivido esta experiencia y han quedado embarazadas, pocos meses después vuelven a ser raptadas para extraerles el feto. Al ser sometidas a exploración ginecológica se les termina diagnosticando *embarazo psicológico.* Y hasta hay casos en que años después de su primera abducción vuelven a ser llevadas a la nave, manifestando que sus raptores traen a un niño a su presencia, que ellas perciben que es su hijo, pero diferente a los humanos, al ser una especie de híbridos entre alienígenas y hombres. Analizaré más adelante cuál puede ser el motivo de este siniestro plan reproductivo alienígena. En todo caso, los abducidos se convierten en víctimas, siendo secuestrados y utilizados como conejillos de Indias por los alienígenas, sufriendo una aterradora experiencia, dolorosos experimentos y manipulaciones médicas, mentales y relacionadas con la procreación, que cambian su vida generalmente para mal, causándoles estados de estrés postraumático en muchos casos de por vida. A ello se suma la realidad del descubrimiento de microchips implantados en diferentes puntos de sus cuerpos, bien para monitorizarlos, bien para tenerlos localizables, lo que convierte este escabroso tema en algo real.

Investigaciones de reconocidas autoridades, como la del ya citado psiquiatra estadounidense John E. Mack, profesor de la Escuela de Medicina de Harvard, premio Pulitzer y autor de libros como *Abduction*, en 1994, y *Encuentros humanos con extraterrestres*; *Pasaporte al cosmos: Transformación humana y encuentros extraterrestres*, en 1999, exponen su experiencia en los múltiples casos de abducciones investigados. Estas obras son de gran interés para conocer más a fondo este desconcertante y a la vez atrayente tema. Añadir como complemento películas que exponen el tema de supuestos casos reales de abducciones como *El caso ovni* (1975), *Communion* (1989), *Intrusos* (1992), *Fuego en el cielo* (1993), *El cuarto contacto* (2009) o *Testigo de otro mundo* (2018), entre otras.

VISITANTES DE DORMITORIO

Dentro del tema también existen los llamados *visitantes de dormitorio*, que están relacionados con experiencias consistentes en abducciones o raptos que se producen nocturnamente en el dormitorio de las víctimas. Sucesos reales que son contados por quienes los vivieron de formas diferentes, pero generalmente con el nominador común de ser llevadas a bordo de una nave alienígena. Algunas víctimas refieren que despiertan de pronto y observan alguna entidad extraña en la habitación, describiéndola como humanoide, aunque con diferentes rasgos a los humanos, sobre todo la altura, los ojos o el tamaño de la cabeza, más grande de lo habitual. Describen que algunos de esos seres aparecen sin más en la habitación, anulando incluso las alarmas, habiendo casos insólitos en los que narran no solo verlos entrar traspasando la pared o las puertas, sino que al llevárselos también ellos mismos las cruzan. Algo totalmente fuera de toda lógica de las leyes de la física, pero que, de ser real, indicaría que algunas de esas entidades deben poseer los medios para desmaterializar y volver a materializar su cuerpo y el de sus víctimas a voluntad. Hay que decir que estas experiencias no se dan solamente en la actualidad, sino que hay múltiples casos que confirman que habría venido ocurriendo desde muy atrás en el tiempo. Por ejemplo, durante la Edad Media se extendió la creencia en seres fantásticos —pero reales para las gentes de la época— como duendes, hadas, elfos, gnomos, ninfas, sílfides... Muchos de ellos secuestraban personas en sus casas o en los bosques, especialmente mujeres jóvenes y niños; estas experiencias eran consideradas por investigadores de prestigio como el astrónomo y ufólogo Jacques Vallée abducciones alienígenas. También se hablaba de la presencia de entidades espirituales, interdimensionales o demonios sexuales denominados *íncubos* (demonio masculino) y *súcubos* (demonio femenino), que, inmovilizando a sus víctimas mientras duermen, mantenían relaciones sexuales con ellas y de las que se podía percibir su peso, generando una especie de sueño sexual traumatizante. Se dice que los íncubos sentían atracción por las mujeres vírgenes y los súcubos por alimentarse de sangre y de la vitalidad de adolescentes, incluso monjes. Aquí no había abducciones, todo se producía de noche en el dormitorio. Dentro de la mitología mesopotámica existe el ente demoníaco Lilith (la reina de la noche mesopotámica, relacionada con la serpiente del paraíso). Representada hermosa, bella y de larga cabellera, adornada con simbologías de la serpiente, incorporada más tarde a la mitología judía como entidad demoníaca, está relacionada en la actualidad con determinadas sectas satánicas.

Lilith. Diosa sumeria.

Están también los llamados *seres sombra* o *gente sombra*, vistos como entidades más bien demoníacas, no humanas, que pueden aparecer por la noche o surgir en estados de perturbación psíquica, alucinación, uso de drogas o estimulantes, pero sin negar que su existencia pueda ser real, ya que son descritas desde antiguo dentro del folklore mundial como fantasmas, almas de difuntos, entidades del bajo astral o procedentes de dimensiones paralelas. De acuerdo con diferentes leyendas, se cree que de las relaciones sobrenaturales de humanos con entidades demoníacas de la noche nacieron seres deformes. O todo lo contrario, podían convertirse en humanos de notable belleza y sensualidad, en mujeres tenidas como brujas, en seres humanos demoníacos o en magos con ciertos poderes sobrehumanos, como se cree que fue el origen del legendario Merlín. Algo que pudiera guardar cierta relación con grandes personajes de la historia, cuyas madres humanas quedaron embarazadas tras la visita de alguno de los dioses del pasado, naciendo niños prodigio, sabios de gran relevancia histórica, como por ejemplo el mismísimo Alejandro Magno.

Desde siempre es sabido que mantener un estado mental y emocional armónico y una vibración energética alta y positiva, junto con la oración sentida, pueden prevenir o eliminar estas extrañas experiencias que no necesariamente tienen que estar relacionadas con el tema ovni. No deja de ser notoria la presencia de entidades nocturnas desde nuestra infancia, al soñar con ellas o despertarnos a mitad de la noche y ver —o creer ver— figuras fantasmales o monstruosas en la habitación; esto es algo típico en muchos niños, que se ocultan bajo la sábana o duermen con la luz encendida con la creencia de que habría algún monstruo bajo la cama o en el armario. Y es que en algunos casos, como creía Carl G. Jung, suele ser una experiencia común durante la infancia, al ser más sensibles para conectar con los planos invisibles o espirituales de otras dimensiones no humanas (buenas o malas) que pueden ocultar parte de realidad. Yo fui uno de esos casos. Pero, de referirnos a los visitantes nocturnos relacionados con las abducciones, nada tienen que ver con posibles presencias reales de almas de seres fallecidos, ya que estas no raptan ni interactúan físicamente con las víctimas. Aunque hay personas que afirman llegar a percibir como si alguien respirara a su lado o se sentase en un borde de la cama. Pero… este es otro tema.

MUTILACIÓN DE ANIMALES

Complementario a lo comentado sobre raptos y experimentación con humanos, ocurre algo similar con determinados animales, que se han encontrado muertos y mutilados, a los que se les ha extraído toda la sangre y determinados órganos, incluidos los reproductivos. Ya en tradiciones y folklore de antiguas culturas se narra la existencia de terroríficas y legendarias criaturas que asolaban su territorio, cometiendo este tipo de atroces matanzas. Tomaremos como ejemplo al denominado *wendigo*, una terrorífica entidad maligna de los bosques de Canadá, Estados Unidos o Nueva Escocia, representada por las primeras tribus nativas de Norteamérica. Es descrita con forma humanoide y con la habilidad de poder cambiar de forma. Es representado igualmente con la cabeza, el cuerpo y las garras similares a la mantis y con una sed *insaciable* de sangre y carne de animales y humanos.

El wendigo.

Curiosa es la creencia de que un humano puede llegar a convertirse en un wendigo si practica el canibalismo o es poseído por su demoníaco espíritu, incluso durante el sueño. Lo que recuerda a los mitos del hombre lobo en la mitología europea. Un caso muy conocido es el que desde 1995 se dio en Puerto Rico. Se contaba que había sido vista una extraña criatura en Canóvanas, descrita como un terrorífico ser bípedo parecido a un reptil, de entre 1,20 y 1,50 metros de alto, con la piel escamosa y de color gris verdoso. Posee la capacidad de saltar de modo similar a un canguro, grandes ojos, púas afiladas en su espalda y largas garras. Otra versión habla de que se parece a un perro salvaje muy delgado o a cuatro patas, con piel escamosa de lagarto gris verdosa y un metro de longitud. Fue bautizado como *el chupacabras*, por su afán de extraer la sangre de este tipo de animales u ovejas, a modo de un vampiro de la ficción, succionándola a través de pequeños orificios en sus cuellos formando un triángulo.

Supuesta imagen del Chupacabras de Puerto Rico.

En 2002 comenzó a verse también en Argentina, Uruguay o Brasil, y se le hizo responsable de la muerte y mutilación del ganado de zonas rurales. En Puerto Rico, solo en agosto se conocieron 150 casos de animales muertos, sin que a día de hoy haya ni tan siquiera una foto ni una respuesta factible al enigma.

Pero estos macabros hechos no eran algo nuevo. Desde la década de los 60 y 70, en los Estados Unidos venían apareciendo casos similares de mutilaciones masivas de animales (vacas, caballos, ovejas, cerdos, toros, ciervos y hasta gallinas). Los centros neurálgicos fueron Colorado y Nebraska, aunque el fenómeno se terminó extendiendo por múltiples estados como Texas, Pensilvania, Kansas, California, Montana... Allí, el patrón característico era la extirpación con precisión quirúrgica de diferentes partes del cuerpo —tal vez con láser— por alguien interesado en material biológico como los ojos, la lengua, el ano, las orejas, las vísceras... incluyendo siempre los órganos sexuales y extrayéndoles hasta la última gota de sangre. Como es habitual, los organismos estatales como el FBI, en los años 80, cerraron el caso, calificándolo como causado por los depredadores. A partir de ahí comenzaron a darse más eventos por el estilo en diferentes países, como México, China, Filipinas, Rusia... O las múltiples mutilaciones de ovejas reportadas en el 2002, en Gales, que continúan sucediendo. Pero los casos más espeluznantes son los cuerpos de personas igualmente mutiladas, como el cadáver desnudo encontrado por dos cazadores en Idaho, al noroeste de Estados Unidos, abandonado en la espesura de un bosque. Resultó ser un vagabundo al que le habían sido extirpados sus órganos sexuales y los labios, con tal perfección quirúrgica que es imposible que aquello hubiera sido realizado por ningún animal.

Estudiando la casuística del tema, pareciera ser el resultado de un experimento siniestro con una finalidad desconocida para el que se dan todo tipo de hipótesis. Entre ellas, en los casos de las mutilaciones de animales de Puerto Rico, se barajó la posibilidad de que hubiera sido un experimento fallido procedente de algún proyecto militar de una base de la zona. Y ya a nivel general, se piensa que pudieron ser creadas genéticamente por algún Gobierno o proceder de alguna raza extraterrestre, de acuerdo con los avistamientos nocturnos de extrañas luces y ruidos en el cielo, reportados por diferentes granjeros en las zonas donde a la mañana siguiente descubren los horripilantes hallazgos de los animales sin sangre o mutilados. De aquí surge la hipótesis más extendida entre los ufólogos de que estos eventos pudieran deberse a la acción directa de alguna raza extraterrestre que experimenta con animales y humanos, especialmente interesada en la extirpación de órganos sexuales, posiblemente con fines relacionados con la reproducción de su especie o la creación de seres híbridos, aunque tampoco puede descartarse que pudieran tener una necesidad de alimento de vísceras y sangre, como la que sentían ciertos dioses celestes en la antigüedad, tal y como hemos mencionado. De esta forma, la respuesta a este sobrecogedor hecho pudiera proceder una vez más... de nuestros cielos. De ser así, se hace urgente obligar a quien conoce la verdad a revelar las auténticas intenciones de la raza alienígena que se oculta detrás de este enigma —al igual que el de las abducciones—, ante la exagerada cantidad de casos conocidos por todo el planeta, y a tomar las riendas para su solución.

El fenómeno de los contactados

ANALIZANDO EL FENÓMENO

El tema del *contacto extraterrestre* es sumamente complejo y repleto de ramificaciones, siendo preciso un amplio trabajo para analizarlo más profundamente. Aun así, trataré de matizar algunos de sus puntos más relevantes, basándome en una larga experiencia personal, entrevistas a supuestos contactados y largas investigaciones sobre grupos de contacto. Comenzaré diciendo que por contacto extraterrestre se entiende *la comunicación por diversos medios en los que un ser humano recibe mensajes o información de una supuesta entidad extraterrestre*. Cabe agregar que, sin dejar de creer en la posibilidad de que dichos contactos puedan ser reales, *la cuestión es conocer y demostrar su verdadero origen y finalidad*: ¿un ser humanoide físico, una entidad espiritual o incluso interdimensional, o sencillamente el propio inconsciente o la sugestión del supuesto contactado? Es muy cuestionable aceptar sin más el origen del contacto. Otro tema es saber si es uno quien debe buscarlo (lo que nunca aconsejo) o si son supuestas entidades extraterrestres quienes eligen a sus contactados por algún motivo desconocido. Y no solo eso, sino que puede ser sumamente peligroso, como a continuación expongo.

Personalmente no niego que puedan existir personas que mantengan contacto con alguna determinada entidad, ya que los contactados han existido en todas las religiones y épocas de la humanidad, pero otra cosa es afirmar que sean obra de extraterrestres. Y, si lo son, en ningún caso quiere decir que sean positivos. Generalmente, al principio suelen ser muy aduladores, trasmitiendo mensajes positivos de buena voluntad y deseos de contribuir a mejorar el mundo, pero, como veremos a su debido tiempo, la mayoría de los contactados o sus grupos no suelen terminar favorablemente. En mi caso, ya hace mucho que dejé de creer en *hermanos mayores de las estrellas que vienen a salvarnos*, ya que ello es algo individual e intransferible en cada ser humano, lo mismo que lo es la responsabilidad como raza de cuidar de nuestro mundo.

Básicamente hay dos formas de que surja el contacto. Una es aquella en que la entidad comunicante elige a una persona en concreto por un desconocido motivo. La otra se da cuando es la persona quien busca provocar el contacto por diferentes medios, pudiendo llegar a conectar con cualquier tipo de entidad no humana, sean seres extraterrestres o de otros planos astrales o interdimensionales. Y aquí debo matizar algo importante. Quien recibe la comunicación por un medio y entidad concreta desconocida puede aceptarla o rechazarla, pero, una vez que la comienza, suele convertirse en una relativa necesidad, pudiendo llegar a ser casi una obsesión hasta para tomar decisiones de la vida cotidiana. En todo caso, la vida de un contactado cambia totalmente desde el momento de producirse el contacto, debiendo mantener la mente muy abierta y analítica para analizar si dicho cambio es para bien o todo lo contrario. Lo que pocos suelen hacer. De todos modos *nunca aconsejo a nadie promover la búsqueda de ningún otro contacto que no sea con su propio interior* y *con-tacto*, es decir, con mucha precaución, ya que mentalmente el ser humano suele ser manejable por fuerzas sobrehumanas superiores, la mayoría de las veces con muy malas intenciones y pésimas consecuencias. A lo largo de mi experiencia he podido observar como un supuesto contactado puede llegar a hacer depender al grupo de él, al creer sus miembros que son los guías quienes manifiestan lo que creer o hacer por su mediación. Es obvio que es más fácil manejar a un grupo de personas mediante un líder que hacerlo individualmente con cada uno de sus miembros. Igualmente es claro observar que el supuesto contacto no se da para que el contactado se lo guarde para él, sino que es utilizado para formar grupos por su mediación, cuanto más numerosos mejor. Cuestión que suele acabar con el surgimiento del fanatismo y la anulación individual del grupo y casi la fe ciega en el líder, retrasando la evolución y progreso espiritual de cada miembro. Muchos grupos ufológicos llegan a creerse privilegiados o elegidos para salvar al mundo, cayendo en el riesgo de irse aislando de sus responsabilidades sociales, laborales e incluso familiares, como he podido observar en multitud de ellos. Y es que muchos contactos parecieran pretender mantener entretenidos y fácilmente manipulables a este tipo de grupos, aislándolos en parte de su vida social y evitando a sus miembros pensar por sí mismos. Es por eso que quiero dejar un mensaje claro: ¡es importante no dejarse manejar por ningún medio, entidad o persona y ser siempre libres pensadores! En esto concuerdo totalmente con ufólogos como Salvador Freixedo, quien asumía el apostolado de hacer comprender al hombre la necesidad de usar su cerebro y su razón. Y aquí debo recordar una sabia frase del filósofo Arthur Schopenhauer que viene como anillo al dedo: «La mayoría de los hombres no son capaces de pensar sino solo de creer y no son accesibles a la razón sino solo a la autoridad»; en este caso, a la autoridad de supuestas entidades espirituales o extraterrestres, o, como suelo afirmar en mis libros, clases, cursos de formación, talleres, conferencias y mi programa radiofónico: ¡por encima de todo y de todos, no dejar nunca de ser uno mismo para tratar de mejorar el mundo desde nuestra individualidad!

PROFETAS. LOS PRIMEROS CONTACTADOS

Como ya he comentado, los profetas bíblicos son los primeros contactados registrados como tales, pero *no contactados con Dios, sino con extraterrestres o entidades sobrehumanas*. En el caso de Enoc o Elías no fueron llevados por Dios al cielo, sino por el comandante de una nave extraterrestre. Lo mismo ocurre con Isaías, Jeremías o Daniel y otros muchos, incluso de otras religiones. Ninguno de ellos fue un contactado o un representante de Dios en la Tierra para guiar a la humanidad (eso es mucho decir), sino portavoces de las entidades de las que recibían sus mensajes, cada cual en diferentes religiones con sus oscuros y personales intereses. Bien claro se lee en Amós 3:7: «Porque no hará nada Jehová el Señor, sin que revele su secreto a sus siervos los profetas». Y ya hemos analizado que Jehová nada tiene que ver con el Dios creador o la fuente de la creación, sino con un comandante de una determinada raza extraterrena o elohim. Lo mismo cabe decir de los patriarcas del judaísmo, Abrahán, Isaac y Jacob, contactados de Yahvé. Por otro lado, el mensaje de dichos profetas suele ir encaminado a promover el arrepentimiento de los relativamente no justos, amenazando con el castigo del infierno eterno, que poco tiene de mensaje divino positivo y motivador. En el caso de sus profecías, ninguna de ellas se ha venido cumpliendo, por un sencillo motivo: *porque eran para su tiempo*», aunque millones de personas todavía esperan a que se cumplan en el nuestro. Tal es el caso de las más de 100 *profecías apocalípticas* muy renombradas, anunciando el fin del mundo desde los tiempos del Imperio romano, pero el planeta sigue girando en el espacio ajeno a todas ellas. Por citar algunas muy nombradas en su época, entre los años 66 y el 70, durante la revuelta judía contra los romanos, los esenios interpretaron aquellos hechos como la guerra del fin del mundo. Más tarde, el papa Clemente de Roma profetizó que el mundo se acabaría en el año 90 de la era cristiana. Otro papa, Silvestre II, junto a varios clérigos y místicos cristianos, fecharon el año 1000 como el fin del mundo. Lo mismo harían diferentes teólogos, místicos y líderes religiosos —y hasta creyentes de los ovnis— que promovieron la fecha del año 2000. Qué decir del debatido 21 de diciembre del 2012, en el que, debido a una errónea interpretación del calendario maya, muchos vieron como seguro el fin del mundo, entre otras causas para los contactados fanáticos por la colisión del mítico planeta anunnaki con la Tierra.

CONTACTADOS MODERNOS, LOS NUEVOS PROFETAS

Volviendo al presente, dentro del campo de los contactados, muchos de ellos suelen verse a sí mismos como una especie de *embajadores de las estrellas*. Me referiré ahora brevemente a algunos de los más conocidos internacionalmente.

Tal vez el primer contactado famoso en los años 50 fue el polaco nacionalizado estadounidense, ufólogo y escritor George Adamski, muy conocido por las fotos de naves extraterrestres y su contacto con alienígenas de tipo nórdico. Además, afirmaba haber viajado con ellos a la luna y a otros planetas o haberse reunido con alguno de ellos en cafeterías, en California, al disponer de una base en la Tierra. Todas estas experiencias están recogidas en sus tres libros.

Fue uno de los primeros contactados en referirse a esos seres como «hermanos del espacio», venidos con una misión de ayuda a nuestra humanidad. Según el propio Adamski, le escogieron como su mensajero, como lo habían hecho en el pasado con Jesucristo. Desde joven se interesó por el conocimiento filosófico y el orientalismo, llegando incluso a fundar la Orden Real del Tíbet en Laguna Beach, a los 39 años, autocalificándose como filósofo. Años después se desplazaría a monte Palomar, donde crearía un *camping*, un restaurante y un observatorio de madera con un telescopio, complementándolo con conferencias sobre religión. Sería en el 9 de octubre de 1946, cuando, observando una lluvia de meteoritos junto a unos amigos, comentó que pudo observar una *nave nodriza* en forma del clásico puro. Un año después comenzó a realizar sus primeras fotografías de ovnis y dos más tarde sus primeras conferencias. Una de las fotos más conocidas sería representada en un sello de correos de una isla de las Antillas Menores, en el Caribe, en 1978, conmemorando el año de los ovnis. Su experiencia de contacto comenzaría el 20 de noviembre de 1952, cuando, reunido con un grupo de amigos en el desierto de Colorado, California, observaron un gran objeto en el cielo. Sintiendo la necesidad de echarse a caminar por la carretera del desierto, se aisló del grupo, hasta encontrarse con una nave de metal traslúcido que había aterrizado. De ella —siempre de acuerdo con Adamski— salió un extraterrestre que se presentó telepáticamente como Orthon. Lo describió como un humanoide de estatura media, piel bronceada y largo cabello rubio sobre los hombros. Antes de despedirse de Adamski, el ser lo citó para un segundo encuentro el 13 de diciembre de 1952, siendo cuando tomaría su foto más famosa de la nave venusiana.

Como otros contactados, se encuentra en medio de la polémica entre la realidad de fenómeno y los estafadores, dado que llegó a ganar mucho dinero con sus conferencias y libros (de dos de ellos vendió más de 200.000 ejemplares), a pesar de no haber enseñado nunca una foto de los extraterrestres con los que decía encontrarse. Una vez más, su mensaje era de advertencia sobre los peligros que una guerra mundial provocaría no solo sobre la Tierra, sino sobre planetas vecinos. En dichas conferencias, alardeaba enseñando supuestos documentos, demostrando que el Gobierno no solo estaba al tanto de la realidad ovni, sino que lo apoyaban personalmente, incluso el propio FBI, algo que fue desmentido por esta institución en varias ocasiones. Sin embargo, lo curioso fue que al fallecer en 1965, a sus 74 años (tal vez como veterano militar), fue enterrado en el Cementerio Nacional de Arlington, Virginia, en el que se encuentran héroes, dos presidentes americanos o soldados caídos en diferentes guerras.

Como dato anecdótico, Adamski comentó que, a petición de los extraterrestres, tuvo una audiencia secreta con el papa Juan XXIII —muy desmentida en su momento—, aunque sin olvidarnos de que el propio papa había tenido un contacto directo con extraterrestres. El hecho fue contado tras la muerte del pontífice por su secretario particular: Loris Capovilla. Sucedió en 1961, cuando ambos paseaban por los jardines de la residencia veraniega de Castell Gandolfo. De pronto, observaron acercarse una luz descendiendo del cielo, concluyendo que era de este mundo. Su forma era oval, con luces intermitentes azules y ámbar. Terminó por aterrizar en el jardín. Del vehículo volador salió un ser similar a los humanos, rodeado de una luz dorada y orejas puntiagudas. El papa y el secretario se arrodillaron ante lo visto y comenzaron a rezar. Seguidamente el pontífice se levantó y se acercó hacia el ser. Durante unos veinte minutos mantuvieron una conversación, para acto seguido regresar a su nave, que salió disparada hacia el cielo. Al volver hacia su secretario, cuenta que le dijo: «Los hijos de Dios están en todas partes; algunas veces tenemos dificultad en reconocer a nuestros propios hermanos». En todo caso, George Adamski sigue siendo uno de los contactados de referencia mundial dentro del tema ovni, al estar rodeado de polémicas y misterios que todavía perduran.

El italiano Eugenio Siragusa es otro conocido contactado que proclamó recibir mensajes telepáticos de varios extraterrestres. Pero no solo eso, sino que además afirmó ser la reencarnación nada menos que de Hermes Trismegisto, Juan (el apóstol), Giordano Bruno, Cagliostro o incluso Rasputín, personaje perverso totalmente contrario a los cuatro anteriores. Afirmación que personalmente no aceptamos los que abrimos la mente a la razón. Fue igualmente el creador del Centro de Estudio de la Fraternidad Cósmica (que funcionó hasta el año 1978). Aunque su mensaje se adentra en cierto modo en el campo apocalíptico, ante el inminente fin del mundo —como es muy común en los contactados desde la antigüedad—, promoviendo una era de renovación planetaria de no hacer los cambios necesarios como humanidad para evitarlo, los diferentes miembros que conocí personalmente en su época de apogeo lo tenían como un ser de luz, que buscaba contribuir al despertar de consciencia de los humanos. También escribió varios libros o boletines bajo el título *Desde el cielo a la Tierra*. De él se dice que hubo importantes líderes religiosos católicos y políticos de renombre que aceptaban hasta cierto punto su mensaje. Todo comenzó cuando en 1951 afirmó haber observado un ovni a gran distancia, comenzando a tener contacto con extraterrestres. Pero la fecha importante fue el 30 de abril de 1962, cuando aseguró tener su primer contacto físico. Sucedió que, estando en casa, percibió una «extraña llamada interior» que lo impulsó a asomarse a la ventana. Al hacerlo, observó un ovni sobrevolando el volcán Etna, lo que acto seguido le llevó a viajar en su automóvil hacia el monte Sona-Manfré, 1370 metros cerca del cráter apagado. Una vez allí sintió la necesidad de caminar por el lugar durante varias horas en la noche, hasta encontrarse con dos humanoides vestidos con trajes luminosos, igual que brillante era su cinturón, muñequeras y botas, y un extraño símbolo sobre el pecho. Los describió como seres de cerca de 2 metros de altura, ojos grandes, piel muy clara y largos cabellos, uno rubio y otro moreno. Entre ellos se encontraba Ashtar Sheran, haciéndole saber que pertenecían a una confederación interestelar que podía vivir miles de años y que, a modo de policías galácticos, tenían la misión de vigilar y ayudar a nuestro planeta. Añadieron que Siragusa había estado siendo preparado por ellos desde diez años atrás para confiarle una importante misión, la cual debería dar a conocer a científicos y políticos del mundo, entre otros temas advirtiendo de los peligros que entraña la energía nuclear. Como dato curioso, hay que incluir que Ashtar Sheran le hizo saber que ellos eran los mismos que habían acompañado al mismísimo Jesucristo en su venida a la Tierra. El 23 de noviembre de 1978, denunciado por dos miembros de su propia institución, fue arrestado por la policía judicial de Catania, Sicilia, acusado de secuestro, violencia carnal, estafas y hasta de actividad médica ilícita, de lo que sería absuelto cuatro años después. Sobre su arresto, siempre mantuvo que se debía a un complot para desvirtuar la realidad del fenómeno ovni y su mensaje. Finalmente, en septiembre de 1992 se retiró oficialmente, dando por finalizada su misión y centrado en su vida personal.

Otro contactado italiano es Giorgio Bongiovanni, discípulo de Siragusa, conocido como el contactado estigmatizado, al sufrir desde hace más de 30 años las heridas de la crucifixión en su cuerpo, según él recibidas de la Virgen de Fátima desde el 2 de septiembre de 1989. Algo, por otra parte, que han vivido muchos católicos a lo largo de la historia, incluido el propio san Francisco de Asís o el Padre Pío, pero sin nada que ver con la intervención extraterrestre —¿o quién sabe?—, sino con misteriosos fenómenos todavía por descubrir. Además de asegurar que había tenido varios encuentros con extraterrestres, afirmaba haberlos tenido también con Jesús y, para redondearlo, que es la reencarnación de Francisco Marto, el pastorcito de los mensajes de Fátima en Portugal, o que sus heridas han sanado a varias personas. Analizando su mensaje, se repiten las visiones proféticas sobre lo que ocurrirá al mundo, a lo que se suman afirmaciones como el haber sido elegido para difundir el mensaje de Cristo y su segunda venida, haber subido a naves extraterrestres o él mismo ser uno de ellos. Farsante para muchos, aunque sin negar la posible realidad de sus estigmas, la pregunta es qué o quién los provoca, pues tanto podrían surgir de desconocidas entidades como del inmenso poder psíquico de una autosugestión ferviente. Usando la lógica, y de ser real, tener que padecer el sufrimiento de los estigmas no me parece un modo agradable de mantener contacto con seres que se suponen están preocupados por el sufrimiento humano.

Por citar uno último, incluir a otro contactado muy conocido en España y Latinoamérica: el peruano Sixto Paz Wells, creador junto a su hermano Carlos Paz de la conocida Misión Rama. Como supuesto contactado afirma haber viajado en una nave extraterrestre a Ganímedes, satélite de Júpiter. Todo comenzó cuando el 22 de enero de 1974 asistió a una conferencia de un teósofo sobre telepatía, en el Instituto Peruano de Relaciones Interplanetarias (IPRI), presidido por el padre de los hermanos Paz. Esa tarde, a las ocho, cuatro miembros del IPRI se reunieron para intentar recibir un mensaje mediante escritura automática (que explicaré enseguida). No tardaría mucho en llegar, ya que, de pronto, el brazo de Sixto comenzó a moverse sobre el papel a gran velocidad, trazando garabatos, hasta que en un momento dado comenzaron a convertirse en grandes letras: «Sí, Oxalc… Soy de Ganímedes… Así lo llaman ustedes. Pregunten…». De ese primer contacto surgió la citación del supuesto extraterrestre en el desierto de Chilca, concertada para el 7 de febrero de 1974, a las nueve de la noche, donde confirmarían el contacto por medio de un avistamiento de su nave en el cielo. Según los asistentes, a la hora prevista se vio una nave con forma de lente en la que se apreciaban algunas ventanas, aunque no hay ninguna prueba fotográfica ni de vídeo sobre tal hecho. A partir de ahí, y especialmente gracias al libro *Ovnis: S.O.S. a la humanidad*, en marzo de 1979, del periodista Juan José Benítez, aquella experiencia fue dada a conocer en España y Latinoamérica, dando paso a la citada Misión Rama, de la que irían surgiendo multitud de grupos, cada cual a su vez con su propio contactado.

Gradualmente se volvería a convocar en varias ocasiones a la prensa, para observar la aparición programada por los extraterrestres con sus naves a través de los mensajes de Sixto, pero en realidad nunca hubo ninguna prueba clara y palpable como requiere la ocasión, más que alguna luz como siempre lejana, moviéndose sobre el cielo peruano, como es común en otros muchos casos similares. Como bien señaló el prestigioso astrofísico Carl Sagan, «las afirmaciones extraordinarias requieren de una evidencia extraordinaria» que hasta la fecha ningún supuesto contactado mundial ha podido ofrecer. Añadiré a todo ello nuevamente que el mensaje extraterrestre de este grupo, según Sixto con seres de Ganímedes o del planeta Apus, vuelve a ser de advertencia, tan claro como el siguiente: «Una formidable catástrofe asolará la tierra muy pronto... Ellos lo saben y tienen prisa por ayudarnos...». Esto fue hace 45 años, pero, como en el caso de contactados anteriores o posteriores a Sixto Paz, la Tierra continúa viajando por el espacio ajena a estas amenazas. La Misión se dio por culminada en 1991, aunque su promotor continúa divulgando su mensaje personal, dedicado a la elaboración de más de veinte libros y conferencias relacionadas con el tema ovni.

DIVERSOS MEDIOS DEL CONTACTO Y SUS PELIGROS

Entre los diversos medios de comunicación de los supuestos contactados, pudiendo ser comunicaciones reales, aunque provenientes de diversas entidades, se encuentran los siguientes. El más clásico es el mensaje *telepático*, lo cual hace imposible demostrar el emisor, si es que, como dije, no es producto de la propia autosugestión del sujeto. Otro medio muy extendido es el *tablero de ouija*, utilizado a mediados del siglo XIX por determinados médiums estadounidenses, con el propósito de establecer comunicación con los seres fallecidos del más allá. En 1886, la Associated Press de Ohio informó sobre un nuevo fenómeno espiritista que estaba ganando fuerza entre los interesados por el contacto con el mundo espiritual, bautizado con el sugerente nombre de *tablero que habla*. En este tema, en el que he profundizado mucho en mis estudios sobre parapsicología, espiritismo y ciencias ocultas muchos años atrás, he conocido multitud de casos de personas que lo usan a modo de simple juego o con la finalidad de contactar con espíritus, con extraterrestres o incluso como medio de diversión, debiendo advertir del peligro que encierra su uso. En primer lugar, porque es imposible comprobar certeramente con quién se conecta. Y en segundo, porque una vez establecido el contacto es muy difícil, o en muchos casos imposible, de abandonar. Uno de los últimos casos que conocí fue en mi propia ciudad. Era una chica que, como es habitual en ciertos adolescentes, comenzó el contacto utilizando el tablero de *ouija* con compañeros de instituto a modo de juego, preguntando cosas relacionadas sobre los chicos de su clase. Todo empezó bien en los tres primeros contactos, durante los cuales recibió respuestas que le agradaron, pero al decidir dejar de usarlo comenzaron los problemas. Comenzaron a sucederle experiencias paranormales desagradables que culminaron cuando fue incapaz de levantarse de cama y, tras intentarlo varias veces, cuando lo consiguió, resbaló y se fracturó el cuello, muriendo al instante. En el tema que nos ocupa, he conocido un buen número de casos en los que los componentes de grupos ufológicos que lo utilizaban terminaron con trastornos psicológicos, apartados de la vida social, dejando su trabajo o incluso recibiendo comunicados que los empujaban al suicidio. Si bien he de añadir que no siempre culminan con tan trágico resultado, posiblemente debido al tipo de entidad o grado de maldad de los comunicantes. Utilizando el sentido común, se hace obvio comprender que una entidad espiritual elevada no va a manifestarse por ese medio. Del mismo modo, un extraterrestre avanzado espiritualmente proveniente de distancias siderales no va a venir a la Tierra para manifestarse a un terrestre por ese tipo de medios burdos y peligrosos. Dejo sentado que la *ouija* es abrir una puerta a otras dimensiones y con entidades nada elevadas, que después es difícil de cerrar si el ente al que se ha invocado se niega a dejarlo. Sí es cierto que el vaso o el puntero se mueve, pero ¿quién los mueve...? ¿La mente de los presentes o una invisible y desconocida fuerza...? Eso es lo que muchos no suelen tener en cuenta. Sintetizo el tema coincidiendo con estudios de reputados estudiosos de la parapsicología, recalcando que se trata de un medio altamente peligroso, que incluso puede ser mortal, totalmente desaconsejable, que como mínimo mantiene al sujeto dependiente del mismo, lo que conlleva en muchos casos la anulación de su personalidad y razonamiento.

Otro medio de habitual conexión tanto con el mundo espiritual como con aquellos que buscan establecer contacto con extraterrestres es la *psicografía* o *escritura automática*, método psíquico muy utilizado por los médiums dentro del *espiritismo* o *doctrina espírita*, cuyo máximo exponente desde el siglo XIX fue Allan Kardec (1804-1869), pero no creada para contactar con extraterrestres, sino con las almas de los fallecidos o con guías superiores espirituales. Consiste en recibir un mensaje por medio de una influencia espiritual o fuerza sobrenatural, la cual mueve involuntariamente el brazo del receptor (médium o sensitivo), el cual sujeta con su mano un lápiz o bolígrafo sobre una hoja mientras a escribe a gran velocidad y generalmente de forma subconsciente. Aunque existen seres espirituales que buscan compartir sus conocimientos para el despertar de la humanidad a través de ciertos médiums, en muchas ocasiones quienes se manifiestan (como en la *ouija*) no son quienes dicen ser, sino entidades perversas, almas de fallecidos de planos bajos del más allá que buscan confundir o apartar al individuo de su verdadero camino espiritual o puede que incluso extraterrestres de malas intenciones. Estas —como los gamberros o personas malvadas de nuestro mundo físico— buscan engañar, manipular, dañar o sencillamente divertirse con sus contactados, pero con la desventaja de no poder verlos ni defenderse.

Por último, podrían incluirse *los sueños* como medio de recibir determinados mensajes que algunos interpretan como procedentes de ángeles, su guía espiritual o incluso extraterrestres, pero nuevamente es muy difícil demostrar su verdadera procedencia.

FANATISMO Y SECTAS UFOLÓGICAS

El reconocido ufólogo, matemático, astrónomo y científico francés Jacques Vallée —antiguo asesor de Steven Spielberg— desde los años 60 viene señalando en sus exitosos libros que seres como las hadas del folklore galaico o personajes de la Biblia podrían tener una directa relación con los extraterrestres o entidades interdimensionales. En su polémico libro *Emisarios del engaño. Contactos y sectas en el fenómeno ovni* (1979) —todo un clásico de la ufología—, ya adelantaba múltiples teorías de la conspiración, advirtiendo del ambiente vivido en las décadas de los 60 y 70 y del peligro que traería el supuesto fenómeno de los contactados, que podría hacer surgir incluso grupos sectarios. También advirtió que detrás del fenómeno ovni se encuentra un sistema de engaño y control sobre nuestro sistema de creencias. Todo ello convertido en una realidad tangible. En el caso de los grupos sectarios, cuyo líder suele pregonar un inminente fin del mundo, sus miembros suelen entregarle sus mentes ciegamente, hasta el punto de anular por completo su propio criterio personal. A modo de ejemplo, citaré al pastor Jim Jones, líder de la secta del Templo del Pueblo, autoproclamado encarnación divina (el conocido complejo del mesías), quien aseguraba ser un salvador del mundo y que el apocalipsis se produciría en 1997 con el paso del cometa Hale-Bopp. El hecho sucedió en Jonestown, Guyana, el 18 de noviembre de 1978, y conllevó el suicidio colectivo de 917 miembros de la secta (la mayoría con cianuro, incluidos niños y bebés), tras ser convencidos de que la muerte era solo un tránsito a otro nivel más elevado. El propio Jones se suicidó con un disparo en la cabeza. Estas crudas realidades relacionadas con aspectos religiosos y en ocasiones con el contacto ufológico dejan de manifiesto hasta dónde puede llevar el fanatismo cegador y la falta de raciocinio. Un caso similar fue el provocado por Joseph Kibweteere, líder del Movimiento para la Restauración de los Diez Mandamientos de Dios, conocido como el Profeta, quien aseguraba tener visiones de la Virgen María. Aseguraba que la llegada del apocalipsis final sería el último día del año 2000 y, con la excusa de preparar a sus fieles para participar en un encuentro con la Virgen, en Kanunga, Uganda, los mantuvo una semana sin salir, encerrados en un templo orando, hasta que finalmente, el 17 de marzo de ese año, prendió fuego al edificio, quemando vivos a 330 seguidores, entre ellos 78 niños, además de muchos más fieles encontrados enterrados en el patio cercano, muertos por estrangulamiento y golpes de machete. También recordaré la secta liderada por David Koresh, autoproclamado mesías, conocida como Davidianos de la Iglesia Adventista del Séptimo Día, destinada a convertirse en el centro de un nuevo reino divino con la llegada una vez más del apocalipsis. Tras un fuerte asedio de 51 días, el 19 de abril de 1993, todo culminó con un incendio en el que perecieron 86 fieles con su líder.

Por citar algún caso directamente relacionado con ovnis, comentaré el acaecido el 26 de marzo de 1997 en una mansión de Colina Norte, Rancho Santa Fe, California. Se trata del suicido de 39 miembros de un grupo ufológico sectario que estaba fascinado por la filosofía New Age conocido como Heaven's Gate, liderado por Marshall Herff Applewhite, apodado Do. En este caso se suicidaron con una mezcla de alcohol y drogas, con la creencia de ser rescatados por los extraterrestres con los que decían contactar, ya que de acuerdo con su líder debían abandonar sus cuerpos para subir a una nave que viajaba en la cola del cometa Hale-Bopp. Desde ella serían llevados por los extraterrestres ante la puerta del cielo y la presencia de Dios.

A nivel individual o en pequeños grupos afines al fenómeno ovni, es muy conocido el caso español sucedido en Terrassa, Barcelona, en el que José Félix Rodríguez, de 41 años, y Joan Turu Vallès, de veintiuno, dos amantes de los ovnis y los contactos, terminaron suicidándose el 20 de junio de 1972. Tumbados en la vía del tren, murieron decapitados, dejando un mensaje en uno de sus bolsillos: «Los extraterrestres nos llaman, pertenecemos al infinito».

Pero casos similares de líderes preconizando el inminente fin del mundo están algo muy extendidos, lo que debe llevarnos a utilizar nuestra mente y raciocinio, al adentrarnos en un fenómeno tan desconocido, desconcertante —y peligroso— como el que venimos abordando, junto a otro análogo que abordo a continuación.

LAS APARICIONES Y PROFECÍAS MARIANAS

Otro tema enrevesado es el de las supuestas *apariciones marianas*, que, dadas sus características, más que con aspectos religiosos parecen estar relacionadas con determinados fenómenos ufológicos. La más conocida es la que se produjo en la Cova da Iria, Portugal (entre el 13 de mayo y 13 de octubre de 1917), vivida por tres pastorcillos de entre seis y diez años, que manifestaron que habían visto aparecer a un ser luminoso de unos 50 centímetros de alto, adornado con una especie de bata guateada y una bola luminosa en la mano, que debido a la fe católica de los lugareños terminó convertida en la aparición de la Virgen. Esto siguió produciéndose varios domingos consecutivos, hasta emplazarlos en una fecha concreta. Aquel día, más de 100.000 fieles vivieron lo que se llamó *la danza del sol*, como una prueba sobrenatural de la realidad de la aparición de la Virgen. Lo que no fue tan conocido es la supuesta aparición *de un ángel* el año anterior, en tres ocasiones, en la cueva Loca do Cabeço, en Valinhos, y en el pozo del Arneiro, en casa de Lucía, en Aljustrel. Los niños lo llamaron el *ángel de la paz o de Portugal* y manifestaron que les había enseñado a rezar por la conversión de los pecadores y por la adoración a Dios, hecho que curiosamente recuerda las peticiones de los dioses antiguos a sus pueblos. Como es habitual en estos y otros casos, las experiencias *supuestamente marianas* suelen ser protagonizadas por personas sencillas o incultas, como los niños citados, y finalizan con la petición de levantar un santuario en los lugares donde se aparecen. Este hecho fue sintetizado por un profundo estudioso del fenómeno ovni y de las apariciones marianas, además de exjesuita, Salvador Freixedo, que decía cosas como las que siguen:

> [...] detrás de este tipo de apariciones se ocultan entidades extraterrestres o de otro tipo, que gozan con las aglomeraciones de personas vibrando en temor [en este caso debido a las profecías apocalípticas], o de cualquier tipo de histeria o excitación colectiva cargada de sentimientos negativos, convertida en generadora de una fuerza o vibración emocional de baja frecuencia, por la que se sienten altamente atraídas.

Y es que no deja de ser llamativa la enorme cantidad de personas que acuden a rezar a los templos o santuarios, en procesión o peregrinación en todas las religiones. Pero no desde ahora, sino desde el origen de la humanidad. Apariciones que bien pudieran ser las mismas que las de los dioses celestes del pasado a sus pueblos o lo que se oculta tras las experiencias de contacto. Analizando el hecho con mente abierta y razonada, es lógico aceptar que el sol no puede danzar, porque produciría un cataclismo en todo el sistema solar; hecho similar al de la narración bíblica, en la que Jehová hizo detenerse al sol para que su pueblo elegido venciera a los cananeos. Para la mayoría de los ufólogos, lo que sucedió en Fátima solo pudo ser la aparición de un ovni oscilando justo en un punto del cielo, interponiéndose entre la visión de la gente y el astro rey.

De los miles de apariciones marianas catalogadas en el mundo, solo en España se han dado centenares de ellas. Por ejemplo, destacaré la de Prado Nuevo en El Escorial, Madrid, en 1981. O la del Palmar de Troya, Sevilla, en 1968, no aceptada por la Iglesia. O la de Garabandal, Cantabria, en 1961 y 1965, en la que se han vivido experiencias sobrenaturales realmente hostiles y hasta mortales. En cuanto a la Iglesia, solo aprueba algo más de veinte apariciones diseminadas por el planeta y, junto a la de Fátima, las más populares son las de Guadalupe, México, en 1531, o la de Lourdes, Francia, en 1858. Esta última vuelve a ser protagonizada por tres niños, siendo Bernardita de catorce años la mayor protagonista. Desde la primera aparición, a quien llamaron *la señora* o *la dama*, se les apareció dieciocho veces entre febrero y julio, nuevamente ordenándoles rezar por los pecadores y solicitando que el sacerdote acudiera al lugar en procesión para levantarle una capilla a la Virgen. Este tipo de apariciones es muy común en otras religiones, pero, si viajamos por ejemplo a la India, para los hindúes sería Visnú o Sakti, igual que para un nativo de Norteamérica sería el Gran Espíritu.

Generalmente, las profecías marianas suelen contener un mensaje similar al de los profetas de la antigüedad, clamando el arrepentimiento de los pecadores y el acercamiento del fin de los tiempos, de modo semejante a los castigos amenazantes de dioses, como era común en Yahvé hacia su pueblo si se apartaba de sus mandatos, castigos que podían padecerse en vida o tras la muerte, en ambientes tenebrosos y sufrientes por toda la eternidad, ya sea el infierno eterno de la religión católica o el inframundo en otras religiones o culturas. Su apocalíptico mensaje suele contener calamidades mundiales o el fin del mundo si la humanidad no se redime de sus pecados. Ya en el pasado culturas como la de los aztecas, los toltecas o los mayas entre otras, en Mesoamérica, ofrecían constantes sacrificios de animales o humanos a sus dioses con la esperanza de no encolerizarlos para que el ol no dejara de salir cada mañana. Hoy todos sabemos que tales atrocidades se deben a la ignorancia, que el sol sigue saliendo, que ninguna profecía del fin de los tiempos se ha cumplido y que el mundo sigue rodando.

La pregunta en la que nos interesa indagar, por tanto, es: ¿qué o quién se oculta detrás del fenómeno de las supuestas apariciones de la Virgen? A mi entender y el de muchos investigadores, como lo afirmado claramente una vez más por Salvador Freixedo, de quien recomiendo sus obras *Las apariciones marianas* o *Las apariciones de El Escorial*, decía: «La Virgen nunca se ha aparecido en ningún lugar a nadie, ni antiguamente ni ahora». Sobre el fenómeno hay varias teorías. La más común dentro del tema ovni es que se tratara de entidades extraterrestres o interdimensionales, a quienes ya hemos comentado que les fascinan la creación de templos, aglomeración de fieles, ser venerados, recibir ofrendas y la celebración de rituales. En cuanto a la aparición luminosa de una determinada entidad, pueden ser imágenes holográficas (imágenes virtuales en tres dimensiones) proyectadas desde sus naves o una energía similar al llamado *ectoplasma* que utilizan ciertos médiums para permitir la manifestación visual de ciertos espíritus. En relación con las voces que solo pueden escuchar quienes viven la aparición mariana —de ser cierto—, fuera de todo concepto religioso y viéndolo dentro del fenómeno ovni, sencillamente pudiera ser el clásico mensaje telepático que una mente extraterrestre tiene la capacidad de proyectar en los humanos.

Por supuesto, para los investigadores de mente abierta, las apariciones marianas nada tienen que ver con Dios, ni Jesús, ni su madre. A ello hay que añadir el caso de falsos videntes que afirman vivir la experiencia mariana mientras adquieren grandes beneficios económicos mediante las donaciones movidas por la fe e ignorancia de los creyentes. En cuanto a la Iglesia, le conviene mantener encendida la fe de sus fieles, al embolsar pingües beneficios con sus donaciones y la venta de productos religiosos, como vengo comprobando en múltiples santuarios, y especialmente en uno de los más visitados, el de Fátima. Como síntesis final destacaré el temor que todas las profecías marianas, y muchos de los mensajes de los contactados, infunden, un recurso que es el arma más poderosa para paralizar y manipular la mente humana.

MI EXPERIENCIA EN SUPUESTOS GRUPOS DE CONTACTO

Permíteme ahora incorporar escuetamente algunos datos personales sobre el tema de los grupos de contacto. A mis veintidós años, en 1978, formé parte de uno de los grupos de contacto más conocidos de España y Latinoamérica: Misión Rama. Conocía también muy de cerca a seguidores de Siragusa en mi ciudad, entre otros grupos. A él dedicaría gran parte de mi tiempo durante seis largos años, creando además nuevos grupos en diferentes localidades gallegas y manteniendo contacto con otros muchos en España. Debo añadir que jamás ninguno de los muchos grupos conocidos tuvo una experiencia real de avistamientos o de contacto directo con sus supuestos guías extraterrestres. Todos sus líderes se limitaron a *promover sus hipotéticas comunicaciones* para mantener el interés de sus respectivos grupos, observando clara ingenuidad en sus miembros y sobre todo mucho fanatismo y creencia ciega en sus líderes y sus contactos. Conocí contactados que afirmaban ser la reencarnación de Jesús, incluso algunos grupos con solo doce miembros que se consideraban a sí mismos los apóstoles. Únicamente en mi ciudad conocí a tres supuestas reencarnaciones de Jesús, cada cual con sus doce apóstoles incluidos. Los líderes y miembros de sus grupos se creían elegidos de los extraterrestres, con la misión de llevar al mundo su mensaje y ser salvados cuando llegara el tan traído y llevado apocalipsis. Hubo familias en diferentes localidades españolas que llegaron a hacer sus maletas, subiendo de noche a un determinado monte, al haber sido convocadas por sus guías mediante un contacto telepático para abandonar el planeta y ser recogidas en sus naves. Por supuesto, nunca aparecieron a buscarlas, regresando a sus casas al amanecer, con la idea de que había que ser fuertes porque las estaban poniendo a prueba. La gran mayoría continuó manteniendo su grupo sin más. También conocí a un buen grupo de familias rotas, debido a que, en diferentes mensajes, sus guías los incitaban a hacerlo, alegando que sus parejas, padres o hijos no les convenían para el buen fin de la misión. Como anécdota del poder de la sugestión colectiva, recuerdo una de las acampadas masivas que reunía a grupos de múltiples provincias en España. Fue en la ciudad de León, España, el mismo año que había entrado en el grupo de mi ciudad.

A ella acudieron también representantes de países latinos, tras ser convocados mediante mensajes de sus guías. Todos fueron llamados para vivir determinadas experiencias de tercer y cuarto tipo con sus hermanos de España. Acampados en un lugar apartado durante todo un fin de semana, se realizaron las extensas prácticas recibidas en los mensajes para propiciar los avistamientos concertados y el descenso de alguna nave. El evento culminó con un mensaje telepático recibido por el organizador. En él, su guía le hizo saber lo imposible de aparecer sobre el campamento, debido a que el cielo estaba muy nublado, haciendo imposible su descenso. Todos nos lo creímos y regresamos satisfechos a nuestras respectivas provincias. La ingenuidad y falta total de raciocinio de los presentes —incluyendo la mía, con veintidós años—. La experiencia culminó con abrazos y despedidas, regresando a nuestras respectivas provincias satisfechos por lo vivido. Sobran las palabras.

Progresivamente fui comenzando a abrir la mente, al observar múltiples aspectos en los grupos de contacto conocidos y el mío propio, por ejemplo, los constantes enfrentamientos entre miembros de diferentes grupos en España, Latinoamérica, en el mío y los que yo había contribuido a crear en Galicia. Como resultado —junto con un compañero de grupo—, seis años después de mis inicios en Rama, en 1984 decidí viajar a Perú, concretamente a Lima, para conocer personalmente al coordinador mundial de la Misión: Sixto Paz. Deseaba aclarar muchas dudas y hacerle saber mis discrepancias con lo que estaba ocurriendo a nivel mundial. Sería seis años después de mis inicios en ella, en 1984. Alertado días antes por miembros de mi grupo de mis diferencias de opinión con ellos y la Misión, desde nuestro primer encuentro se mantuvo muy distante y no logré conseguir la reunión personal que yo deseaba. Aun así, al conocer que nuestra estancia en su país sería de un mes, nos invitó a conocer diferentes grupos formados por él en distintas localidades. Igualmente, pocos días antes de regresar a España, nos invitó asistir a una de sus salidas al desierto de Chilca —a unos 60 kilómetros de Lima— para vivir una de las conocidas experiencias directas con los guías extraterrestres o Hermanos Mayores. Llegado el momento, tras un extenso trabajo de prácticas, indicó a los presentes que entraran en meditación para vivir las experiencias clásicas que supuestamente los guías daban a los grupos, incluyendo un viaje a una nave o al satélite Ganímedes. Cerca de media hora después, Sixto nos pidió que saliéramos de la meditación al haberse dado las citadas experiencias. Por supuesto, nada de lo prometido sucedió, pero sí fue notorio observar la histeria colectiva de algunos miembros de los grupos peruanos, afirmando haberlas vivido todas ellas. Al comentarle a Sixto que mi compañero y yo no habíamos visto ni vivido nada, nos dijo que la experiencia se dio a nivel astral y que la recordaríamos. Algo que nunca sucedió. A mi llegada a España, me encontré con los mismos enfrentamientos que había dejado a mi partida, lo que se convirtió en el colofón dentro de la Misión. Abandoné todo tipo de grupos y me dediqué y dedico únicamente a contactar con el único guía al que sigo desde entonces: mi Voz Interior. Mi conclusión, no solo extraída de los grupos Rama, sino de otros muchos similares, es que determinadas entidades juegan o manipulan a quienes escogen como contactados, ya que comenté que es más fácil manejar a un grupo de personas mediante una sola que hacerlo de forma individual. Entidades interesadas en mantenernos entretenidos, dormidos e inconscientes, alejados de la búsqueda de nuestra verdadera realidad espiritual y del verdadero sentido trascendente de la vida humana, como camino hacia el mejoramiento global de la humanidad por el propio individuo. Hablaré de ello en la tercera parte.

Añadiré que la mayoría de esos líderes, como dije, se consideran elegidos, y están inflados de ego y ciegos por el fanatismo, lo que anula su capacidad de raciocinio, centrados en mantener como real y bueno su supuesto contacto, negándose a autoanalizarse y a aceptar el hecho de que pueden estar siendo manipulados por entidades nada afables.

TERCERA PARTE. OCULTAMIENTOS Y TEORÍAS DE CONSPIRACIÓN

OVNIS Y OCULTAMIENTOS

Más de 77 años después del comienzo de la era ovni moderna, las respuestas a la verdadera naturaleza del fenómeno siguen sin conocerse. Este hecho en los últimos tiempos viene favoreciendo todo tipo de especulaciones y el surgimiento de teorías de la conspiración, cada cual más inverosímil, pero no por ello alejadas de la verdad en su totalidad. Todo debido al total secretismo mantenido por el Gobierno de Estados Unidos desde la década de los 40, a lo que con el paso del tiempo se fueron sumando más países como Rusia, el Reino Unido, México o Canadá, entre otros. Por ese motivo, casi 80 años después del nacimiento de la ufología moderna, todavía se sigue ocultando la verdad y la realidad del fenómeno ovni a la población mundial, convertido en el mayor misterio de nuestro siglo. Como parte importante de este trabajo citaré solamente algunos de los ocultamientos y conspiraciones sobre el tema más conocidos.

GOBIERNOS Y OCULTAMIENTOS

De acuerdo con muchos ufólogos de prestigio mundial, las conspiraciones más extendidas en la actualidad están relacionadas con la firme creencia en el ocultamiento de la realidad del fenómeno, el cual va mucho más allá de la mera observación de luces en nuestros cielos. Es sabido que, como mínimo, ya desde el año 1947 existía un *comité ultrasecreto* compuesto por doce altos cargos de funcionarios gubernamentales, científicos y mandos militares, constituido por orden ejecutiva del trigésimo tercer presidente, Harry S. Truman, sucesor de Roosevelt.

Ambos mandatarios fueron los que iniciaron el proceso de ocultamiento desde el proyecto MJ12, proyecto que como los anteriores y posteriores —como ya adelanté— no tenía la finalidad de investigar la verdad sobre el tema, sino *por un lado desmentirla y por otro ocultarla*, a pesar de ser conscientes de su realidad. La idea era acallar y tranquilizar a la población, negar todo lo relacionado con el fenómeno, especialmente por parte de los organismos militares, los de defensa e inteligencia, quienes siguen haciéndolo de forma descarada a la ciudadanía, sumados a la mayoría de los medios de comunicación. Todos los organismos gubernamentales y estatales siguen manteniendo que no existen pruebas fehacientes que corroboren la existencia de naves o presencia extraterrestre en nuestro mundo, ni en el pasado ni en el presente, a pesar de los muchos casos investigados desde el conocido Proyecto Libro Azul. A la vez que ocultaba y oculta la verdad, Estados Unidos viene elaborando su plan supersecreto: *facilitar la recuperación e investigación de naves extraterrestres estrelladas en la Tierra*, manteniéndolo oculto al mundo. Para mí, es una prueba evidente que explicaría el increíble aceleramiento tecnológico experimentado por la humanidad, sin parangón en la historia. Algo que comenzó unos diez años después del incidente de Nuevo México, supuestamente derivado de los conocimientos adquiridos de la tecnología descubierta en la nave extraterrestre. Con ella llegaron avances como el láser, los transistores, la fibra óptica, los microchips y los circuitos integrados, que revolucionarían la electrónica, dando inicio a la sofisticada era moderna electrónica y digital, con ordenadores y teléfonos móviles. Asimismo, surgió la fibra sintética kevlar, extremadamente resistente, utilizada en avanzados chalecos antibalas y cascos balísticos; también se desarrollaron dispositivos de visión nocturna y aviones ultrasecretos de alta tecnología, invisibles a los radares, algunos con una forma similar a la de los ovnis de Roswell. Entre estos se encuentran los fascinantes TR-3B, negros y de forma triangular, de 180 metros de largo, así como el RQ-170 no tripulado y el bombardero F-117. Todos ellos, junto con otros aviones y armamento, fueron creados posiblemente en la tan discutida Área 51.

Algo que deja bien claro el interés por tecnología avanzada por parte del Gobierno americano, al tener el poder de cambiar el mundo tal como lo conocemos. Pero eso no es todo. Hay más, mucho más por contar..., ya que la Administración norteamericana deseaba poseer sobre todo el armamento militar más poderoso del planeta, lo que años después, con la presidencia de Dwight D. Eisenhower, haría surgir la teoría de conspiración más extraordinaria de todas ellas. Una relacionada con el inicio de un oculto contacto con al menos una raza alienígena. Pero más allá de ocultarnos la presencia de extraterrestres en el pasado y en la actualidad, también destaca un llamativo interés en ocultarnos nuestros verdaderos orígenes y la existencia de civilizaciones de altas tecnologías en el pasado. La verdadera historia de la humanidad no está escrita en nuestros libros, pero sí en múltiples restos arqueológicos y mitos diseminados por todo el planeta si sabemos interpretarlos. Somos muchos los que creemos de la existencia de un oculto plan para ocultar nuestros orígenes como raza y la verdadera historia de la humanidad, al estar directamente relacionada con civilizaciones extraterrestres. Incluso hay investigadores de la conspiración difundiendo que el verdadero motivo de la presencia de militares estadounidenses o rusos en Oriente Próximo o la invasión de Irak por tropas americanas no fue por la falsedad de las armas de destrucción masiva ni por el petróleo, sino por lo que se esconde en esos países relacionado con restos de tecnología anunnaki, bajo la arena o en grutas en apartadas montañas. Pudieran ser *fake news*, pero son noticias que dan mucho que pensar. De hecho, un tema similar se dice sobre la Antártida, donde se cree que puede haber bases extraterrestres o, para el asombro de los más escépticos, bases nazis bajo los hielos. Lo extraño son las medidas mundiales en la Antártida, como prohibirse medidas de carácter militar, establecer bases, realizar maniobras militares, ensayos con armas o volar sobre el continente. Otra de esas noticias poco conocidas es la de una supuesta tumba anunnaki con cadáveres de 3 metros de alto en los desiertos de Irak o uno de los tradicionales vimanas encontrados en una cueva en la India. Me pregunto cuántos más espectaculares encubrimientos se nos ocultan y para cuándo se abrirá la caja de Pandora, dando a conocer todos los secretos que como ciudadanos del planeta tenemos pleno derecho a conocer.

LOS HOMBRES DE NEGRO

Otro tema que entra en el terreno conspiranoico y en los misterios que encierra el fenómeno ovni surgió en su periodo de plena evolución, entre la década de los 40 y 50. Me refiero a los llamados *hombres de negro*. Estos extraños personajes vestidos de negro, con gafas y sombrero incluido, que conducen coches antiguos y van siempre en pareja, descritos como de rostros pálidos, sin cejas ni pestañas, aparecían allí donde hubiera testigos de avistamientos dispuestos a hablar de lo vivido. A estos se sumaban periodistas, investigadores o cualquiera que buscara divulgar algo importante sobre los ovnis. Todos ellos recibían la siniestra visita de estos personajes, que los amenazaban para que permanecieran en silencio o se atuvieran a las consecuencias. Consecuencias que en algunos casos estudiados terminaron con la vida en extrañas circunstancias de los que se negaban a callar. De ellos se comentaba que pertenecían a organismos gubernamentales, militares o a la alta élite encargada de custodiar la verdad sobre el fenómeno ovni, y hasta que se trataba de los propios alienígenas, que no deseaban que su presencia en el planeta fuera descubierta. Pero lo cierto es que fueron reales, convertidos en el primer mecanismo de defensa de los dispuestos a indagar y divulgar la verdad del fenómeno, con la misión de requisar pruebas, desinformar, amedrentar o amenazar seriamente a los testigos de cualquier tipo de experiencia ovni. Fueran quienes fuesen, la rapidez con la que aquellas figuras aparecían en la escena de los hechos era realmente agobiante y eficaz en el mayor de los casos. No deja de ser curioso y sospechoso que estos siniestros personajes comenzaran a aparecer precisamente sobre finales de junio de 1947, semanas después del incidente de Roswell, tal vez como las manos en la sombra de los diferentes proyectos gubernamentales y militares que desde ese año se esforzaron en ocultarnos todo lo relacionado con el tema ovni.

OVNIS Y NAZIS

Habiendo nombrado a los nazis, aunque sea superficialmente, es interesante mencionar algunos datos igualmente ocultos sobre su relación directa con el fenómeno ovni. Es necesario preguntarnos cómo y de dónde adquirieron los nazis el poderío militar y la alta tecnología que obtuvieron en tan pocos años para crear el yugo del Tercer Reich y lanzarse no solo a conquistar Europa, sino el mundo entero. Hecho que estuvo a punto de cambiar para siempre el mundo conocido, afortunadamente evitado con un alto coste de millones de muertos que liberaron al mundo de la locura nazi. La respuesta podíamos calificarla como *el Roswell alemán* y aparece recogida en documentos ultrasecretos recuperados al término de la guerra. Me explico. Según se cree, en 1936 (once años antes del incidente de Roswell y tres antes del inicio de la guerra), un ovni se estrelló en la localidad de Selva Negra, Friburgo, y fue trasladado al castillo de Wewelsburg. Este suceso es contado por Jan van Helsing en su libro *Sociedades secretas y su poder en el siglo* XX (1993). Del estudio de los restos de la nave se cree que fue de donde científicos alemanes extrajeron su desarrollada ingeniería militar aeronáutica. Como ejemplos, citaremos las destructivas bombas voladoras V-1 y el V-2 (el misil balístico más poderoso de la historia), enviadas sobre Londres en 1944 y promotoras de los actuales misiles de crucero. También hay que recordar aviones como el Horten Ho 229, los primeros de ala total sin cola, promotores de los futuros bombarderos B2 americanos medio siglo antes, o aviones con forma de platillos volantes de despegue vertical. Otro invento nunca encontrado fue una máquina antigravedad conocida como la Campana, de la que se decía que podía viajar en el tiempo y que algunos ufólogos relacionan con el misterioso objeto ya comentado del incidente de Kecksburg.

Dentro de las teorías de conspiración, no son pocos los que creen que el propio Hitler mantenía algún tipo de contacto con entidades malignas espirituales, interdimensionales o con una raza extraterrestre que lo dominaba, con la que había pactado algún plan para el dominio del mundo. Lo cierto es que tanto él como el jefe de la Schutzstaffel (SS), Heinrich Himmler, además de creerse procedentes de una raza superior, estaban muy centrados en una afanosa búsqueda de la sabiduría y de los objetos sagrados míticos y legendarios en múltiples países, con los que asegurar sus siniestros planes de conquista. Así mismo eran practicantes de magia y ocultismo, teniendo como su cuartel general de macabras ceremonias y rituales con dichas entidades para la élite de la Orden Negra de Adolf Hitler el misterioso castillo de Wewelsburg. Tras la caída del régimen nazi, el Servicio de Inteligencia Militar de los Estados Unidos creó la Operación Paperclip (y los rusos otra similar) para recuperar científicos nazis especializados en el armamento del Tercer Reich, poniéndolos a trabajar para el Gobierno. Uno de los más conocidos y notables fue Von Braun, que se convertiría en el director del Centro Marshall de Vuelo Espacial en 1960, siendo el responsable del cohete Saturno V, que terminaría llevando a los tripulantes de seis misiones Apolo a la luna.

PACTOS CON ALIENÍGENAS

Una de las teorías conspiranoicas más comentada y tenida como real para los ufólogos es la del supuesto contacto celebrado entre el entonces presidente Eisenhower y un grupo de extraterrestres grises, como los accidentados en Roswell, en el año 1954. Aquel día, el presidente desapareció misteriosamente durante doce horas, alegando al reaparecer en un acto religioso en Los Ángeles que había tenido que acudir de urgencias a reparar una rotura de una pieza dental. Pero como años más tarde expondrían personas que estuvieron presentes en la hipotética reunión ocultada al mundo, en la Base de la Fuerza Aérea Edwards, California, lo que allí sucedió a espaldas del mundo fue que se concretó un pacto secreto entre el Gobierno americano y la raza alienígena de los grises, conocido como Tratado Greada. De ser cierto —y abundan muchas pruebas de serlo—, el siniestro acuerdo pactado consistiría en recibir alta tecnología alienígena a cambio de permitirles permanecer desapercibidos permanentemente en el planeta. Aunque otras teorías más alarmantes hablan de que se les habría permitido realizar un número determinado de abducciones de humanos para someterlos a ciertos experimentos genéticos en sus naves. A partir de ese primer contacto, comenzaron también intercambios y trabajos conjuntos entre militares y los alienígenas, tanto en Estados Unidos como en Rusia. Dentro del pacto mantenido al parecer hasta la actualidad, en diferentes bases subterráneas ultrasecretas existentes en diferentes lugares de Estados Unidos, lo que más interesó al Gobierno desde el principio fueron los conocimientos para la elaboración de ingeniería, tecnología de propulsión antigravedad, armas lanzarrayos, aviones altamente sofisticados (como los invisibles a los radares que se supone habrían sido vistos haciendo pruebas sobre la conocida Área 51) e incluso técnicas de control mental que los grises emplean contra los humanos. Lo cierto es que, dos meses después de su citado encuentro, Eisenhower adoptó una política de alto secreto de Estado en todo lo relacionado con el tema ovni. Algo que nadie puede negar y que continúa manteniéndose. Uno de los puntos reflejados en los documentos clasificados por el Gobierno de Eisenhower y recuperados sobre el tema lo deja ver con toda claridad: «Bajo ninguna circunstancia la opinión pública ni la prensa deben conocer la existencia de estas entidades». Lo cual coincide sorprendentemente con el posible acuerdo pactado de ocultar la presencia alienígena en el planeta.

Sin embargo, el tema no es nada nuevo, ya que presidentes anteriores como Harry Truman, que lo fue hasta 1953, y su predecesor, Franklin D. Roosevelt, hasta 1945, también habían tenido experiencias con el fenómeno ovni e igualmente lo ocultaron o desmintieron, como ya he comentado. De modo similar a Eisenhower, Truman —firme conocedor de la realidad de este tipo de eventos y que vivió de cerca los fascinantes avistamientos que sobrevolaron Washington durante su mandato— llegó a crear una política de secreto gubernamental de la que surgirían la Ley de Seguridad Nacional y los organismos competentes, como la Agencia Central de Inteligencia (CIA), en 1947, mantenidos hasta nuestros días. Mediante estas instituciones, ocultaron todo lo que el Gobierno de Truman y los militares conocían, bajo el pretexto de la Guerra Fría. Truman fue a la vez el máximo exponente de la creación del Proyecto Majestic 12, en 1947, no para estudiar el fenómeno ovni como adelanté, sino para desprestigiarlo y desmentir a toda costa la presencia extraterrestre en el planeta, incluyendo lo rescatado en Roswell y otros lugares; esto convirtió dicho caso en la mayor conspiración de encubrimiento hasta aquel momento. Los doce miembros eran un presunto comité secreto de funcionarios gubernamentales, altos mandos militares y científicos, que tenían tal poder que solo respondían ante el presidente, estando legalmente por encima de cualquier institución civil o militar, lo que supone la existencia de un Gobierno oculto en la sombra que dirigía todo lo referente al tema que nos ocupa. Gobierno o élite que desde sus inicios elaboró proyectos y documentos secretos, como el que contenía los pasos que seguir en caso de la recuperación de naves extraterrestres o de los cuerpos vivos o muertos de sus tripulantes. Este proyecto secreto no saldría a la luz hasta el año 1982, cuando el productor de televisión y ufólogo Jamie Shandera afirmó haber recibido por correo un rollo de película de un remitente anónimo. A partir de ahí comenzaron a recuperarse más documentos clasificados sobre el tema que desvelarían lo profundo de su oculta finalidad. Añadiré que Truman tuvo en su mano la posibilidad de desvelar al mundo todo lo relacionado con el tema ovni, ya que en su momento los altos cargos militares competentes compartieron la información con él, a la espera de que tomase la trascendente decisión de qué hacer al respecto, si darlo por fin a conocer o seguir ocultándolo. Para mal de nuestro mundo —al igual que el presidente Eisenhower—, optó por la segunda opción: el ocultamiento.

Y, a pesar del paso del tiempo, esa política de discreción absoluta no ha cambiado. Ya he comentado como algunos de los siguientes presidentes vivieron algún tipo de avistamiento, pero sin que repercutiera de modo alguno en tratar de indagar en el tema al alcanzar el poder. Sin embargo, el presidente John F. Kennedy sí tuvo interés por profundizar en ello, por la seguridad del planeta, hasta el punto de buscar compartir secretos de los ovnis con los rusos. Este hecho hizo surgir la teoría de conspiración sobre que americanos y rusos no son tan adversarios como nos hacen creer y que trabajan conjuntamente en diferentes proyectos tanto en la Tierra como en el espacio. Ciertos investigadores de la conspiración creen que el deseo de aportar conocimientos secretos sobre los ovnis a los rusos bien pudo ser la causa principal de su asesinato o una de ellas. Se suma a esa posibilidad el hecho de que, el 12 de noviembre de 1963, Kennedy solicitó al presidente de la CIA, John McCone, que organizara todos los archivos de que dispusiera la agencia relacionados con los ovnis, informándosele del resultado de la investigación antes de 1964. Diez días después, el 22 de noviembre de 1963 era asesinado en Dallas, Texas, sin que los verdaderos motivos del magnicidio hayan trascendido 61 después. A esto hay que añadirle su conocido discurso del 27 de abril de 1961, en el hotel Waldorf Astoria de Nueva York, que tituló *El presidente y la prensa*, dirigido a los dueños de los medios de comunicación, solicitándoles —creo yo ingenuamente— su colaboración en su deseo de enfrentarse a todo tipo de poder u organización en la sombra en su país, entendiéndolo como «peligro claro e inminente»:

> Quiero hablarles sobre nuestras responsabilidades comunes ante un peligro común. La misma palabra «secreto» es repugnante en una

> sociedad libre y abierta, y nosotros como sociedad nos hemos opuesto históricamente a las sociedades secretas, a los juramentos secretos y a los procedimientos secretos. [...]. Nos enfrentamos en todo el mundo a una conspiración monolítica y despiadada que se basa principalmente en medios encubiertos para expandir su esfera de influencia [...] Es un sistema que ha reclutado varios recursos humanos y materiales para la construcción de una maquinaria altamente eficiente y muy compacta, que combina operaciones militares, diplomáticas, de inteligencia, económicas, científicas y políticas. Sus preparaciones están ocultas, no publicadas. Sus errores son enterrados, no divulgados. Sus disidentes son silenciados, no elogiados. No se cuestiona ningún gasto. No se divulga ningún rumor. Ningún secreto es rebelado [...]. Pido su ayuda en esta gran tarea de informar y alertar al pueblo estadounidense [...] confiados en que con su ayuda los hombres serán aquello para lo que han nacido: libres e independientes.

Aquel mensaje debió tocar las fibras más sensibles del Pentágono, la CIA, el FBI o diferentes políticos y organismos y agrupaciones secretas que conspiran en la sombra o molestas con lo expuesto, mientras que, a su vez, los dueños de los diferentes medios de comunicación allí presentes siguieron en silencio, posiblemente por el hecho de servir a las ocultas élites denunciadas por el carismático y molesto presidente. A día de hoy, el 70 % de la población americana cree que el asesinato fue un complot orquestado desde las más altas esferas en la sombra.

En cuanto al pacto de Eisenhower con los alienígenas grises —horripilante e inhumano de ser real— de permitirles experimentar con animales y posteriormente con un determinado grupo de humanos sin dañarlos, no fue respetado desde el principio por los alienígenas, que lo sobrepasaron con creces A la vista está la inmensa extensión de casos de raptos, secuestros, violaciones, mutilaciones y asesinatos de los abducidos que todavía siguen produciéndose en la actualidad. Tema más que delicado y polémico, a la vez que terrorífico, que debiéramos de preocuparnos por detener de inmediato, al poder estar ocultando un siniestro plan alienígena que abordo seguidamente. Lo indignante es que el pacto debió ser real, como demuestran múltiples pruebas y revelaciones de personas presentes en él con el paso del tiempo o como su propia bisnieta Laura Eisenhower afirma en congresos sobre el tema ovni.

PROYECTO SERPO: ¿FANTASÍA O ENCUBRIMIENTO?

Si hay una teoría de conspiración menos conocida por la ciudadanía y muy discutida entre los ufólogos, la cual entra más en la ciencia ficción que en la posible realidad, esa es sin duda el Proyecto Serpo. De acuerdo con ciertos medios de investigación ufológica, en el año 2005, un jubilado de la Agencia Nacional de Seguridad de Estados Unidos (NSA) dio a conocer a varios investigadores del fenómeno ovni la existencia de un proyecto ultrasecreto del Gobierno relacionado con los extraterrestres. De ser cierto, su origen surgió del conocido incidente de Roswell, en el cual hubo un superviviente bautizado con la abreviatura EBE (entidad biológica extraterrestre), el cual, durante los cinco años que vivió, ofreció información al Gobierno estadounidense, además de proponerle un plan de intercambio entre alienígenas y humanos. Para ello el EBE solicitó la recuperación de los cadáveres de los accidentes de Roswell y de Corona, comunicándose con su raza para concertar un encuentro entre líderes alienígenas y militares y políticos estadounidenses. La reunión secreta se produjo en 1964, en Alamogordo, Nuevo México, surgiendo así el citado Proyecto Serpo. Un año después se produjo la reunión entre alienígenas y humanos para intercambiar conocimientos entre ambas razas. Doce hombres y mujeres fueron seleccionados para viajar al planeta Serpo, a 37 años luz de la Tierra, en el sistema Zeta Reticuli, en un viaje de meses. En él se encontraban médicos, científicos, militares y parece ser que dos civiles, que permanecieron allí hasta su regreso en 1978. Se dice que solo habrían regresado ocho miembros, ya que la pareja de civiles, un hombre y una mujer, permanecieron en Serpo, y dos fallecieron.

PROGRAMA DE HIBRIDACIÓN ALIENÍGENA

Por mi interés personal y por el tiempo dedicado a ello, siempre sospeché no solo que el tema de las abducciones era algo real, sino que debía contener un secreto tétrico de fondo, como así es. Ahondando en su origen, debemos retrasarnos hasta la década de 1960. En ella comenzó a hablarse de la aparición de unos extraños seres humanoides, los ya referidos como grises. Son los más reportados por cientos de mujeres, que señalan que habría sido visitadas y raptadas por ellos en sus casas, llevadas a sus naves, inseminadas con ADN alienígena o abusadas sexualmente, tanto por ellos como por otras razas extraterrestres. Lo más insólito es que poco tiempo después vuelven a ser secuestradas para extraerles el nonato. Muchas de ellas cuentan como este hecho les ha ocurrido desde niñas, repitiéndose en diferentes momentos de sus vidas. Más llamativo son los casos en los que no solo son secuestrados miembros de toda la familia o parte de ella, sino que este tipo de eventos ya ha sucedido a familiares de anteriores generaciones, como si existiera un lazo común entre estas y los extraterrestres que las abducen, siendo seleccionadas desde mucho tiempo atrás por alguna razón desconocida, continuando las abducciones a sus hijos o nietos. Igualmente cuentan que habrían observado en salas de sus naves lo que parecían ser bolsas de hibernación con bebés dentro reproduciéndose.

Llegados al punto de que lo vivido por tan elevado número de mujeres es real, llegando a crearse asociaciones especiales en Estados Unidos de ayuda a superar tan traumática experiencia, cabe preguntarnos cuál puede ser el motivo de estos inconcebibles hechos. Para tratar de contestar tan compleja pregunta, debemos adentrarnos en el mundo de las conspiraciones, llevándonos a la increíble pero posible conclusión de que especialmente razas como los grises vienen a reproducirse con los humanos, tratando de crear una nueva estirpe híbrida. De ser así, cabría especular diferentes motivos para ello que podrían relacionarse con temas ya abordados hasta aquí en el libro. Por ejemplo, una de las razones estrella que esgrimen muchos investigadores es que los grises han perdido la capacidad de reproducirse a sí mismos y están en la Tierra para preservar su raza. Se dice que carecen de sistema digestivo y reproductivo, e incluso que los pequeños de 1,5 metros de alto pueden haber sido creados y dirigidos por otros grises más altos o por la raza reptiliana. Aunque también se conocen casos de abducciones por parte de los llamados *nórdicos*.

Otra teoría afirma la existencia de «un plan alienígena» para nuestro mundo y la humanidad desde el remoto pasado. Un plan que, llegado el momento, pretende eliminar nuestra raza, generando un nuevo salto evolutivo de nuestra especie por medio de una intervención genética extraterrestre. Es decir, un siniestro plan que busca repoblar el planeta y suplantar a los humanos. De ser cierto, lleva a serios ufólogos a la posibilidad de que esas entidades precisan perpetuar su especie por medio de las abducciones. Lo evidente al analizar este punto es que las abducciones pudieran ser la prueba palpable del mencionado pacto alienígena con el Gobierno americano desde la década de los 40 ya comentado. Habrá que seguir investigando hasta descubrir qué hay de cierto en todo ello, al estar en juego nuestra propia supervivencia.

¿QUIÉN GOBIERNA REALMENTE NUESTRO MUNDO?

Permíteme recordarte que en esta tercera parte del libro, y especialmente en este apartado, me limito a exponer teorías especulativas y conspiranoicas que debes someter a los dictámenes de tu razón. Dicho esto, tal vez la creencia más extendida en los últimos años, y cada vez mantenida por más adeptos, es la que habla de una raza inteligente muy evolucionada, que existía en la Tierra antes de nuestra presencia en ella, los reptilianos. Raza de la que ya he expuesto que existen evidencias en múltiples culturas, mitos y leyendas del pasado. De ser cierta su existencia, de nuevo recordamos la teoría que promueve que los grises pueden haber sido creados por esos seres o ser ellos una raza inferior que les sirven para cumplir sus oscuros y macabros propósitos, como los igigis servían a los anunnaki. Pero el tema va mucho más allá de lo creíble, ya que esta teoría afirma que esta raza viene moviendo los hilos de la humanidad desde hace miles de años, manteniendo oculta su presencia, de modo muy similar a la famosa serie televisiva *V. Invasión extraterrestre.* Y lo hace de dos formas. Una sería a través de un reducido grupo de humanos sin moral, a quienes colocan en las más altas cimas del poder político, monárquico, religioso, militar, financiero, de los medios de comunicación y de las grandes industrias que mueven el mundo, como las farmacéuticas, armamentísticas, petroleras, alimenticias... Es decir, los líderes que están detrás de las familias más ricas de la tierra. A cambio de riqueza y poder, esta élite oscura de humanos —pero sin conciencia— serviría a los reptilianos u otras razas extraterrestres maliciosas que buscan el dominio del planeta, convirtiéndolos en simples títeres de un oculto plan extraterrestre y estos convirtiendo a la humanidad en sus dormidos servidores. Esta élite gobernaría desde la sombra y no serían sino instrumentos de esos reptilianos, convirtiéndonos a ellos y al resto de los seres humanos en pequeñas piezas de su juego que carecen de control sobre su destino. También formarían parte de la élite oscura los múltiples dictadores sanguinarios que han existido siempre, manteniendo a sus pueblos bajo un yugo de miseria y terror; sobre ellos siempre me pregunté quién los sube al poder y los protege de múltiples atentados, llegando muchos de ellos a morir de ancianos. La otra forma que tendrían los reptilianos de adueñarse del mundo sería siendo ellos mismos quienes ocuparían los altos cargos sociales citados, bien por tener el poder de cambiar de forma, convirtiéndose de reptiles en humanos —como muchos defensores del tema afirman—, o por medio de la nueva raza de híbridos de reptilianos con humanos que ocupan esos cargos.

Una pregunta que siempre ronda por mi mente es: ¿por qué siempre hubo y sigue habiendo tantas guerras, miseria, enfermedad, incultura, injusticias, dolor y sufrimiento en nuestro mundo? ¿Quién se beneficia de ello y por qué? Si volvemos a analizar los hechos generados por los dioses celestes desde su llegada a la Tierra hace miles de años y el estado actual de la humanidad, tal vez tengamos una vez más que volver a enfocar nuestra mirada en nuestros cielos. En todo caso, ya es momento de no perder el tiempo en seguir buscando lucecitas en el cielo, marcas en la tierra dejadas por los ovnis o el contacto y guía alienígena, para comenzar a ahondar en la clave vital del fenómeno: *descubrir los verdaderos propósitos de la presencia alienígena en nuestro mundo, antes de que sea demasiado tarde*. En mi caso, es lo único que me interesa del tema ovni en la actualidad, además de seguir trabajando en mi realización interior. Aprovecho para comentar que los extraterrestres demuestran estar más interesados en nuestro desarrollo tecnológico que en el espiritual, lo cual puede ser una pista más para comenzar a comprender sus verdaderos propósitos para nuestro mundo.

Igualmente existe la posibilidad de que los reptilianos pudieran ser los propios anunnaki o los nefilim descendientes de Yahvé y de su raza, debido a la longevidad de estos seres. Profundizando en esta última teoría conspiranoica, cabría añadir una posibilidad aterradora, pero que se ajustaría perfectamente a hechos actuales preocupantes, como el que se cree promovido por la oscura élite que gobierna el mundo, cuyo plan principal es reducir al máximo la población humana por todos los medios a su alcance: guerras, hambruna, enfermedad, epidemias, pandemias... A ello hay que sumar la intoxicación del aire, el agua, los alimentos, los medicamentos, la vestimenta... con la finalidad de hacer cada vez más estéril a la raza humana, facilitando y haciendo realidad la teoría comentada de la repoblación del planeta con una nueva raza híbrida. A esto hay que sumar el arma más poderosa para paralizar a la humanidad, la más utilizada por los grandes organismos religiosos y políticos desde siempre: el miedo y mantenernos dormidos. Por ello viene bien recordar unas de las sabias frases extraídas nuevamente de un enriquecedor libro donde los haya: *El Quijote*. Es la siguiente: «Luchamos contra los tres gigantes, mi querido Sancho: el miedo, la injusticia y la ignorancia».

Volviendo a los reptilianos, teóricos de conspiración los ven precisamente como promovedores del miedo en la sociedad por medio de su escogida élite humana, influyendo en nuestras mentes y en nuestras creencias, y especialmente —como los dioses del pasado o los arcontes de los primitivos gnósticos— manteniéndonos sumidos en la ignorancia, impidiéndonos obtener el conocimiento que nos convierta en individuos libres de pensamiento y conocedores de nuestra verdadera realidad espiritual. Pero reconocidos ufólogos e investigadores de las conspiraciones van mucho más lejos, afirmando que el mundo puede incluso estar regido por algún tipo de entidades interdimensionales, que como ya adelanté se alimentan de nuestro temor y sufrimiento. Tema del que ya hablaban los esenios, los primitivos gnósticos, diversas escuelas mistéricas o incluso el propio Jesús en los Evangelios, refiriéndose a entidades demoníacas que buscan impedir el despertar y desarrollo espiritual de la humanidad. Para profundizar en todas estas complejas teorías de momento, al menos difíciles de demostrar, aconsejo leer el extenso, polémico y profundo trabajo literario, una vez más, de Salvador Freixedo, en libros como *La amenaza extraterrestre*, *Defendámonos de los dioses*, *La granja humana* o su última obra, *Teovniología. El origen del mal en el mundo*. Igualmente, recomiendo la ya citada obra de Faber Kaiser *Las nubes del engaño*. Pero hay muchas más.

COMIENZA A DESCORRERSE EL VELO

En los últimos años, vienen saliendo a la luz documentos secretos clasificados por los organismos gubernamentales o militares, que han difundido exfuncionarios del Gobierno, personal civil, extrabajadores de bases ultrasecretas, expolíticos, astronautas o militares retirados, quienes parecieran no querer dejar esta vida sin contar lo que vivieron de cerca en relación al fenómeno ovni, en sus respectivos campos profesionales, dando a conocer secretos militares y del Gobierno para limpiar su conciencia. Los mismos organismos de inteligencia militar o de defensa, como el propio Pentágono o incluso la CIA, comienzan a informar de la posibilidad que no todo lo que se mueve en nuestros cielos sean aviones. Veamos algunos casos.

Entre los más insólitos, se encuentra el del ingeniero geológico Phil Schneider, empleado por el Gobierno americano como experto en explosivos y construcciones subterráneas, que participó en la construcción de dos bases militares subterráneas. Schneider salió a la luz por medio de conferencias arriesgando su vida al afirmar públicamente la ocultación por parte de la CIA, la NSA y el Gobierno americano de la existencia de construcciones subterráneas secretas, donde se mantienen proyectos oscuros que mantienen intercambio y desarrollo de tecnología terrestre y extraterrestre. Él mismo fue testigo de primera mano en 1979 de algo accidental y sorprendente. Sucedió en la Base de Dulce, Nuevo México, después de realizar una perforación de prueba. Inesperadamente la explosión dejó ver una caverna natural. Encabezando el descenso, de pronto se encontró cara a cara con un grupo de los llamados *grises altos*. De inmediato sacó su pistola y disparó a dos de ellos, comenzando un combate entre agentes secretos, boinas negras y alienígenas, en el que se produjo un buen número de muertos en ambos bandos. Schneider quedó herido por un arma alienígena que disparaba rayos, siendo uno de los tres únicos supervivientes. Tiempo después volverían a la caverna con más soldados, pero los grises ya no estaban, descubriendo por lo observado que debían estar viviendo allí desde hace muchos miles de años. También comentó la existencia de 129 bases subterráneas militares en los EE. UU. desde 1940, convertidas en grandes ciudades subterráneas y conectadas por túneles, que contenían pistas de alta velocidad basadas en la tecnología magneto-leviton o que poseían la tecnología de hacer desaparecer una nave y hacerla aparecer en otro lugar, como hicieron en el Experimento Filadelfia el 28 de octubre de 1943. Y dijo algo más llamativo: haber trabajado engañado para los que están detrás de esas bases, señalando al NOM (Nuevo Orden Mundial). Siete meses después de hacer saber públicamente su experiencia, fue encontrado al parecer brutalmente torturado y asesinado en su departamento, con una cuerda de piano atada a su cuello. El hecho nunca se dio a conocer en los medios, viendo en ello muchos ufólogos una advertencia hacia quienes pretendieran revelar secretos similares.

Muy comentada fue la entrevista en diciembre del 2020, concedida por el exjefe de Seguridad Espacial de Israel, Haim Eshed, a sus 87 años, al diario israelí *Yedioth Ahronoth*. En ella contó el tipo de acuerdos realizado entre los extraterrestres y Estados Unidos, la existencia de una base secreta en Marte con representantes estadounidenses o que Gobiernos de la Tierra mantienen contacto con una supuesta «federación galáctica». También que Donald Trump quiso decir la verdad sobre la presencia extraterrestre a la población, pero que le pidieron no hacerlo porque la humanidad no está aún preparada para la integración con estas entidades. Estos y otros temas los narra en su libro *El universo más allá del horizonte: conversaciones con el profesor Haim Eshed.*

Similares son las reiteradas declaraciones del exministro de Defensa de Canadá Paul Hellyer (entre 1963 y 1967), el político que más dio la cara ante el fenómeno ovni, con sus conferencias, libros, entrevistas en los medios de comunicación, incluso ante la cadena de televisión rusa RT, ante el Congreso estadounidense en 2013 o presentando una propuesta ante la ONU, participando en la organización Exopolitics para establecer un contacto físico con otras civilizaciones extraterrestres con la propuesta «la década del contacto». Hasta su fallecimiento a los 98 años, en sus últimas décadas expuso la existencia de al menos cuatro o doce razas extraterrestres que llevan miles de años visitándonos, de acuerdo con lo que le hizo saber en una reunión en Toronto el astronauta retirado Edgard Mitchell; no obstante, más tarde conocería que se hablaba ya de cerca de 80 diferentes, cada una con su propia agenda. Este mismo astronauta, el sexto del Apolo 14 en pisar la luna, a sus 84 años, aseguró haber visto documentos secretos por medio de sus contactos de alto nivel en el Gobierno, asegurando la autenticidad del accidente de Roswell, la existencia de entidades biológicas extraterrestres e incluso que durante la Guerra Fría estos seres evitaron una guerra nuclear entre Rusia y Estados Unidos. Volviendo a Hellyer, afirmaba que la mayoría de las razas extraterrestres vienen con el propósito de ayudarnos y enseñarnos a manejar mejor nuestro planeta, y solamente dos de ellas pudieran ser peligrosas; algunas parecían tan semejantes a los humanos, como los *rubios nórdicos*, que pueden caminar entre nosotros sin que se los pueda distinguir. Habló de que el Gobierno americano y la Fuerza Aérea mantienen contactos secretos con los llamados *altos blancos* desde el final de la Segunda Guerra Mundial, intercambiando mutuos acuerdos. También afirmó que existe una federación galáctica extraterrestre que busca unir a todas las razas avanzadas.

También comienzan a surgir exmilitares divulgando lo que les estaba prohibido desvelar. Como ejemplo, del 29 de abril al 3 de mayo del 2013, en Washington, en la Audiencia Ciudadana de Divulgación Extraterrestre, científicos e investigadores de alto nivel hablaron sobre la presencia extraterrestre en nuestro mundo. Coincidieron con la versión comentada de Paul Hellyer en que el cosmos está lleno de vida y que los ovnis y los extraterrestres son reales. Otra información secreta sobre el fenómeno fue la expuesta durante más de cuatro horas, el 23 de julio del 2023, también ante el Congreso estadounidense, por tres exoficiales de la Marina. Ryan Graves, expiloto de la Armada, corroboró que él mismo se había encontrado en 2014, a 15 metros de su avión, una especie de cubo gris oscuro o negro dentro de una esfera transparente, de entre 1,6 y 3 metros de diámetro, encabezando una flotilla. Añadió que el cielo está lleno de UAP, y que este tipo de encuentros se habían convertido en una rutina para los pilotos. Viéndolo como un desafío poderoso a la seguridad nacional, solicitó que permitieran a los pilotos, tanto militares como comerciales, denunciar lo que ven sin temor a represalias. David Grusch, exoficial de Inteligencia de la Fuerza Aérea, declaró que, de acuerdo con 40 testigos que se lo confirmaron, el Gobierno oculta naves de origen extraterrestre y restos de seres no humanos; decidió hablar al conocer informes preocupantes de múltiples compañeros y de militares respetados y acreditados en activo o retirados o los casos de colegas cercanos brutalmente represaliados por la Administración por hablar más de la cuenta. David Fravor, comandante retirado de la Marina, declaró que en 2004 participó en unas maniobras de entrenamiento. Como piloto recibió la orden de suspender la misión, debido a que llevaban un par de semanas topándose con artefactos que bajaban como el rayo de los 80.000 a los 20.000 pies, permaneciendo a esa altura durante horas. Fravor reportó haber visto un objeto blanco moviéndose muy abruptamente sobre el agua, como una pelota de *ping-pong* durante cinco minutos; afirmó que se trataba de una tecnología increíble que ningún país de la Tierra poseía y definió aquel encuentro como el avistamiento ovni más importante de la historia. Además de exmilitares, se sumó a afirmar la realidad de tema el excámara de las Fuerzas Aéreas de 82 años Jack Banettt, autor al parecer de la grabación de la famosa autopsia de Roswell, quien la había mantenido oculta por miedo a las consecuencias.

Añadiré ahora dos personajes fichados como peligrosos e incluso criminales por las fuerzas de seguridad de los Estados Unidos. En primer lugar, mencionaré al detective y *hacker* escocés Gary McKinnon, quien aseguró que había podido entrar en ordenadores de la NASA y organismos militares estadounidenses, descubriendo la existencia de documentos secretos clasificados sobre la existencia de los extraterrestres. Otro que también hace pensar es el del consultor tecnológico estadounidense y naturalizado ruso, exempleado de la CIA, Edward J. Snowden, quien en junio de 2013 hizo públicos a través de la prensa documentos clasificados como de alto secreto sobre varios programas de la NSA, por ejemplo, los de una red de vigilancia electrónica masiva con programas como PRISM y XKeyscore. Lo insólito del tema es que afirma que lo que se busca es tenernos vigilados a nivel mundial, por medio de una agenda de inteligencia extraterrestre con base en Nevada (los grises altos) que busca controlar la política nacional e internacional de los Estados Unidos desde 1945. Todo ello estaría orquestado dentro de su plan secreto con los poderosos del planeta, que les sirven de tentáculos para su oculta agenda de dominación mundial. Snowden aseguraba que eran los mismos que desde 1930 ayudaron a subir al poder a Hitler y a la Alemania nazi, y que, una vez derrotados, desde 1945, pasaron a contactar con los presidentes de Estados Unidos, siendo esta raza la que rige ocultamente ese Gobierno desde entonces, impidiendo al mismo revelar su presencia en la Tierra. Cuando menos es un tema para reflexionar a la luz de cómo se encuentra el estado de nuestro mundo, con su extendida miseria, sufrimiento, constantes guerras, falta de libertad y vigilancia exhaustiva de la humanidad a través de los medios digitales de todo tipo. No menos curioso es que Snowden haya sido acusado en Estados Unidos como criminal, exiliándose en Rusia y obteniendo la nacionalidad de ese país.

Con el tiempo, supuesto personal contratado en diversas bases como la del Área 51, en Nevada, comenzaría a salir en los medios afirmando haber visto naves extraterrestres y cadáveres en ellas. Uno de ellos aportó una polémica información a los medios. Es Robert S. Lazar, quien afirma haber trabajado de 1988 a 1989 como físico, en una zona militar secreta llamada S-4 (Sector Cuatro), del Área 51, encargado de descifrar el sistema de propulsión de las naves alienígenas ocultas en la base. Se refiere al llamado *elemento 115*, relacionado con una fuente de energía que produciría efectos antigravitatorios. Aunque debo matizar que nada de lo que todos ellos exponen se puede corroborar con pruebas tangibles, la Marina de los Estados Unidos comienza a admitir que algo extraño se mueve en sus cielos, aunque lejos de aceptar que sean naves extraterrestres u ovnis los designa con un nuevo concepto: UAP (por sus siglas en inglés) o FANIS (fenómenos aéreos no identificados).

En todo caso, con todo lo expuesto sobre avistamientos y experiencias ovni, con la alta tecnología visual y digital en la actualidad, lo difícil es saber distinguir entre los hechos reales y los abundantes casos de *fake news* que llenan las redes sociales, internet y medios de comunicación. Por otro lado, el Pentágono busca quitarle leña al fuego desde el 2022, tratando de eludir la información sobre ovnis, adelantando que muchos de esos avistamientos pueden ser prototipos de aviones ultrasecretos estadounidenses convertidos en *top secret* desde la época de la Guerra Fría.

EL FUTURO DEL FENÓMENO OVNI

Para quienes vienen alertándonos del peligro que puede ocultar el fenómeno ovni para nuestra supervivencia, sería interesante saber si los Gobiernos del mundo disponen de un protocolo secreto para poner en marcha ante una posible invasión alienígena. El mismo Steve Hopkins dijo sobre ello que, dentro de nuestra propia historia, el contacto de un pueblo avanzado sobre otro inferior suele ser catastrófico. Añadía que «de encontrarnos directamente con una civilización extraterrestre que nos lleve miles de millones de años en avance tecnológico, con tecnologías muy superiores a las nuestras, es posible que no nos vean como más valiosos que nosotros vemos a las bacterias [...] Sería un desastre». Y además, en el 2014, advirtió que «el desarrollo de una completa inteligencia artificial podría traducirse en el fin de la raza humana». Tecnología que para muchos nos ha sido otorgada por los extraterrestres, con alguna finalidad posiblemente nada favorable para nuestro mundo, dado que, de acuerdo con muchos especialistas en el tema, podemos llegar a ser dominados por ella, como ya ha sucedido con la dependencia para todo de la tecnología digital. Y también tenemos un tema pendiente en nuestra enfrentada humanidad difícil de solucionar por motivos políticos o religiosos. ¿Tendrán alguna religión? ¿Quién sería nuestro embajador en caso de tener que representar a la raza humana ante una visita extraterrestre?

Tal amenaza de una invasión extraterrestre avanzada puede que no sea solo una posibilidad o una teoría conspiranoica, ya que Gobiernos como el estadounidense vienen creando programas espaciales ultrasecretos de defensa estratégica para defendernos ante cualquier posible amenaza procedente del espacio exterior. El primer presidente en promover y crear este proyecto fue Ronald Reagan, bautizado en 1984 con el nombre citado de Guerra de las Galaxias (Star Wars). Aunque se dijo que había sido creado ante posibles ataques nucleares soviéticos o incluso de meteoritos, su curioso nombre lleva a sospechar que iba más allá de protegernos de dichas amenazas. Especialmente al ser propuesto por un presidente que, como comenté, venía hablando de posibles amenazas extraterrestres. El tema siguió adelante con otros nombres y en 1993, bajo la administración de Bill Clinton, fue conocido como Defensa de Misiles Balísticos (BMDO) y buscaba ocuparse de la defensa nacional de misiles. También tenemos el programa secreto Guardián Solar (Solar Warden), a modo de fuerza o ejército espacial avanzado instaurado según se cree por el expresidente Donald Trump en diciembre de 2019. Demasiados mandatarios interesados en defendernos de algo o alguien que según ellos mismos proclaman no existe: los ovnis.

LOS CÍRCULOS DE LOS CULTIVOS

Un tema más que deseo incluir superficialmente, ya que requiere un extenso trabajo literario para otra ocasión, es el de los conocidos *círculos de los cultivos* (*crop circle*). También denominados *agroglifos*, son uno de los misterios más impresionantes de nuestro siglo todavía sin resolver. Vaya por delante la infantil creencia de que el Gobierno británico nos quiso colar sobre su origen, cuando en 1978 se adjudicó su autoría a dos amigos, Doug Bower y Dave Chorley, de Winchester, Inglaterra, que supuestamente los crearon provistos de cuerdas y tablas. Hoy día ya no son simples círculos, sino impresionantes dibujos de hasta 500 metros de largo, representando símbolos químicos, alquímicos, matemáticos, geométricos, biológicos, cosmológicos, religiosos, herméticos o inclusos relacionados con culturas antiguas, como la maya o la egipcia. Quien quiera que esté detrás de este misterioso fenómeno posiblemente no es de este mundo, pues parece que quieren transmitirnos conocimientos y mensajes en códigos cada vez más complejos. De acuerdo con múltiples testigos, suelen ser realizados de noche en pocos minutos, tras observarse una o varias pequeñas esferas luminosas sobre los campos, y no solo de cebada, avena, colza o trigo, sino de maíz, plantas a pesar de cuya altura son dobladas sin romperse. En la Edad Media ya se hablaba de los círculos de las hadas, duendes o brujas, con los que se relacionan a los *crop circle*. Aunque el primero del que tenemos notificación fue el recogido en un folleto publicado el 22 de agosto de 1678, cerca de Londres, conocido como *The mowing devil* (*El diablo segador*). En él se muestra a un demonio creando un círculo en un campo. Pasando el tiempo, surgieron los clásicos dibujos de formas circulares hasta aproximadamente los años 80, cuando comenzaron a ser cada vez más elaborados y complejos, siendo muchos de ellos imposibles de realizar con nuestra tecnología actual. Incluso son extremadamente difíciles de plasmar en una hoja de papel.

En la actualidad se conoce su existencia en unos 30 países, con más de 10.000 conocidos y fotografiados, siendo en Inglaterra —cerca de complejos megalíticos— donde más suelen seguir apareciendo. Aunque hoy día pueden verse una gran cantidad de ellos, todos asombrosos, mediante internet o YouTube, citaré tres de los más relacionados directamente con el tema ovni.

Para ello recordaré el mensaje de radio enviado desde el radiotelescopio de Areccino, Puerto Rico, el 16 de noviembre de 1974, diseñado por astrofísicos como Fran Drake y Carl Sagan, orientado hacia la constelación de Hércules, a unos 25.000 años luz. El mensaje incluía información sobre la ubicación de nuestro planeta y del sistema solar. Lo increíble fue que, veintisiete años más tarde, el 21 de agosto del 2001, en un campo de maíz contiguo al radiotelescopio de Chilbolton, en Sparsholt, Hampshire, Inglaterra, como respuesta al mensaje de Arecibo, apareció un pictograma rectangular de 110 metros de largo y 76 de ancho, que contenía información sobre la ubicación del planeta y del sistema solar de la civilización alienígena que lo creó, además de reflejar su morfología, de cuerpo muy pequeño y cabeza grande, con un ADN diferente, entre otros datos. El pictograma en cuestión es conocido como *el mensaje de Sparsholt.*

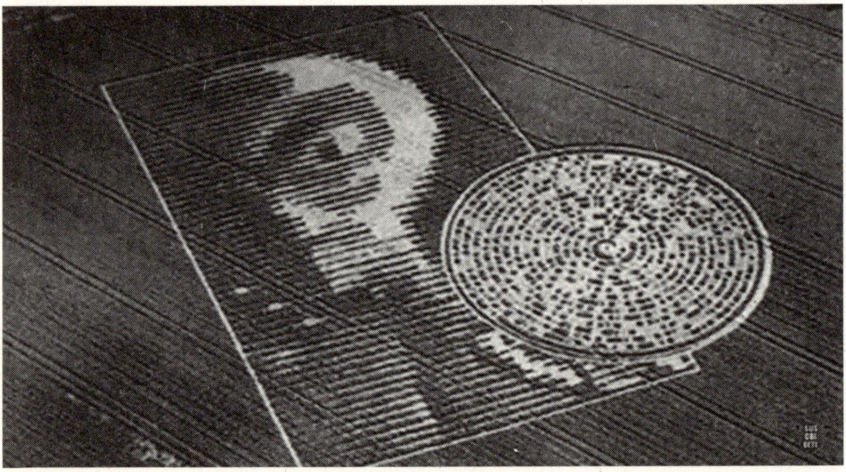

El mensaje de Sparsholt.

Pero asombrosamente, poco tiempo después, muy cerca del anterior, apareció un extraordinario dibujo dentro de un cuadrado igualmente de gran tamaño. Contenía una cabeza alienígena pixelada, similar a la de los clásicos grises, junto a un círculo, en su interior un mensaje en código binario ASCII y fuera de él tres pequeñas circunferencias, que fueron interpretadas como la constelación de Orión.

Una vez descifrado el mensaje, decía: «Cuidado con los que traen falsos regalos y sus promesas rotas. Mucho dolor. Pero aún hay tiempo. Crean que hay bien ahí fuera. Nos oponemos al engaño. Contacto cerrado 0X07...». Lo que parece indicar que quien elaboró el dibujo advierte a la humanidad sobre el peligro del contacto, que posiblemente algunos Gobiernos mantienen ocultamente con alguna raza alienígena hostil, presente en nuestro mundo, como los pactos secretos existentes desde el incidente de Roswell. Añadir a lo anterior otro gigantesco dibujo formado por tres círculos concéntricos, rodeados de dieciséis grabados similares a triángulos, además de extraños símbolos, aparecido en el aeropuerto de Torino, Italia, en 2015. De este agroglifo se tradujo el siguiente mensaje de advertencia a la humanidad: «Tened cuidado con los regalos alienígenas, son como un caballo de Troya de la historia antigua de la Tierra. Solo hará que los seres humanos en ese planeta vayan hacia atrás con un resultado negativo». Sea quien sea quien está detrás, parece conocer nuestra historia y desear advertirnos de otras razas alienígenas.

¿POR QUÉ ESTÁN AQUÍ?

Cómo último punto termino como comencé, planteando la esencia y pregunta clave del fenómeno. Es la pregunta del millón. Todo lo demás es secundario. Por lo que, para concluir, te resumiré algunas de las hipótesis planteadas a lo largo del libro como breve y superficial conclusión personal.

1. Pueden ser sencillamente viajeros espaciales que vienen a observarnos o estudiarnos sin intervenir en nuestro desarrollo, como nosotros estudiamos la naturaleza de nuestro mundo.
2. Pueden venir buscando sin más las riquezas minerales de nuestro mundo, como nosotros deseamos buscarlas en la luna y en otros planetas, pero sin interferir en nuestro desarrollo.
3. Pueden ser nuestros creadores. De ser así y de acuerdo con múltiples estudios y teorías ufológicas, tal vez las razas creadoras y civilizadoras comentadas estén aquí para observar y cuidar a su propia creación: ¡nosotros! Pero, entrando en

teorías de conspiración, siguiendo lo dicho en múltiples leyendas ya comentadas, también podemos seguir siendo utilizados sin sospecharlo por las razas siniestras y malévolas, que en el remoto pasado nos crearon para servirles de esclavos o incluso de alimento, mediante la emisión de nuestras más bajas emociones y sufrimientos.

4. Pueden ser razas conquistadoras o colonizadoras de mundos, como los países poderosos de nuestro planeta vienen haciendo desde el pasado atacando a otros pueblos inferiores y colonizándolos. Algo que pudo haber comenzado en el pasado, haciéndose pasar por dioses benévolos, y en el presente, planeándolo y llevándolo a cabo ocultamente. De estar en lo cierto y de acuerdo nuevamente con teorías de conspiración, reales o no, en la actualidad, quienes creemos que nos gobiernan son a su vez gobernados por alguna raza extraterrestre o interdimensional, nada afable, como ya he ido exponiendo. Lo cierto es que vienen observándonos desde el origen de nuestra humanidad, e incluso interviniendo en determinados momentos de la historia para adaptarla a sus desconocidos intereses.
5. Pueden venir buscando refugio en nuestro mundo, huyendo de alguna catástrofe natural sufrida en su planeta o de alguna raza superior con la que mantienen algún tipo de conflicto bélico. O incluso escapando de enfrentamientos entre diferentes grupos dentro de su propio mundo, como sucede en el nuestro. La causa siempre es la misma: afán de conquista, riqueza y poder.
6. Puede que en el caso de algunas de las razas más conocidas como los grises o los reptilianos —entre otras— actualmente no vengan del exterior, sino del interior de la tierra, donde llevan miles de años ocultos realizando sus desconocidos propósitos. El hecho de manifestarse en la actualidad masivamente se debería al nacimiento de la era atómica en nuestro mundo, al ver amenazada su raza o el planeta que consideran suyo. Es notorio comprobar cómo los avistamientos masivos de ovnis y la aparición de razas extraterrestres como los grises a gran escala surgió durante y después de las primeras pruebas atómicas de la humanidad y especialmente después de la Segunda Guerra Mundial. Si existen bases extraterrestres subterráneas

ocultas en el planeta desde el pasado, es lógico que vieran dichas pruebas como una amenaza peligrosa para su supervivencia, decidiendo comenzar a salir a la superficie, dejándose ver en nuestros cielos y advirtiéndonos de que no estamos solos en nuestro planeta ni en el cosmos. Pero ¿con qué intención? Se me ocurren tres posibles respuestas: una, advertirnos del peligro que acarrearía una guerra nuclear para el planeta; otra, tratar de evitarlo, dado que la destrucción nuclear de la Tierra podría afectar a nuestro sistema solar e incluso más allá; y la tercera posibilidad es más alarmante, ya que pudieran tratar de evitar la desaparición de un mundo que consideran suyo y para el que pareciera que tengan sus propios planes. Todo lo expuesto sobre los grises y los reptilianos da que pensar en dicha posibilidad.

7. Puede que, si son benévolos, estén interesados en acelerar nuestro desarrollo y proceso evolutivo desde el origen de la humanidad, advirtiéndonos del peligro que corre nuestro mundo y la humanidad con las armas atómicas y apuntando que es el momento de comenzar a alcanzar el nivel evolutivo que le ha tocado vivir a nuestro mundo. Toda vez que fuera así, también estarían interesados en contribuir a que alcancemos el necesario adelanto tecnológico que nos lleve a convertirnos en viajeros del espacio, como ellos. En tal caso, buscarían que formemos parte en su momento de los mundos evolucionados de nuestra galaxia dentro de la mencionada federación galáctica.

En todo caso, queda claro que aquellos dioses o deidades venidas de las estrellas desde el más remoto y desconocido pasado, o los ángeles, o los actuales extraterrestres, unos y otros no sean tal, ni Dios, ni dioses, ni ángeles, sino criaturas biológicas o entidades etéricas inteligentes procedentes de algún punto del vasto universo o de otras dimensiones. ¿Quién sabe? Pero percibo que no tardaremos mucho en descubrir lo que se oculta tras el fenómeno. Otra cosa es que lo que descubramos sea de nuestro agrado y no sea demasiado tarde para nuestra supervivencia como raza.

Hasta aquí el apasionante recorrido por algunos de los enigmas del fenómeno ovni, desde el pasado al presente, que iré completando en sucesivos trabajos. Te dejo con una breve síntesis personal.

SINTETIZANDO

Analizando todo lo expuesto hasta aquí, podíamos sonsacar que, desde el origen de la humanidad conocida, civilizaciones inteligentes procedentes de las estrellas, con buenas o malas intenciones, han venido interactuando en el desarrollo e historia del género humano. La pregunta clave es: ¿con qué propósito?, ¿cuál sería su plan? Las respuestas son múltiples. Una de ellas, como narran múltiples leyendas de diferentes culturas del pasado, es que puedan creer que les pertenecemos al haber sido nuestros creadores, modificando al primitivo *Homo erectus* para convertirlo en el actual *Homo sapiens* mediante manipulación genética. Puede que por ese motivo hayan estado observando nuestra evolución y tengan algún plan futuro desconocido para la humanidad actual. Pudieran estar creando una nueva raza híbrida entre ellos y nosotros. La finalidad podría ser el que quieran contribuir a nuestro progreso y al siguiente paso evolutivo en nuestro beneficio, guiándonos hacia una era espacial que nos lleve a unirnos a otras civilizaciones avanzadas en nuestra galaxia —o más allá—. Pero también pudiera ser que busquen rebajar o eliminar progresivamente la tasa de población humana actual para implantar la suya propia, con el propósito de adueñarse definitivamente del planeta, no en nuestro beneficio, sino en el de alguna raza alienígena. Esto también pareciera darlo a entender los excesivos casos reales de abducciones por todo el planeta con fines reproductivos, como si quisieran implantar una raza híbrida. Igualmente es obvio su interés por llevar a la humanidad hacia la era tecnológica y digital en la que hemos venido entrando desde el caso de Roswell, al ser en la que ellos viven, pero sin olvidarnos de que en muchos casos estamos comenzando a ser esclavos y dependientes de nuestra tecnología: internet, ordenadores, móviles, redes sociales, inteligencia artificial, etc. Nuestra sociedad hasta las décadas de los 30 y los 40 era bastante atrasada tecnológicamente, aunque llevábamos un ritmo soportable y controlado, pero el que llevamos actualmente está comenzando a superarnos. Por otro lado, las razas que nos observan parecen tener un interés excesivo en dejar notar su presencia sobre nuestras bases militares y centrales eléctricas y nucleares. Viendo el lado positivo de la presencia alienígena —si lo hay—, también pudiera ser que algunas traten de *salvarnos de nosotros mismos*, de nuestra estupidez y posible autodestrucción nuclear. Y es que, sumado a todo lo dicho, hay que añadir que hay evidencias que parecen afirmar que en todo el universo existen ciertas leyes que lo rigen dentro de un orden y que todas las humanidades estamos llamadas a formar parte de la citada federación galáctica, dentro de la cual todavía nos encontramos en un escalón evolutivo muy bajo. Aún estamos camino de elevarnos hacia otros planos superiores de la existencia, donde convivir fraternalmente primero entre nosotros y después con otras razas evolucionadas y fraternas del cosmos. Pero... ello se daría cuando hayamos superado el lamentable estado de barbarie, guerras, ignorancia y atraso espiritual en el que todavía nos encontramos.

En este sentido, no podemos negar que, desde los albores de la humanidad conocida, viene librándose una batalla en los cielos y en la superficie terrestre, entre lo que podemos denominar *las fuerzas de la luz y de la oscuridad*, unas buscando el progreso y evolución consciente de la humanidad y otras tratando de evitarlo, algo que todos hemos ido conociendo desde niños en nuestros cuentos infantiles y que hoy en día sigue sucediendo a plena vista y entre bastidores. Por una parte, el lado negativo de la fuerza se vale de todo tipo de ocultamientos y manipulaciones de la realidad del fenómeno ovni y de mantenernos ignorantes y sumisos, valiéndose no solo de políticos corruptos, sino también del poder de los medios de comunicación que utilizan en su beneficio. Ello sin adentrarme en esta obra en las conspiraciones relacionadas con el controvertido tema del llamado Nuevo Orden Mundial o la Agenda 2030, que no ha sido precisamente elaborado en beneficio de los pueblos, sino, una vez más, de la élite oscura que nos rige. Es pertinente recordar aquí libros (o películas) de denuncia o advertencias que buscan despertar la mente de sus lectores, como *Rebelión en la granja* (1945) o *1984* (1949), ambos de George Orwell, que refieren el peligro que supondría el que se implantara un Gobierno regido por el autoritarismo o el totalitarismo, del tipo que sea. Lo que esto conllevaría no es otra cosa que no permitirnos obtener el don más preciado del ser humano, como es el de *la libertad y el libre pensamiento*. Pero no es fácil si no abrimos la mente a la luz del análisis, el autoconocimiento y la reflexión.

En cuanto al delicado tema de los contactados y apoyándome en un profundo conocimiento sobre la cuestión, desaconsejo cualquier medio de comunicación con entidades de las que desconocemos su origen y verdaderos propósitos. Hay muchas posibilidades de conectar con entidades de planos del *bajo astral o de baja evolución y malvados propósitos*, pudiendo hacerse pasar por quien más nos atraiga (un ángel, un extraterrestre, un ser superior, Jesús, Dios, etc.). Estas entidades pueden leer nuestras mentes como en un libro abierto, sabiendo cómo adular y mantener enganchado al contacto. De ese modo surge la adicción, hasta que progresivamente van anulando su voluntad, dejando al contactado dependiente de esa comunicación para todo, incluyendo la toma de decisiones de la vida cotidiana; es así un títere de quien mueve los hilos desde la sombra. Estas maléficas entidades extraterrestres o de otras dimensiones también conocen nuestros defectos, vicios o bajas pasiones y cómo aprovecharlas en su beneficio. Incluso, de acuerdo con maestros espirituales, cuando no pueden apartar a un buscador y divulgador de la luz de su camino, intentan conseguirlo mediante la influencia en los familiares o personas más allegadas, buscando crearles enfrentamientos que les hagan difícil cumplir con su programa de vida interior y de servicio a la humanidad.

De aquí la importancia de mantener elevada nuestra vibración y nuestros pensamientos, el control de nuestras emociones y no buscar más contacto que aquel que se dé con nuestra propia consciencia superior. Además, desaconsejo aquellos libros, vídeos o cursos donde se enseñe a contactar con lo desconocido o sobrenatural, viajes astrales sin el debido conocimiento y preparación, desarrollo de *chakras*, poderes psíquicos o el despertar de poderosas energías como la *kundalini*, para lo que la mayoría de la humanidad no está preparada. Y, por supuesto, desaconsejo los libros que motiven o enseñen a buscar el contacto espiritual o extraterrestre por los peligros que puede conllevar. Como ejemplo, el libro del citado Sixto Paz *Guía práctica para tener un contacto* y otros autores de libros similares.

Ahora te pido que saques de todo lo expuesto tus propias conclusiones, volviendo a recalcar: *nunca debes entregar tu mente a nadie, y menos a algo de lo que desconoces su procedencia*. Existen medios para conectar con entidades elevadas, pero solo es posible tras haber alcanzado previamente el conocimiento, formación, capacidad mental, autocontrol mental-emocional o el nivel y vibración espiritual necesarios para ello. Y siempre con-tacto, es decir, con mucho tacto, precaución y sentido común. Todos los grandes avatares desaconsejaban que se les creyera o siguiera ciegamente, recalcando el análisis de toda enseñanza y la búsqueda del contacto interior. Concluyo matizando uno de los graves aspectos de todo tipo de contacto, el fanatismo, dado que un fanático nunca sabe que lo es y es muy difícil hacérselo ver desde fuera. «El progreso de la humanidad no vendrá de las estrellas sino del interior del ser humano».

Gracias por acompañarme hasta aquí. *Om shanti.*

Seguimiento y contacto con el autor

Centro CEYSI® en Vigo. Clases y formación: https://www.yogaceysi.com
Teléfono/WhatsApp/Telegram: (+34) 627 265 606 - (34) 986 435 326
Email: santiago@yogaceysi.com - encuentrosenlamedianoche@gmail.com
Canal de YouTube: https://www.youtube.com/@SantiPazhin
Podcast y programa de radio: https://www.ivoox.com/podcast-encuentros-medianoche-santiago-pazhin_sq_f113191_1.html